LES FRANÇAIS
EN AMÉRIQUE

PENDANT LA

GUERRE DE L'INDÉPENDANCE

DES ÉTATS-UNIS

1777-1783

PAR

THOMAS BALCH

PARIS

A. SAUTON, ÉDITEUR, RUE DU BAC, 41

PHILADELPHIE	LEIPZIG
J.-B. LIPPINCOTT	J.-A. BROCKHAU

1872

Tous droits réservés.

LES FRANÇAIS
EN AMÉRIQUE

PENDANT LA

GUERRE DE L'INDÉPENDANCE

ROCHAMBEAU.

LES FRANÇAIS
EN AMÉRIQUE

PENDANT LA

GUERRE DE L'INDÉPENDANCE

DES ÉTATS-UNIS

1777-1783

PAR

THOMAS BALCH

PARIS

A. SAUTON, ÉDITEUR, RUE DU BAC, 41

PHILADELPHIE	LEIPZIG
J.-B. LIPPINCOTT	J.-A. BROCKHAUS

1872

Tous droits réservés.

Cet ouvrage est divisé en deux parties : la première traite des causes et des origines de la guerre de l'Indépendance, résume les événements de cette guerre jusqu'en 1781 et donne une relation complète de l'expédition du corps français, aux ordres du comte de Rochambeau, jusqu'en 1783.

La seconde partie est spécialement consacrée :

1° A des Notices historiques sur les régiments français qui passèrent en Amérique et qui y servirent ;

2° A des Notices biographiques sur les volontaires français qui se mirent au service du Congrès et sur les principaux officiers qui se trouvèrent aux siéges de Savannah et d'York, ou qui combattirent sur terre et sur mer en faveur de l'indépendance des États-Unis ;

3° A plusieurs épisodes et détails intéressants, parmi lesquels se trouve un aperçu de la société américaine de cette époque, telle qu'elle s'est présentée aux officiers français qui parlent dans leurs manuscrits et leurs lettres de la vie intime d'un grand nombre d'honorables familles américaines.

Je ne livre aujourd'hui au public que la première partie de cet ouvrage. Pendant qu'elle était sous presse, j'ai reçu pour la seconde un si grand nombre de communications intéressantes, que je me suis trouvé dans la nécessité de reprendre en sous-œuvre mon manuscrit terminé. J'espère que les personnes qui veulent bien trouver quelque intérêt dans la lecture de cet ouvrage, ou qui m'ont aidé et encouragé dans sa préparation, n'auront pas à regretter ce retard. Outre qu'il me permettra d'apporter plus de soin et d'exactitude dans l'énumération des officiers français et dans la rédaction des Notices qui leur sont consacrées, je me plais à croire qu'il me permettra d'utiliser les renseignements que je pourrais encore recueillir d'ici à quelques mois sur le même sujet. Je les recevrai toujours avec reconnaissance, et je me réserve de faire connaître dans la seconde partie les nombreux amis qui m'ont aidé ou par des renseignements ou par des conseils.

Paris, 18 août 1870.

AVIS DE L'ÉDITEUR

Le livre que nous présentons aujourd'hui au public devait paraître à la fin de 1870 ; les tristes événements qui se sont accomplis en ont seuls retardé l'apparition.

Écrit par un des hommes les plus recommandables des États-Unis de l'Amérique du Nord, et mieux placé que qui que ce soit pour réunir les documents nécessaires, cet ouvrage donne, sur le rôle que la France a joué pendant la guerre de l'Indépendance, des aperçus nouveaux.

On appréciera d'autant plus cet ouvrage que c'est la première fois que ce sujet est traité d'une manière aussi étendue.

De l'intéressant récit de cette guerre, dont les résultats devaient être si importants pour l'avenir, ressort surtout un événement considérable, c'est la solidarité de la France et l'influence que cette participation a eue sur son sort politique ; l'étroite union de La Fayette et de Rochambeau avec Washington y a contribué pour beaucoup.

En parcourant ce livre, le lecteur se rendra compte du soin extrême que met l'auteur à indiquer les sources auxquelles il a pris ses renseignements. Tous les faits qu'il avance ont été soigneusement contrôlés. Le chapitre qu'il consacre à l'analyse de ses documents, dont quelques-uns, inédits, sont à l'état de manuscrit, est des plus instructifs.

Afin d'aider à l'intelligence du récit, et de pouvoir suivre chacune des phases de cette lutte, l'auteur, profitant de la situation qu'il occupe dans sa patrie, a dressé, en quelque sorte sur le terrain, une carte donnant minutieusement tous les endroits où les troupes ont campé. A cause de l'immense étendue sur laquelle se sont accomplis les événements, cette carte était utile à tous égards. Nous avons pensé qu'il serait agréable à nos lecteurs d'avoir le dessin des assignats que les treize États se virent dans la nécessité d'émettre afin de soutenir la lutte. Ils en trouveront le fac-simile à la fin du volume.

A. S.

Janvier 1872.

LES FRANÇAIS EN AMÉRIQUE

PENDANT

LA GUERRE DE L'INDÉPENDANCE

I

La guerre que les colonies anglaises d'Amérique soutinrent contre leur métropole vers la fin du siècle dernier n'eut, au point de vue militaire, qu'une importance très-secondaire. Nous n'y trouvons ni ces troupes nombreuses dont les rencontres sanglantes font date dans l'histoire de l'humanité; ni ces noms retentissants de conquérants ou de guerriers que les générations se transmettent avec un sentiment d'admiration mêlé de terreur; ni ces élans passionnés, impétueux et destructeurs qui fondèrent sur des ruines les empires de l'antiquité ou du moyen âge; ni ces manœuvres grandioses, rapides et savantes qui sont le caractère du génie militaire des temps modernes. Là, point de grandes batailles, point de longs siéges, point de faits d'armes extraordinaires ou immédiatement décisifs. Pourtant, au point de vue politique, cette lutte, dont j'essaye de rechercher ici les origines et de retracer les péripéties, eut les conséquences les plus importantes et les plus imprévues. Ce n'est pas seulement parce que toutes les nations de la vieille Europe prirent une part plus ou moins directe à la guerre de l'indépendance des États-Unis. Si d'un côté, en effet, les princes allemands se laissèrent traîner à la remorque de l'Angleterre dans cette lutte, à laquelle les populations semblaient très-indifférentes en principe[1], d'autre part la France, l'Espagne, la Hollande, la Suède, la Russie même, soutinrent les révoltés et s'intéressèrent à leur triomphe à des degrés différents. Les faibles éclats de la fusillade de Lexington eurent aussi de puissants échos sur toutes les mers du globe et jusque dans les colonies anglaises les plus reculées. Mais, je le répète, l'historien impartial ne trouvera guère que des épisodes à relater, dans cette période de huit ans qui s'écoula entre les premières réclamations des colons américains et la reconnaissance définitive par l'Angleterre de leur indépendance.

C'est qu'un pareil résultat, obtenu par une nation naissante, représentait le triomphe d'idées philosophiques et politiques qui n'avaient encore eu nulle part, jusqu'à cette époque, droit de cité. C'est que la proclamation des *Droits du peuple et du citoyen* vint saper dans ses bases le vieil ordre social et monarchique, substituer le règne de la justice à celui de la force dans l'organisation des empires, rappeler aux nations quelles étaient les assises véritables de leur prospérité et de leur grandeur.

La réforme religieuse avait suivi de très-près la découverte du nouveau monde. Il semble que cette terre vierge devait être non-seulement un refuge contre les persécutions, mais une sorte de Terre Promise où les nouvelles doctrines pourraient s'épanouir dans toute leur splendeur en fondant une puissance, à la fois continentale et maritime, que son développement rapide et sans précédent devait placer en moins d'un siècle à un rang assez élevé pour contre-balancer la prépondérance de l'ancien monde.

Il n'est pas douteux que les événements qui se passèrent en Amérique n'aient hâté l'avénement de la Révolution française. Je suis loin d'affirmer qu'ils en aient été l'unique

---

1. Voir la brochure de Mirabeau. *Avis aux Hessois*. Amsterdam, 1777.

cause, et il suffirait pour s'en convaincre de remarquer que les Français qui combattirent pour la cause des Américains, soit à titre de volontaires, soit comme attachés au corps expéditionnaire aux ordres du comte de Rochambeau, furent pour la plupart, dans leur patrie, les défenseurs les plus dévoués de la royauté et les adversaires les plus acharnés des idées libérales et des réformes. Pourtant ces événements firent une sensation profonde dans la masse de la nation, qui voulut au jour de son triomphe inscrire en tête de ses codes les principes proclamés à Philadelphie en 1776.

La France prit à cette guerre de l'indépendance américaine une part des plus actives et des plus glorieuses. Son gouvernement, poussé par l'animosité héréditaire de la nation contre l'Angleterre, dominé par l'esprit philosophique en faveur à la cour, mû enfin par son propre intérêt, excita ou entretint d'abord par ses agents le mécontentement des Anglo-Américains; puis, au moment de la lutte, il les aida de sa diplomatie, de son argent, de ses flottes et de ses soldats.

« La France seule fait la guerre pour une idée, » a dit son Souverain dans ces dernières années. Jamais peut-être cette ligne de conduite ne fut mise à exécution avec autant de désintéressement et de persévérance qu'à l'époque de l'intervention française dans la guerre de l'indépendance américaine. La politique inaugurée par Choiseul fut soutenue par son successeur de Vergennes, au moyen des armées et des flottes de la France, sans égard pour ses finances très-obérées, au point de susciter dans l'esprit public un mouvement qui ne contribua pas peu à hâter la Révolution de 1789. Aussi cette partie de l'histoire, qui appartient aussi bien aux États-Unis qu'à la France, offre-t-elle un égal intérêt pour les deux nations.

Les mémoires de Washington, ceux de Rochambeau, et les nombreux ouvrages publiés sur les États-Unis nous disent bien, d'une manière générale, quels furent les mouvements militaires de l'expédition française. On retrouve aussi dans un grand nombre d'auteurs, dont je rappelle plus loin les œuvres et les noms, les exploits de quelques officiers que leurs convictions ou leur devoir amenèrent en Amérique pendant ces événements. Mais ces récits trop généraux ou ces épisodes isolés ne suffisent pas pour donner une idée bien exacte ou bien précise de la part qui doit être attribuée à chacun.

Loin de moi la pensée de refaire ici une fade esquisse historique de cette grande lutte dans laquelle on trouve des problèmes politiques des plus sérieux et dont les détails ont le charme d'un poëme épique. Des ouvrages si nombreux et si savants ont déjà été publiés sur ce sujet, si grand est le talent de leurs auteurs, si profond est l'intérêt qu'ils ont excité en Europe et en Amérique, qu'on peut assurer qu'aucune époque analogue d'une histoire n'a été plus soigneusement racontée dans son ensemble, plus minutieusement approfondie dans ses principaux détails. Quelle histoire pourrait être mieux élaborée que celle que M. Bancroft a donnée de son pays? Quel plus beau portrait pourrait-on peindre d'un grand homme que celui que M. Guizot nous a tracé de Washington?

Ces œuvres me semblent pourtant offrir une lacune.

Le soin que les Américains durent prendre de leur organisation intérieure les empêcha de se préoccuper de certains détails du conflit dont ils étaient si heureusement sortis, principalement pour ce qui avait rapport aux étrangers venus à leur aide, puis rappelés dans leurs foyers par leurs propres préoccupations. Ils n'oublièrent pas néanmoins ces alliés, dont ils gardèrent au contraire le plus profond et le plus sympathique souvenir [1].

---

[1]. J'invoque sur ce point les affirmations des Français eux-mêmes. Ceux que les orages politiques ou leur désir de s'instruire poussèrent dans le nouveau monde : La Rochefoucault (*Voyage dans les États-Unis d'Amérique*, 1795-97, par le duc de La Rochefoucault-Liancourt. Paris, IV, 285) et La Fayette, en particulier, se plaisent à reconnaître l'accueil amical, sinon enthousiaste, qu'ils ont reçu aux États-Unis.

Voir : *La Fayette en Amérique*, par M. Regnault-Varin. Paris, 1832. — *Souvenirs sur la vie privée du général La Fayette*, par Jules Cloquet. Paris, 1836. — *La Fayette en Amérique*, par A. Levasseur, 2 vol. Paris, 1829. — *Voyage du général La Fayette aux États-Unis*. Paris, 1826. — *Histoire du général La Fayette* (traduction). Paris, 1825.

Voir aussi : *Mémoires du comte de M*** (Pontgibaud). Paris, 1828.

Les Français ne furent pas moins vivement détournés d'un examen attentif des faits et gestes de leurs concitoyens en Amérique par les instantes excitations de leurs discordes intestines. Il en résulte que non-seulement on ne possède pas une histoire bien exacte et bien circonstanciée de l'intervention française en Amérique pendant la guerre de l'indépendance, mais encore que les matériaux d'une pareille histoire font défaut ou ont été de suite égarés. Ainsi on n'a publié jusqu'à ce jour ni les noms des régiments français avec la liste de leurs officiers, ni la composition des escadres, ni la marche exacte des troupes, ni l'ordre précis des combats, ni les pertes subies. En sorte qu'une monographie de cette curieuse partie de l'histoire de la guerre de l'indépendance, bien que plusieurs fois tentée, reste encore à écrire.

La lacune que je signale a été reconnue par bien d'autres avant moi. Mais ils n'ont pas eu la bonne fortune qui m'est échue d'avoir en leur possession des manuscrits inédits ou des documents rares et originaux tels que ceux que je me suis procurés et dont je donne ici les titres. Quoique je n'aie pas la prétention d'avoir fait tout ce qu'il y avait à faire sous ce rapport, et que je sois le premier à reconnaître l'imperfection de mon œuvre, j'ai l'espoir que mes efforts n'auront pas été stériles et que j'aurai jeté quelque lumière sur un sujet qui, tout en exigeant de longues recherches, a été pour moi une source de véritable plaisir.

Avant d'en arriver aux événements qui font plus spécialement l'objet de ce travail et pour mieux faire comprendre la politique française avant et pendant le conflit, j'ai cru qu'il était utile de rappeler sommairement au lecteur quelle fut l'origine des colonies anglaises d'Amérique, quelles relations la France entretint avec elles, et quelles circonstances excitèrent leur mécontentement et leur firent prendre les armes.

Je me suis ensuite fait un devoir de rappeler, en leur rendant la justice qui leur est due, les noms de ces hommes qui, sans autre mobile que leur sympathie pour une noble cause et le sentiment désintéressé de l'honneur, ont partagé les dangers, les privations et les souffrances de nos pères, et les ont soutenus dans la défense de nos droits et dans la conquête de notre liberté.

Enfin, j'ai l'espoir que ce livre, tout imparfait qu'il soit, sera favorablement accueilli par les Français et sera considéré par eux comme un hommage qui leur est rendu par un descendant de ceux auprès desquels ils ont si généreusement combattu.

II

La tâche que je me suis imposée a été moins laborieuse dans la vérification ou la recherche des faits historiques en général que dans la composition de la liste et des notices biographiques des officiers français qui prirent part à la guerre de l'indépendance, soit dans l'armée régulière, soit comme volontaires au service du Congrès, soit enfin sur les flottes qui parurent sur les rivages des États-Unis. Le nombre et l'importance des documents inédits ou très-rares qui ont été les premiers matériaux de mon travail permettront d'apprécier d'abord tout le parti que j'ai pu en tirer. Mais il m'est impossible de faire connaître, à cause de leur multiplicité, les sources de toute espèce auxquelles j'ai puisé, pas plus que je ne puis nommer les nombreuses personnes de toutes conditions qui m'ont fourni des renseignements utiles. Les Revues, les éloges funèbres, les collections du *Mercure de France*, les *Annuaires militaires*, ont été minutieusement et fructueusement examinés. Que de brochures et de livres n'ai-je pas dû parcourir, souvent dans le seul but de découvrir un nom nouveau, de vérifier une date ou de contrôler un fait! Que de lettres n'ai-je pas reçues, que de révélations n'ai-je pas provoquées, pendant le temps que, toujours préoccupé de mon sujet, je cherchais des renseignements partout où j'avais l'espoir d'en découvrir[1]! Sou-

---

1. Entre autres je citerai ici deux exemples :
M. Michel Chevalier, le savant économiste, en me mettant en relation avec

vent une circonstance fortuite me faisait mettre la main sur un livre ignoré se rapportant par quelque point inattendu à mon sujet ; d'autres fois c'était une personne que des liens de famille rattachaient à quelque ancien officier de Rochambeau, qui voulait bien me faire part de ses archives particulières ou de ses souvenirs personnels. Si, dans le courant de mon récit, j'avais dû citer toutes ces origines, l'étendue de cet ouvrage aurait été, sans profit pour le lecteur, augmentée dans une proportion exagérée ; force m'a donc été de réserver la mention des sources où j'ai puisé mes renseignements pour les points les plus importants, les moins connus ou les plus susceptibles de soulever la critique.

Archives de la guerre (France).

Il existe à la Société historique de Pensylvanie un manuscrit dressé d'après les archives du ministère de la guerre de France, contenant la liste des officiers du corps expéditionnaire aux ordres de M. de Rochambeau. Ce manuscrit, dont je possède une copie, a été obtenu grâce à l'influence de M. Richard Rush, alors ministre des États-Unis à Paris. Mais l'accès de ces archives est très-difficile. La bienveillante intervention du général Favé, commandant de l'école Polytechnique, auprès du maréchal Niel, m'a fait obtenir l'autorisation de faire moi-même de nouvelles recherches. J'ai réussi à me procurer une autre liste, dressée d'après les dossiers des officiers, différente en quelques parties de la première. D'ailleurs ces deux listes sont l'une et l'autre très-incomplètes, non-seulement quant aux noms des officiers, mais aussi quant à leurs notices biographiques.

Elles ne font, par exemple, aucune mention du duc de

M. Henri Fournel, qui avait été comme lui un des disciples les plus éminents de Saint-Simon, m'offrit l'occasion de me procurer sur ce célèbre réformateur, qui commanda un corps de Français devant York, l'intéressante lettre qu'on trouvera dans les Notices biographiques.

M. le marquis de Bouillé a bien voulu me soumettre également les lettres originales que Washington écrivit à son grand-père, à l'occasion de sa nomination dans l'ordre de Cincinnatus.

Lauzun ni de sa légion, qui rendit de si importants services au corps expéditionnaire. Les *Annuaires militaires* de l'époque sont également muets sur ce sujet.

ARCHIVES DE LA MARINE (France).

S. Exc. M. le Ministre de la marine m'a accordé l'autorisation de parcourir ces archives, et M. Avalle, bibliothécaire à ce ministère, a mis à ma disposition, avec une bienveillance que je me plais à reconnaître ici, les documents placés sous sa direction, et en particulier les *Mémoires du comte de Grasse*, inscrits sous les n°s 15186 et 6397.

Mais l'histoire des campagnes maritimes a été très-exactement et très-complétement écrite par Le Bouchet, de Kerguélen et plusieurs autres plus ou moins connus[1]. Il m'a semblé superflu dès lors de m'appesantir sur ce même sujet.

JOURNAL DE CLAUDE BLANCHARD, commissaire principal des guerres attaché à l'expédition de Rochambeau, comprenant les campagnes de 1780-81-82 et 83[2].

Je dois la communication de ce précieux manuscrit à la bienveillance de M. Maurice La Chesnais, arrière petit-fils de Blanchard. Tout en faisant mon profit des renseignements que je trouvais dans ces pages, écrites avec une grande exactitude, pour ainsi dire sous l'influence des événements, j'ai dû me contenter de leur faire de courts emprunts, puisqu'elles seront bientôt livrées au public par leur possesseur actuel, qui en a donné tout récemment une notice[3].

JOURNAL DU COMTE DE MÉNONVILLE[4].

Aucune partie de ce journal n'a été publiée, et je n'ai

---

[1]. *Histoire de la dernière guerre entre la Grande-Bretagne et les États-Unis d'Amérique, de 1775 à 1783*, par Julien Odet Le Bouchet. Paris, 1787, in-4°.
Relation des combats et des événements de la guerre maritime, par Y. J. Kerguélen, ancien contre-amiral. Paris, 1796.
[2]. Voir la *Notice biographique* que j'ai consacrée à l'auteur de ce journal.
[3]. Voir *Revue militaire française*, 1869.
[4]. Voir *Notices biographiques*.

trouvé nulle part de renseignements imprimés sur l'auteur; mais son petit-fils, chef actuel de la famille, a bien voulu me communiquer des documents et des détails importants. Il était aide-major général de l'armée de Rochambeau (*Blanchard*), mais il fut promu en novembre 1781 au grade de major-général. Ce manuscrit inédit offre aussi le plus grand intérêt par une exactitude de détails bien rare dans les écrits de ce temps qui me sont parvenus.

MÉMOIRES DE GEORGES-ARISTIDE-AUBERT DUPETIT-THOUARS, capitaine de vaisseau : manuscrit.

Ces mémoires sont relatifs à la guerre d'Amérique de 1779 à 1783, et leur auteur les destinait à l'impression. Ils ne contiennent que de faibles lacunes.

La *Biographie maritime*, ouvrage que j'ai utilement consulté[1], dit : « Dupetit-Thouars a laissé plusieurs manuscrits, que sa sœur, Mlle Félicité Dupetit-Thouars, a réunis en 3 *volumes in*-8°, sous le titre de LETTRES, MÉMOIRES ET OPUSCULES d'Aristide DUPETIT-THOUARS, capitaine de vaisseau, enseveli sous les débris du *Tonnant*, au combat d'Aboukir, ouvrage dont nous nous sommes beaucoup aidé pour la rédaction de cette notice. »

Or Quérard[2] dit qu'un seul volume fut publié par le frère et la sœur.[3] « Il contient, dit-il, une longue lettre sur la guerre de 1778-83 adressée au commandant Du Lomieu en 1785, où l'on reconnaît le capitaine instruit et avide d'enrichir la science de faits nouveaux. »

Le manuscrit que je possède ne se rapporte nullement à cette indication, et renferme des lettres et des renseignements qui me donnent tout lieu de croire qu'il n'a jamais été publié et qu'il n'est pas de la main du capitaine

---

[1]. Il porte comme sous-titre : *Notices historiques sur la vie et les campagnes des marins célèbres,* par Hennequin, chef de bureau au ministère de la marine, 3 vol. in-8. Paris, Regnault, 1837.

[2]. *La France littéraire ou la littérature contemporaine.* Paris, 1842.

[3]. Chez Dentu et Arthur Béchard. Paris, 1822, in-8. Livre que je n'ai trouvé nulle part.

Dupetit-Thouars lui-même, malgré l'affirmation de l'expert, M. Chavaray, consignée dans son catalogue et répétée dans la pièce qui constate l'authenticité de ce manuscrit. Je pense qu'il a été dressé sur les notes du capitaine, par son frère le botaniste.

Bien que l'histoire des campagnes maritimes ait été très-exactement et très-complétement écrite, comme je l'ai constaté plus haut, les mémoires de Dupetit-Thouars m'ont fourni d'utiles renseignements sur les mouvements des flottes et aussi de l'armée de terre, en particulier au siége de Savannah.

J'ai acquis ce manuscrit chez M. Chavaray, à Paris, le 7 décembre 1869. M. Margry, le savant archiviste du ministère de la marine, qui a bien voulu appeler mon attention sur ce document avant la vente publique pour laquelle il était annoncé, exprime l'opinion qu'il contenait des faits et des informations d'une grande valeur pour les archives de la marine.

JOURNAL DE MON SÉJOUR EN AMÉRIQUE, depuis mon départ de France, en mars 1780, jusqu'au 19 octobre 1781. Manuscrit anonyme inédit.

Une copie de ce manuscrit a été vendue à Paris en 1868, et je dois à l'obligeance de M. Norton, l'acquéreur, d'en avoir pu prendre connaissance. Celle que je possède est rectifiée en quelques points et est augmentée de nouveaux documents. Elles ne semblent, du reste, l'une et l'autre que des copies des notes laissées par un aide de camp de Rochambeau; car non-seulement les noms des villes et des rivières traversées par les troupes françaises y sont défigurés au point d'être méconnaissables; mais même les noms des officiers de cette armée. Or ceux-ci devaient être bien connus de l'auteur du manuscrit.

Quoi qu'il en soit, il donne des renseignements intéressants sur la marche des troupes, sur le siége d'York et sur la société américaine à cette époque.

Quant au nom de l'auteur, je crois pouvoir affirmer que

c'est Cromot-Dubourg, et voici sur quelles raisons repose mon opinion.

Les aides de camp de M. de Rochambeau, étaient, au rapport de Blanchard[1], de Dumas[2] et de M. de Rochambeau lui-même[3] : — De Fersen, — de Damas, — Charles de Lameth, — de Closen, — Collot, — Mathieu Dumas, — de Lauberdières, — de Vauban, — de Charlus, — les frères Berthier, — Cromot-Dubourg.

La lecture du journal dont il s'agit nous apprend que son auteur passa en Amérique sur la frégate la *Concorde*[4]. Cette frégate portait le nouveau chef de l'escadre française, M. de Barras, le vicomte de Rochambeau[5] et M. d'Alphéran, lieutenant de vaisseau[6]. Je n'ai pu trouver aucune trace de la liste des passagers de la *Concorde*, ni dans les archives de la Guerre, ni dans celles de la Marine, ni dans aucun des nombreux ouvrages que j'ai consultés. J'observe de plus par la lecture de ce manuscrit que son auteur était jeune, âgé de vingt-cinq à trente ans *et qu'il n'avait pas encore assisté à une seule action, ni entendu de coups de feu.*

Ces indications me permettent d'éliminer de suite de ma liste : MM. de Fersen, de Damas, de Lameth, de Closen, Mathieu Dumas, de Lauberdières, de Vauban, Collot et de Charlus.

Ces officiers vinrent en effet en Amérique avec M. de Rochambeau sur l'escadre aux ordres de M. de Ternay. Leurs noms sont cités parmi ceux des passagers par Blanchard, dans son journal et par Mathieu Dumas.

De plus, ils avaient tous servi et *avaient vu le feu* pendant la guerre de Sept Ans ou en Corse[7].

Enfin, si quelques-uns ne rentrent pas dans l'une ou l'autre de ces catégories, ils sont cités par l'auteur du ma-

---

1. Manuscrit journal.
2. *Souvenirs*, publiés par son fils. Paris, 1839, I, 25, 70.
3. *Mémoires de Rochambeau*, 2 vol. Paris, 1809.
4. Partie de Brest le 26 mars 1780. *Mercure de France*.
5. Tous les mémoires s'accordent sur ces deux noms.
6. Journal de Blanchard.
7. Voir les *Notices biographiques*.

nuscrit chaque fois qu'ils se trouvent chargés de quelques fonctions relatives à leur emploi ; et, comme cet auteur parle toujours à la première personne, il n'est pas possible de le confondre avec l'un d'eux.

On pourrait croire que mon anonyme est le vicomte de Rochambeau lui-même, qui avait été passager de la *Concorde* et auquel on donne aussi dans quelques ouvrages la qualité d'aide de camp de son père. Mais cette hypothèse doit être rejetée de suite, car le vicomte de Rochambeau avait servi en Allemagne et en Corse, et d'ailleurs le ton général du journal ne s'accorde en aucun point avec la parenté de son auteur et du général en chef. Enfin le vicomte de Rochambeau a tenu devant York, au récit de Dumas, une conduite qui n'est pas relatée dans ce manuscrit.

Il reste à examiner les noms de Berthier et de Cromot-Dubourg.

J'ai opiné quelque temps pour le premier nom. Le futur maréchal de France, ami de Napoléon, fit en effet ses premières armes en Amérique. Il n'y passa pas sur l'escadre aux ordres de M. de Ternay ; et comme le nom de Cromot-Dubourg ne se trouve cité ni dans les *Mémoires* de Rochambeau ni dans ceux de Dumas[1], et qu'au contraire je trouve dans ces ouvrages que les frères Berthier vinrent plus tard et furent adjoints à l'état-major, j'avais cru que c'était par erreur que M. de Rochambeau ajoutait, « *le 30 septembre 1780, avec M. de Choiseul.* » Il y avait bien là en effet une erreur, car le 30 septembre 1780, c'est M. de *Choisy* et non de *Choiseul* qui arriva de Saint-Domingue à New-Port sur la *Gentille*, avec neuf autres officiers. Mais la lecture du *Journal* de Blanchard me convainquit de l'exactitude des faits énoncés dans les *Mémoires* de Rochambeau. G. de Deux-Ponts[2] reporte aussi au 30 septembre l'arrivée de la *Gentille* avec neuf officiers, parmi lesquels il cite M. de Choisy et M. de Thuillières, capitaine du régiment de Deux-Ponts.

---

1. Voir *Souvenirs du lieut.-gén. comte Mathieu Dumas*, publiés par son fils, 3 vol. Paris, 1839.
2. *Mes Campagnes en Amérique*, page 19.

En présence de la concordance des versions de M. de Rochambeau et de Blanchard relatives à l'arrivée des frères Berthier, par la *Gentille*, le 30 septembre, je n'avais plus à hésiter. L'aîné des frères ne pouvait être l'auteur du manuscrit, et le second était à peine âgé de dix-sept ans. En outre, nulle part dans ce journal, l'aide de camp dont nous cherchons le nom ne fait mention d'un frère qui l'accompagnerait.

Quant à Cromot-Dubourg, c'est le seul dont la situation réponde à toutes les conditions dans lesquelles doit être placé mon personnage. En se reportant aux notes que m'ont fournies les archives du ministère de la guerre, je trouve qu'il faisait ses premières armes et qu'il rejoignit l'armée en Amérique. Son nom ne se trouve pas cité dans le manuscrit, ce qui se comprend, si les notes originales étaient rédigées par lui-même.

Enfin Blanchard, après avoir donné la liste des aides de camp de M. de Rochambeau, sauf Collot, dont il ne parle pas du tout, mais qui n'était plus jeune et qui, au rapport de Dumas, partit dès le début, Blanchard ajoute : « M. Cromot-Dubourg, qui arriva peu de temps après nous, fut aussi aide de camp de M. de Rochambeau [1]. »

RELATION DU PRINCE DE BROGLIE. Copie d'un manuscrit inédit [2].

Elle m'a été fournie par M. Bancroft, l'historien bien connu de sa patrie, ambassadeur des États-Unis à Berlin. Grâce à la bienveillance de M. Guizot, j'ai trouvé que quelques parties de cette relation avaient été imprimées [3]. Néanmoins, par une comparaison attentive, j'ai pu me convaincre que les deux relations n'avaient de communs que quelques passages. Certains morceaux importants du manuscrit de M. Bancroft n'existent pas dans la relation imprimée, tandis que celle-ci contient de longs paragraphes que

---

1. Ce manuscrit est indiqué dans le cours de cet ouvrage : M. An. (Manuscrit anonyme.)

2. Voir *Notices biographiques* : BROGLIE.

3. V. *Revue française*. Paris, juillet 1828. Dans mon exemplaire l'article est attribué, au crayon, au duc de Broglie.

je ne possédais pas. En rétablissant ces omissions dans ma copie, je l'ai rendue aussi complète que possible.

Bien que le prince de Broglie ne soit passé en Amérique qu'en 1782, avec le comte de Ségur, et après la partie la plus utile et la plus importante de l'expédition, les renseignements qu'il fournit sur l'état de la société américaine à cette époque méritent d'être cités. Je dois ajouter que ces notes ont une grande analogie et sont quelquefois presque identiques avec celles de M. de Ségur [1]. J'en ai extrait les passages les plus intéressants.

JOURNAL D'UN SOLDAT. Manuscrit anonyme et inédit.

L'auteur, probablement un soldat allemand, donne en mauvais français un récit assez écourté du siége d'York et de la marche des troupes pendant leur retour vers Boston. Je n'ai trouvé d'autres renseignements sur le même sujet que dans le *Journal* de Blanchard.

Ces pages inédites font partie de la collection du général George B. Mac-Clellan, ancien commandant en chef de l'armée des États-Unis, qui a bien voulu me les communiquer.

MÉMOIRE ADRESSÉ PAR CHOISEUL A LOUIS XV sur sa gestion des affaires et sur sa politique après la cession du Canada à l'Angleterre.

Une circonstance fortuite m'a mis à même de connaître des extraits de ce curieux document, dont l'original n'a pas été imprimé. Les plus importants passages de ce mémoire ont été cités dans un article de la *Revue française* [2]. Mon exemplaire de cette publication porte les noms des auteurs ajoutés au crayon, par un ancien possesseur, et ce savant inconnu donne M. de Barante comme l'auteur de l'article dont il s'agit. Cela me semble très-probable, parce que M. Bancroft, en parlant de ce manuscrit dans son histoire, dit qu'il en doit la communication verbale à M. de Barante [3].

---

1. *Mémoires du comte de Ségur*, 3 vol. Paris, 1842.
2. Juillet 1828.
3. Voir *Hist. des États-Unis*, IV, 240 note.

Mémoires du comte de M*** [1]. Paris, 1828.

Ce livre, très-rare et très-peu connu, a exercé ma perspicacité pour découvrir le nom véritable de son auteur, qui se présente comme engagé volontaire dans les rangs des Américains et aide de camp de La Fayette. Des considérations qu'il serait superflu de développer ne me laissaient plus guère de doutes sur le nom de Pontgibaud, plus tard comte de Moré-Chaulnes, lorsque M. le comte de Pontgibaud, arrière-petit-neveu de l'auteur, et aujourd'hui seul représentant de cette famille, m'a confirmé dans l'opinion que je m'étais formée, par une lettre qui est elle-même un document utile [2].

Ces mémoires, écrits avec l'*humour* et presque le style d'une nouvelle de Sterne, ne sont pas seulement curieux par ce qui a rapport à la guerre de 1777 à 1782, mais aussi parce que l'auteur, émigré de France à Hambourg en 1793, ayant appris que le Congrès américain payait l'arrérage de solde dû aux officiers qui avaient été à son service, retourna aux État-Unis vers cette époque, et qu'il fait un tableau aussi caustique qu'intéressant de la situation et du caractère de ceux de ses compatriotes qu'il trouva sur le continent américain, où les événements politiques les avaient forcés à chercher un refuge.

L'exemplaire dont je me suis servi m'a été prêté par M. Édouard Laboulaye, de l'Institut, à qui je dois beaucoup de reconnaissance pour les utiles indications qu'il m'a fournies avec le plus gracieux empressement.

Mes campagnes en Amérique (1780-81), par le comte Guillaume de Deux-Ponts.

Ces intéressants mémoires ont été publiés en 1868, à Boston, par les soins de M. Samuel A. Green, et tirés à trois cents exemplaires.

---

1. Cet ouvrage est cité dans mon travail comme étant de Pontgibaud.
2. Voir les *Notices biographiques*.

Mémoires de Lauzun (manuscrit).

Trois éditions de ces mémoires ont été publiées jusqu'à ce jour, et je les range parmi les livres connus qu'il était de mon devoir de relire et de consulter. Le manuscrit que j'ai acquis a été probablement écrit du vivant de l'auteur. Il m'a été très-utile, bien que je me sois servi de l'édition si soigneusement annotée par M. Louis Lacour [1].

Loyalist letters, ou collection de lettres écrites par des Américains restés fidèles à la cause du Roi (1774-1779).

J'avais eu, il y a quelques années, l'intention de faire imprimer ces lettres à un petit nombre d'exemplaires; mais les faits auxquels elles ont trait sont trop rapprochés de nous pour que les parents des signataires puissent rester indifférents à leur publication. Il m'a paru convenable d'obtenir auparavant l'agrément des personnes dont le nom aurait été rappelé, et je m'abstiendrai jusqu'à une époque plus opportune. M. Bancroft, à qui j'ai communiqué ces lettres, a augmenté ma collection des copies de quelques autres qu'il a en sa possession.

Papers relating to the Maryland Line.

Ces papiers ont été imprimés par mes soins à Philadelphie en 1857. Ils ont été tirés à cent cinquante exemplaires pour la *Seventy-Six Society*. Plusieurs des pièces de ce recueil concernent les opérations militaires en Virginie.

La carte ajoutée à ce travail a été dressée, en principe, d'après celle qui se trouve à la fin du premier volume de l'ouvrage de Soulès [2]. J'ai vu aussi un autre exemplaire de la carte de Soulès aux archives de la Guerre, annoté par un archiviste. Mais cette carte contient certaines

1. Paris, 1859.
2. *Histoire des troubles de l'Amérique anglaise*, écrite d'après les Mémoires les plus authentiques, par François Soulès, 4 vol. Paris, 1787. Les passages qui touchent l'expédition de Rochambeau semblent être écrits sous la dictée du général lui-même, car l'identité des expressions des deux livres est très-frappante.

erreurs que j'ai corrigées d'après les cartes du manuscrit que j'attribue à Cromot-Dubourg et d'après des cartes américaines.

III

Les premières tentatives de colonisation sur le territoire occupé par les États-Unis, au commencement de la guerre, furent faites par des Français de la religion réformée, à l'instigation du célèbre amiral Coligny. Celui-ci obtint en 1562, du roi Charles IX, l'autorisation de faire équiper des navires qui, sous la conduite de Jean Ribaud, vinrent aborder à l'embouchure de la rivière appelée encore aujourd'hui Port-Royal. Non loin de là fut construit par ces premiers émigrés le fort Charles, ainsi nommé en l'honneur du roi de France; la contrée elle-même reçut en même temps le nom de Caroline, qu'elle a conservé. Mais cette tentative n'eut pas plus de succès qu'une seconde, dirigée sous le même patronage, par René de Laudonnière, l'année suivante. La misère, le fanatisme des Espagnols et l'hostilité des Indiens eurent bientôt raison du courage de la petite troupe de Français isolée sur cette terre nouvelle. Les Espagnols, sous la conduite de Pedro Melendez, vinrent attaquer la colonie protestante établie à l'embouchure du fleuve Saint-Jean et en massacrèrent tous les habitants. Indigné d'un tel acte de barbarie, un gentilhomme de Mont-de-Marsan, Dominique de Gourgues, digne précurseur de La Fayette, équipe à ses frais trois navires en 1567, les fait monter par deux cents hommes, et vient exercer de sanglantes représailles sur les soldats de Melendez. Cette vengeance fut cependant stérile dans ses résultats, et les persécutions dont son auteur fut l'objet à son retour en France furent le seul fruit qu'il recueillit de son patriotisme.

C'est aux Anglais qu'il était réservé de créer en Amérique des établissements florissants. En 1584 Walter Raleigh fonda la colonie de la Virginie, ainsi nommée en l'honneur de la reine Élisabeth. Le roi Jacques Ier partagea ensuite tout le territoire compris entre le 34e et le 45$^°$ degré de latitude, entre deux compagnies dites de Londres et de Plymouth, qui espéraient découvrir là comme au Mexique des mines d'or et d'argent. La pêche de la morue au nord et la culture du tabac au sud dédommagèrent ces premiers colons de leur déception. La fertilité du sol en attira de nouveaux, tandis que les événements politiques en Angleterre favorisaient l'émigration vers d'autres points.

En 1620, des puritains, fuyant la mère patrie, vinrent s'établir au cap Cod, auprès de l'endroit où s'éleva, quelques années plus tard, la ville de Boston. En même temps qu'ils prenaient possession des Bermudes et d'une partie des Antilles, les Anglais fondaient les colonies connues depuis sous le nom de Nouvelle-Angleterre. Sous Cromwell, ils enlevaient aux Espagnols la Jamaïque et aux Hollandais le territoire dont ils firent les trois provinces de New-York, de New-Jersey et de Delaware (1674). Charles II donna la Caroline, plus tard partagée en deux provinces, à plusieurs lords anglais, et céda de même à William Penn le territoire qu'il appela de son nom Pensylvanie (1682). La Nouvelle-Écosse, Terre-Neuve et la baie d'Hudson furent occupés en 1713, à la suite du traité d'Utrecht, qui enlevait ces contrées aux Français; enfin la Géorgie recevait en 1733 ses premiers établissements.

Toutes ces colonies se développèrent avec une telle rapidité qu'à l'époque de la guerre de l'Indépendance, c'est-à-dire après un peu plus d'un siècle, elles comptaient plus de deux millions d'habitants. Mais, composées d'éléments très-divers et dont nous étudierons bientôt la nature, fondées à des époques différentes et sous des influences variables, elles étaient loin d'avoir une population homogène et une organisation uniforme. Ainsi, tandis que le Maryland, la Virginie, les Carolines et la Géorgie, au sud, étaient administrées par une aristocratie puissante, maîtresse de vastes domaines qu'elle faisait exploiter par des esclaves et qu'elle transmettait suivant les coutumes anglaises, au nord, la Nouvelle-Angleterre possédait l'égalité civile la plus parfaite et était régie par des constitutions tout à fait démocratiques. Mais toutes ces colonies avaient les institutions politiques fondamentales de l'Angleterre, et exerçaient par des représentants nommés à l'élection les pouvoirs législatifs. Toutes aussi étaient divisées en communes, qui formaient le comté; en comtés, qui formaient l'État. Les communes décidaient librement de leurs affaires locales, et les comtés nommaient des représentants aux assemblées générales des États.

La Virginie, New-York, les Carolines, la Géorgie, New-Hampshire et New-Jersey recevaient bien des gouverneurs nommés par le roi; mais ceux-ci ne possédaient que le pouvoir exécutif : les colonies exerçaient toujours le droit de se taxer elles-mêmes. C'est librement et sur la demande des gouverneurs qu'elles votaient les subsides nécessaires à la mère patrie, et il faut reconnaître qu'elles lui payaient un lourd tribut. Outre les subsides extraordinaires les colons payaient en effet un impôt sur le revenu; tous les offices, toutes les professions, tous les commerces étaient soumis à des contributions proportionnées aux gains présumés. Le vin, le rhum et les liqueurs étaient taxés au profit de la métropole qui recevait aussi des propriétaires un droit de dix livres sterling par tête de nègre introduite dans les colonies. L'Angleterre tirait enfin des profits plus considérables encore du monopole qu'elle s'était réservé d'approvisionner les colonies de tous les objets manufacturés.

Les Américains supportaient sans se plaindre, sans y songer même, ces lourdes charges. La fertilité de leur sol et le prodigieux essor de leur commerce leur permettaient de racheter ainsi, au profit de la mère patrie, les libertés et les privilèges dont ils étaient jaloux et fiers. Mais l'avidité de l'Angleterre, jointe à une aveugle obstination, vint brusquement tarir cette abondante source de revenus[1].

---

1. Edward Shippen, juge à Lancaster, écrit au colonel Burd, sous la date du 28 juin 1774 : « Les négociants anglais nous regardent comme leurs

Déjà, sous Cromwell, la suppression de la liberté commerciale et l'établissement d'un monopole pour le commerce anglais avaient excité des mécontentements. Les lois restrictives du Protecteur ne furent même jamais bien observées, et l'État de Massachusets osa répondre aux ministres de Charles II : « Le roi peut étendre nos libertés, mais non les restreindre [1]. » A l'époque où se termina la guerre de Sept-Ans, l'Angleterre, qui en avait tiré politiquement de grands avantages, vit sa dette considérablement accrue : elle était d'environ deux milliards et demi et exigeait un intérêt annuel considérable. Pour faire face à une situation aussi critique, sous le ministère de George Grenville, le Parlement se crut en droit de prendre une mesure que Walpole avait repoussée en 1739. Il établit pour les colonies, et sans les consulter, un impôt qui forçait les Américains à employer dans tous les actes un papier vendu fort cher à Londres (1765).

Déjà mécontentes de certaines résolutions prises par le Parlement, l'année précédente, pour grever de taxes le commerce américain, devenu libre avec les Antilles françaises, et pour limiter les payements en papier-monnaie, les colonies ne se continrent plus à cette nouvelle. Elles considérèrent l'acte du timbre comme une atteinte audacieuse portée à leurs droits et un commencement de servitude si elles ne résistaient. Après des mouvements populaires tumultueux et des délibérations légales, elles se décidèrent à refuser l'emploi du papier timbré, chassèrent les employés chargés de le vendre et brûlèrent leurs provisions. Les journaux améri-

esclaves, n'ayant pas plus de considération pour nous que n'en ont pour leurs negres, sur leurs plantations des îles occidentales, les *soixante-dix riches créoles* qui se sont acheté des siéges au Parlement.

« Il est de notre devoir de travailler pour eux, — les négociants, — et, tandis que nous, leurs serviteurs, blancs et noirs, leur envoyons de l'or et de l'argent, et que les créoles leur envoient des alcools, du sucre et des mélasses, etc., tant que nous fournissons, dis-je, les douceurs à ces gens, de façon à ce qu'ils s'amusent et se prélassent en voiture, ils sont satisfaits. »

1. En 1638, cet État avait déjà l'imprimerie, un collége de hautes études, des écoles primaires par réunion de 50 feux et une école de grammaire dans chaque bourg de 100 feux. — La Pensylvanie, fondée en 1682, organisait les écoles dès 1685.

cains, déjà très-nombreux, publièrent qu'il fallait *s'unir ou succomber*. Un congrès composé de députés de toutes les colonies s'assembla le 7 octobre 1765 à New-York et, dans une pétition énergique se déclara résolu, tout en restant fidèle à la couronne, à défendre jusqu'au bout ses libertés. Les Américains s'engagèrent en même temps à se passer des marchandises anglaises, et une *ligue de non-importation*, bien conçue et bien exécutée, rompit commercialement les relations avec l'Angleterre. La métropole dut céder. Mais elle ne renonça pas toutefois aux droits exorbitants qu'elle s'était attribués de prendre de semblables mesures. Elle s'obstina à prétendre que le pouvoir législatif du Parlement s'étendait sur toutes les parties du territoire britannique. C'est en vertu de ce principe que, dans l'été de 1769, le gouvernement anglais mit un droit nouveau sur le verre, le papier, les couleurs, le cuir et le thé.

Les colons, alléguant de leur côté le grand principe de la constitution anglaise, que nul citoyen n'est tenu de se soumettre aux impôts qui n'ont pas été votés par ses représentants, refusèrent de payer ces nouveaux droits. Partout on s'imposa des privations. On renonça à prendre du thé, on se vêtit grossièrement. On refusa les objets de commerce de provenance anglaise et l'on ne consomma que les produits de l'industrie américaine qui venait de naître. Lord North, devant cette résistance, proposa de révoquer les nouvelles taxes, en ne maintenant que celle du thé. Cette demi-concession ne satisfit personne. Philadelphie et New-York refusèrent de recevoir les caisses de thé que leur expédiait la Compagnie des Indes. Boston les jeta à la mer. Le gouvernement anglais voulut ruiner cette dernière ville. Le général Gage vint s'y établir, pendant qu'une flotte la bloquait. En même temps on levait en Angleterre une armée véritable pour réduire les colonies à l'obéissance.

L'indignation fut au comble en Amérique. Toutes les colonies résolurent de sauver Boston, et la Virginie se mit à la tête de ce mouvement.

Pendant qu'un armée de volontaires accourait s'opposer aux mouvements du général Gage un congrès général s'assemblait à Philadelphie, capitale la plus centrale des colonies, le 5 septembre 1774. Il était composé de cinquante-cinq membres choisis parmi les hommes les plus habiles et les plus respectés des treize colonies. Là on décida qu'il fallait soutenir Boston et lui venir en aide par des troupes et de l'argent, et l'on publia cette fameuse *déclaration des droits* que revendiquaient tous les colons en vertu des lois de la nature, de la constitution britannique et des chartes concédées. Cette déclaration solennelle fut suivie d'une proclamation à toutes les colonies et d'une pétition au roi George III, qui resta inutile comme les précédentes.

Comme l'avait prévu William Pitt, qui s'était efforcé de concilier l'intégrité de la monarchie britannique avec la liberté des colonies américaines, la guerre éclata.

IV

Tels sont les faits purement matériels qui précédèrent la rupture des colonies anglaises d'Amérique avec la Grande-Bretagne et les actes qui provoquèrent les premières hostilités. Un soulèvement aussi général, aussi spontané, aussi irrésistible que celui qui aboutit à la *déclaration des droits du citoyen* et à la constitution de la république des États-Unis ne saurait pourtant trouver son explication dans ce seul fait de l'établissement d'un nouvel impôt. C'est dans l'esprit même de la population atteinte dans ses libertés, dans ses aspirations, ses traditions et ses croyances qu'il faut rechercher les germes de la révolution qui allait éclater. Les grands bouleversements qui, dans le cours de l'histoire des peuples, ont changé le sort des nations et transformé les empires, ont toujours été le résultat logique, inévitable, d'influences morales qui, persistant pendant des années, des siècles même, n'attendaient qu'une circonstance favorable pour affirmer leur domination et constater leur puissance.

Nulle part plus que dans l'Amérique du Nord ces influences morales ne pourraient être évoquées par l'historien, et je me propose d'en étudier ici l'origine, d'en suivre le développement et d'en recueillir les nombreuses manifestations.

J'ai dit que les premières tentatives de colonisation sur les rives du fleuve Saint-Jean furent faites par des protestants français. Elle n'eurent d'abord aucun succès. Mais du jour où les huguenots envoyés par Coligny eurent mis le pied sur le sol du nouveau monde, il semble qu'ils en aient pris possession au nom de la liberté de conscience et de la liberté politique.

Avant l'ère chrétienne, c'étaient les différences d'origine, de mœurs et d'intérêts qui étaient les causes des guerres; jamais les croyances religieuses. Si l'homme qui sacrifiait à Jupiter Capitolin sur les bords du Tibre voulait soumettre l'Égyptien ou le Gaulois, ce n'était pas parce que ce dernier adorait Osiris ou Teutatès, mais uniquement dans un esprit de conquête. Depuis l'introduction du christianisme parmi les hommes, les guerres de religion furent au contraire les plus longues et les plus cruelles. C'est au nom d'un Dieu de paix et de charité que furent livrées les luttes fratricides les plus passionnées et que les exécutions les plus horribles furent commises. C'est en prêchant une doctrine dont la base était l'égalité des hommes et l'amour du prochain que s'entre-déchirèrent des nations qui s'étaient développées à l'ombre de la Croix et avaient atteint le plus haut degré de civilisation. Comment les successeurs des apôtres, les disciples du Christ, oubliant que les supplices des martyrs avaient hâté à l'origine le triomphe de leurs croyances, firent-ils couler si abondamment le sang de leurs frères, et espéraient-ils les ramener ainsi de leurs prétendues erreurs? C'est que la doctrine chrétienne fut détournée de sa voie, que ses préceptes furent méconnus. Embrassée avec enthousiasme par le peuple, surtout par les pauvres et les déshérités de ce monde, auxquels elle donnait l'espérance, elle devint bientôt entre les mains des souverains et des puissants un instrument de politique, une arme de tyrannie. Alors l'esprit de l'Évangile fut oublié et fit place à un fanatisme grossier dans les populations ignorantes; une intolérance barbare fut seule capable de masquer les abus et les désordres qui avaient souillé la pureté de l'Église primitive et dénaturé les préceptes de ses Pères.

Les législateurs et les écrivains de l'antiquité n'ont jamais admis que l'État eût des droits et des intérêts indépendants ou séparés de ceux du peuple. C'est lorsque la république fut tombée, à Rome, sous le despotisme militaire, et que le peuple, écrasé par l'aristocratie, abâtardi par l'infusion du sang barbare, eut perdu toute énergie que s'établit un droit nouveau, inconnu jusque là. L'empire n'admit plus pour guide que la volonté du chef. Il ne devait rendre compte de ses actes qu'aux dieux, quand on ne le considérait pas lui-même comme un dieu. Le christianisme trouva cette doctrine en vigueur, et elle fut transmise aux générations suivantes par les jurisconsultes et les écrivains ecclésiastiques. L'Église l'adopta dans son organisation et l'imposa aux peuples barbares qui vinrent s'établir sur les débris de l'empire romain. Le moyen âge fut le triomphe absolu de ce système de gouvernement. *E Deo rex, e rege lex*, telle était la devise sous laquelle devaient s'incliner les peuples et qui plaçait le pape au sommet de l'organisation sociale en lui conférant le droit de nommer ou de déposer les souverains.

Dès que l'étude des philosophes anciens dissipa les ténèbres de l'ignorance, l'esprit de curiosité et d'examen se porta sur tous les sujets, et l'on commença à mettre en question l'infaillibilité du pape et des souverains. On trouva même que les Pères de l'Eglise étaient loin d'avoir proclamé la doctrine sur laquelle se fondait le droit nouveau. Saint Paul avait enseigné que l'individu devait prendre pour guide de sa conduite la conscience. Saint Augustin, donnant un sens plus large à cette doctrine, disait que les peuples comme les individus étaient responsables de leurs actes devant Dieu. Et saint Bernard s'écriait: « Qui me donnera, avant que de mourir, que je voie l'Église de Dieu comme elle était dans les premiers jours! »

Dans les conciles de Vienne, de Pise, de Bâle, on reconnaissait la nécessité de réformer l'Église *dans le chef et dans les membres*. Telle était aussi l'opinion des plus célèbres docteurs, de Gerson et de Pierre d'Ailly par exemple. Les Augustins s'élevèrent enfin énergiquement contre les abus de la cour de Rome et le désordre du clergé; leur plus éminent docteur, Martin Luther, proclama la réforme. Les peuples les plus religieux l'embrassèrent avec ardeur. La lecture des livres saints, proclamant la fraternité des hommes, annonçant l'abaissement des grands et l'élévation des humbles, leur fit entrevoir la fin possible de l'oppression sous laquelle ils gémissaient depuis des siècles. Dès lors la religion réformée prit en Hollande avec Jean de Leyde, en Suisse avec Zwingle et Calvin, en Écosse avec Knox, un caractère démocratique inconnu jusqu'alors.

On peut remarquer que le gouvernement de chaque peuple est généralement la conséquence de la religion qu'il professe.

Chez les sauvages les plus grossiers, qui sont à peine au-dessus de la brute et qui même sont inférieurs par l'intelligence à quelques-uns des animaux au milieu desquels ils vivent[1], nous ne trouvons aucune forme de gouvernement définie, si ce n'est le droit absolu et incontesté de la force et un despotisme aveugle et sanguinaire qui réduit ces peuplades à la plus misérable condition. L'idée d'un dieu n'est pourtant pas ignorée de ces êtres qui n'ont d'humain que le langage, puisque, physiquement, ils se rapprochent autant du singe que de l'homme. Mais c'est un dieu matériel qui ne possède ni l'intelligence infinie du dieu des nations les plus civilisées, ni la puissance mystérieuse et spéciale des divinités payennes, ni même l'instinct des animaux qu'adoraient les anciens Égyptiens. C'est un fétiche de bois ou de pierre, dépourvu de tous les attributs non-seulement de la raison, mais même de l'intelligence et de la vie. Si, pour

---

1. Comparer le caractère et les mœurs des populations au milieu desquelles ont séjourné Livingstone, Speeke, Baker, Du Chaillu et autres voyageurs dans l'Afrique centrale, avec les mœurs des singes, décrites par Buffon et Mansfield Parkins.

ces idolâtres, quelque volonté se cache dans la masse inerte devant laquelle ils se prosternent, elle ne se traduit jamais que par des actes fantasques ou féroces dont toute idée de raison ou de justice est exclue, et tels que ceux qu'ils reconnaissent à leurs rois le droit de commettre. Pourquoi ces malheureux n'admettraient-ils pas que leur souverain terrestre pût disposer, suivant son caprice, de leurs biens, de leur personne et de leur vie, puisqu'ils se soumettent aveuglément à l'ordre de choses établi, et qu'ils ne veulent reconnaître chez leur dieu aucune apparence de raison?

Mais à mesure que la religion des peuples se dégage des croyances grossières, à mesure que les dogmes deviennent d'une moralité plus inattaquable ou d'une élévation plus imposante, les formes des gouvernements se modifient dans un même sens. Les lois politiques ne sont encore qu'une copie des lois religieuses; et tandis qu'une foi aveugle soumet les uns à un gouvernement sans contrôle, le droit au libre arbitre et au libre examen dans l'ordre philosophique des idées conduit les autres à prendre quelque souci de leurs droits politiques et à intervenir dans l'administration des affaires publiques.

Toutes les formes de gouvernement peuvent en effet se réduire à trois[1] : la monarchie, résultat immédiat et forcé de la croyance au monothéisme; l'oligarchie ou aristocratie, qui résulte du panthéisme; et la démocratie ou république, conséquence du polythéisme ou de la croyance à un Être suprême remplissant une multitude de fonctions. Cette dernière forme de gouvernement est l'expression la plus élevée de l'intelligence politique d'un peuple, aussi bien que l'idée d'un Dieu renfermant en lui toutes les vertus est

---

[1]. Les opinions d'Aristote sur cette question ont été examinées et approfondies par M. James Lorimer, le savant professeur de droit public et de législation internationale à l'université d'Édimbourg. *Political progress,* London, 1857, chap. x. La doctrine soutenue par Montesquieu (*Esprit des Lois,* xxiv, 4) a été combattue par un éminent publiciste de nos jours, M. de Parieu (*Principes de la science politique,* Paris, 1870, p. 16), qui dit : « Bien que le protestantisme paraisse par sa nature devoir développer le principe de l'indépendance politique, il n'a pas atteint ce résultat d'une manière générale et considérable, d'après le seul examen de la constitution de plusieurs États protestants de l'Europe moderne. »

la plus haute expression des sentiments moraux et religieux de l'homme. C'est ainsi que nous voyons le polythéisme et la démocratie coexister chez les Grecs et chez les Romains, et le christianisme, ou un Dieu sous la triple forme de Créateur, de Sauveur et d'Inspirateur, engendrer le républicanisme des nations modernes.

Les réformes successives du christianisme furent les conséquences naturelles de son développement, et c'est ici le lieu d'examiner plus spécialement la dernière de ses phases, le calvinisme, dont l'action se fit sentir en France avec les huguenots, dans les Pays-Bas, en Écosse avec les presbytériens, en Angleterre avec les non-conformistes et les puritains. Cet examen nous permettra de voir pourquoi les agents de la France dans les colonies anglaises d'Amérique ont pu trouver dans les principes religieux des colons un élément de désaffection contre leur mère patrie qu'ils eurent soin d'entretenir, le seul peut-être qui fut capable de soulever l'opinion publique au point d'amener une rupture avec l'Angleterre à la première occasion [1].

La réforme religieuse mit en mouvement trois peuples et eut chez chacun d'eux un caractère et des résultats différents.

Chez les Slaves, le mouvement suscité par Jean Huss fut plus national que religieux. Il fut comme les dernières lueurs du bûcher allumé par le concile de Constance et dans lequel périt le réformateur (1415) [2].

La réforme provoquée par Luther jeta chez les Allemands

---

1. Voir sur ce point :
Thomas Jefferson, étude historique par Cornélis de Witt. Paris, 1861.
Nouveau voyage dans l'Amérique septentrionale, par l'abbé Robin. Philadelphie, 1782..... « Il a fallu, dit-il, que l'intolérant presbytérianisme ait laissé depuis longtemps des semences de haine, de discorde, entre eux et la mère patrie. »
Le Presbytérianisme et la Révolution, par le Rév. Thomas Smith. 1845.
La véritable origine de la déclaration d'indépendance, par le Rév. Thomas Smith. Colombia, 1847.
Ces deux derniers ouvrages, quoique très-courts, sont extrêmement remarquables par la nouveauté des considérations, l'élévation des pensées et la rigueur de la logique.

2. Voir *les Réformateurs avant la Réforme; Jean Hus et le Concile de Constance*, par Émile Bonnechose, 2 vol. in-12, 3e édit. Paris, 1870.
Ouvrage très-savant, très-intéressant et éloquemment écrit.

de plus profondes racines. Elle était aussi plus radicale, tout en gardant un caractère national. Il rejetait non-seulement l'autorité du pape, mais aussi celle des conciles, puis celle des Pères de l'Église, pour se placer face à face avec l'Écriture sainte. Le langage mâle et dépourvu d'ornements de ce moine énergique, sa figure carrée et joviale le rendirent populaire. La haine vigoureuse dont il poursuivait le clergé romain, alors possesseur d'un tiers du territoire allemand, rassembla autour de lui tous les déshérités de la fortune. La guerre que les princes d'Allemagne eurent ensuite à soutenir contre les souverains catholiques et les alliés du pape achevèrent de donner à la réforme de Luther ce caractère essentiellement teutonique qu'elle conserva exclusivement.

Chez la race latine, la plus avancée de toutes au point de vue intellectuel à cette époque, et celle qui prétend encore aujourd'hui à l'empire du monde (*urbi et orbi*), Jean Calvin provoqua enfin la transformation la plus profonde et la plus fertile en conséquences politiques. Né en France, à Noyon (Picardie), en 1509, le nouveau réformateur, après avoir étudié la théologie, puis le droit, publia à vingt-sept ans, à Bâle, son *Institutio christianæ religionis*, qu'il dédia au roi de France. Chassé de Genève, puis rappelé dans cette ville, il y fut désormais tout-puissant. Il voulut réformer à la fois les mœurs et les croyances, et il donna lui-même l'exemple de l'austérité la plus sévère et de la morale la plus rigide [1]. Son despotisme théocratique enleva aux Genevois les jouissances les plus innocentes de la vie; mais sous sa vigoureuse impulsion Genève acquit en Europe une importance considérable.

Plus audacieux dans ses réformes que Luther, il fut aussi plus systématique, et il comprit que ses doctrines n'auraient pas de durée ou ne se propageraient pas s'il ne les condensait dans une sorte de code. Sa *Profession de foi*, en vingt et un articles, parut alors comme le résumé de sa doctrine, et nous en retrouvons l'esprit, sinon la lettre, dans la

---

1. Cette sévérité de caractère se montra de bonne heure en lui, car sur les bancs de l'école, ses camarades lui avaient donné le sobriquet de : *cas accusatif*.

fameuse déclaration de l'indépendance des États-Unis. Par ce code, les pasteurs devaient prêcher, administrer les sacrements et examiner les candidats qui voulaient exercer le ministère. L'autorité était entre les mains d'un synode ou consistoire composé, pour un tiers, de pasteurs, et de laïques pour les deux autres tiers.

Calvin comprit parfaitement le secret de la force croissante des disciples de Loyola. Comme le fondateur de l'ordre des Jésuites, il voulut baser la nouvelle condition sociale sur l'égalité la plus absolue fonctionnant sous le régime de la plus rigoureuse discipline. Il conserva à son Église le droit d'excommunication, et il exerça lui-même sur ses disciples un pouvoir d'une inflexibilité si rigide qu'il allait jusqu'à la cruauté et à la tyrannie. Quand l'homme eut disparu, ses principes lui survécurent au milieu de l'organisation sociale qui était son œuvre. L'égalité des hommes était reconnue et professée publiquement, et, en s'étayant sur l'austérité des mœurs, elle devait faire accomplir aux calvinistes les plus héroïques efforts en faveur de la liberté de conscience et de la liberté politique

La discipline calviniste reposait sur l'égalité des ministres entre eux. Elle se distinguait surtout en cela du luthéranisme, qui admettait encore une certaine hiérarchie, et surtout de l'anglicanisme, qui n'était que le catholicisme orthodoxe sans le pape.

De la France, qui avait vu naître le fondateur du calvinisme, cette religion passa par l'Alsace dans les Pays-Bas, où elle s'établit sur les ruines du luthéranisme; en même temps elle s'établissait en Écosse, et c'est dans la Grande-Bretagne que les deux systèmes arrivèrent à leur développement le plus complet. Ainsi l'Église anglicane, avec ses archevêques, ses divers degrés dans le sacerdoce, sa liturgie, ses immenses revenus, ses colléges, ses établissements d'instruction ou de charité, ne différait presque en rien de l'organisation extérieure des églises catholiques. La seule différence semblait consister dans le costume, la froide simplicité du culte et le mariage des prêtres. Soumise à l'autorité royale, son existence était intimement liée au maintien de la monarchie, et l'Église fut en Angleterre le plus sûr appui de la royauté.

L'Église presbytérienne d'Écosse avait, au contraire, ces tendances démocratiques qui étaient l'essence même du calvinisme et qui avaient fait de la Suisse un État si prospère. Là, point de distinction de grade ou de richesse entre les membres du clergé. A peine sont-ils séparés des fidèles par la nature de leurs fonctions. Encore les sectes puritaines ne tardèrent-elles pas à supprimer toute délégation du sacerdoce. Tout chrétien était propre au divin ministère, qui avait le talent et l'inspiration. Si les églises étaient pauvres, elles ne devaient leur existence qu'à elles-mêmes. Elles avaient la plus grande liberté et un empire moral considérable. En Écosse comme à Genève, magistrats et seigneurs furent plus d'une fois contraints d'écouter la voix énergique de leur pasteur.

La maxime : *Vox populi, vox Dei*, fut dès lors substituée dans l'esprit des peuples à la maxime de droit divin que nous citions plus haut. C'est sur les principes qu'elle résume que s'appuyèrent les États-Généraux des Provinces-Unies en prononçant, le 26 juillet 1581, la déchéance de Philippe II, pour constituer la république Batave.

Quelques années auparavant, Buchanan [1], puis d'autres écrivains écossais, avaient proclamé dans leurs ouvrages que les nations avaient une conscience comme les individus; que la révélation chrétienne devait être le fondement des lois, et qu'à son défaut seulement l'État avait le droit d'en établir de lui-même; que, quelle que fût la forme de gouvernement choisie par un peuple, république, monarchie ou oligarchie, l'État n'était que le mécanisme dont le peuple se servait pour administrer ses affaires, et que sa durée ou sa chute dépendait seulement de la manière dont il s'acquittait de son mandat.

Ce sont ces principes que l'on retrouvait dans les enseignements de l'Église primitive, et qui ne tendaient à rien

---

1. L'ouvrage de Buchanan, qui eut le plus grand retentissement en Angleterre et en Écosse, *De jure regni apud Scotos*, fut imprimé en 1579; le *Lex rex* de Rutherford, en 1644; *Pro populo defensio*, de Milton en 1651.

moins qu'à renverser les idées admises alors dans l'organisation des empires, et à saper dans sa base le pouvoir absolu des souverains, aussi bien en France et en Angleterre qu'en Espagne, en Italie et en Allemagne, qui excitèrent les violentes persécutions dont les dissidents de toutes les sectes et de toutes les classes furent l'objet.

Cette négation de l'autorité dans l'ordre spirituel conduisit à la négation de l'autorité dans l'ordre philosophique[1], qui mena à Descartes et Spinoza, et à celle de l'autorité royale, qui devait produire plus tard la déclaration d'indépendance des États-Unis. Ce n'est donc pas sans raison que les souverains considéraient le calvinisme comme une religion de rebelles et qu'ils lui firent une guerre si acharnée. « Il fournit aux peuples, dit Mignet[2], un modèle et un moyen de se réformer. » Il nourrissait en effet l'amour de la liberté et de l'indépendance. Il entretenait dans les cœurs cet esprit démocratique et antisacerdotal[3] qui devait devenir tout-puissant en Amérique et qui n'a certainement pas dit son dernier mot en Europe.

Ainsi, par une coïncidence singulière, la France donna au monde Calvin, l'inspirateur d'idées qu'elle repoussa d'abord, mais au triomphe desquelles elle devait concourir, les armes à la main, deux siècles et demi plus tard en Amérique.

Ce n'était pas tant la religion orthodoxe que le pape soutenait en prêchant la croisade contre les albigeois et les huguenots, en établissant l'inquisition, en condamnant les propositions de Luther et de Calvin. C'était son pouvoir temporel et sa suprématie qu'il défendait et qu'il voulait appuyer sur la terreur du bras séculier, alors que les foudres spirituelles étaient impuissantes. Ce n'était pas non plus par zèle pour la religion, mais bien dans un in-

---

1. *Benedicti de Spinoza Opera*, etc. I, 21, 24. Tauchnitz, 1843.
2. *Histoire de la Réforme à Genève.*
3.   As poisons of the deadliest kind,
    Are to their own unhappy coasts confined;
    So *Presbytery* and its pestilential zeal,
    Can flourish only in a COMMON WEAL.
               (DRYDEN, *Hind and Panther.*)

térêt tout politique que François Ier faisait massacrer les Vaudois et brûler les protestants en France, tandis qu'il soutenait ceux-ci en Allemagne contre son rival Charles-Quint. Il s'agissait pour lui de comprimer ce levain de libéralisme qui portait ombrage à son despotisme et qui donna tant de soucis à ses successeurs. Catherine de Médicis, par la Saint-Barthélemy ; Richelieu [1], par la prise de la Rochelle, et Louis XIV, par la révocation de l'édit de Nantes, s'efforcèrent toujours de ressaisir le pouvoir absolu que les protestants leur contestaient, et ils les persécutèrent sans relâche, par tous les moyens légitimes ou criminels dont ils purent disposer. Ils ne voulaient pas de cet « État dans l'État, » suivant l'expression de Richelieu ; et, sous prétexte de combattre la réforme religieuse, c'était la réforme politique qu'ils espéraient étouffer.

Le catholique Philippe II sentait les Pays-Bas frémir sous sa pesante main de fer. Il voyait cette riche proie travaillée par la réforme, et il dressa contre les calvinistes, en qui il voyait surtout des ennemis de son administration absolue, les bûchers, les potences et les échafauds dont le duc d'Albe se fit le sanguinaire pourvoyeur.

Mais les persécutions, les bannissements, les tortures et les massacres aboutirent à des résultats tout différents de ceux qu'avaient espérés leurs sanguinaires auteurs. Les papes, loin de recouvrer cette suprématie dont ils étaient si jaloux, virent la moitié des populations chrétiennes autrefois soumises au saint-siége échapper à leur juridiction spirituelle. L'Espagne, brisée sous le joug cruel de l'inquisition et du despotisme, perdit toute énergie sociale, toute vie politique. Elle s'affaissa pour ne plus se relever. Les Pays-Bas se constituèrent en république, sous le nom de Provinces-Unies. Les deux tiers de l'Allemagne se firent protestants, et l'Amérique reçut dans son sein les familles les plus industrieuses de la France, bannies par un acte aussi inique qu'impolitique, la révocation de l'édit de Nantes.

---

1. « Quand cet homme n'aurait pas eu le despotisme dans le cœur, il l'aurait eu dans la tête. »
(MONTESQUIEU, *Esp. des Lois*, V, 10.)

Écrasée à tout jamais, l'opposition religieuse disparut de France. Mais son œuvre politique et sociale fut reprise par la philosophie du XVIIIe siècle, qui, dégagée de tout frein religieux, sut en tirer des conséquences bien autrement terribles. L'exemple de l'Amérique se constituant en un peuple libre n'y fut pas sans influence, et les protestants du nouveau monde, en voyant sombrer le trône du haut duquel Louis XIV avait décrété contre eux les dragonnades et l'exil, eurent une sanglante et terrible revanche des persécutions que la royauté absolue et l'ancien régime politique leur avaient fait souffrir.

Un seul État en Europe, une république, la Suisse, trouva dans les principes de sa confédération libérale, comme le firent plus tard les États-Unis d'Amérique, la solution de ses querelles religieuses[1]. Dès le principe, les catholiques avaient aussi pris les armes contre les dissidents de Zwingle[2] et les avaient vaincus. Les deux partis convinrent

---

1. On trouvera des exemples dans l'*Histoire des Anabaptistes*. Amsterdam, 1669. Un épisode touchant est l'entrevue de Guillaume le Taciturne avec les envoyés Mennonites, p. 233.

2. Deux ouvrages, récemment publiés, font connaître beaucoup plus complétement qu'on ne l'avait fait encore, la vie, les actes et la doctrine de Zwingle. Ce sont :

Zwingli Studien, par le doct. Hermann Spœrri. Leipzig, 1866.

Ulrich Zwingli, d'après des sources inconnues, par J. C. Mœrikoffer. Leipzig, 1867.

Né en 1484, à Wildhaus, dans le canton de Saint-Gall, il était curé de Glaris à vingt-deux ans et remplit ces fonctions pendant douze ans. Un an avant Luther, il attaqua le luxe et les abus de la cour de Rome, et ses nombreux adhérents le portèrent à la cure de Zurich en 1518. En 1524 et 25, il fit supprimer le célibat des prêtres, la messe et se maria. Plus logicien et plus doux que Luther, il n'avait pas la même puissance pour remuer les masses. Il enseignait, avec une sorte d'inspiration prophétique, que toutes les difficultés morales, sociales, religieuses et politiques de cette époque cesseraient par la séparation de l'évêque de Rome de ses subordonnés; que la constitution de l'Eglise devait être démocratique, et que toutes ses affaires devaient être réglées par le peuple lui-même. Ces doctrines furent solennellement adoptées dans la conférence de 1523, comme les bases de l'Eglise helvétique.

Il différait de Luther sur quelques points, en particulier sur la présence réelle dans l'Eucharistie que Zwingle niait absolument ; mais il essaya en vain de se rapprocher de lui dans l'entrevue de Marburg. Berne venait d'adopter son système, en 1528, et il avait l'espoir de le voir s'étendre à toute la Suisse, quand éclata la guerre entre les catholiques et les réformés. Les catholiques furent vainqueurs à Cappel en 1531, et Zwingle fut tué dans le combat.

Il avait publié *Civitas christiana*. — *De falsâ et verâ religione*.

aussitôt que les cantons devaient être libres d'adopter chez eux le culte qu'ils voudraient, et là seulement où existait la liberté politique put s'établir sans danger pour la paix publique la liberté religieuse.

La réforme en Angleterre eut un caractère tout différent. La déclaration du 30 mars 1534, par laquelle les députés du clergé anglais reconnaissaient le roi comme protecteur et chef suprême de l'Église d'Angleterre, sembla le résultat inattendu d'un caprice de Henri VIII : son divorce, non approuvé par le pape, avec Anne de Boleyn[1].

Cette mesure, à laquelle les esprits étaient peu préparés, ne fit que séparer l'Angleterre de Rome et eut pour conséquence de confisquer le pouvoir et les biens de l'Église au profit des rois. Le despotisme, pour changer de forme et pour s'exercer au nom d'une religion dissidente, n'en fut pas moins complet. Les catholiques résistent d'abord aux spoliations dont ils sont victimes. On les pend par centaines. Les protestants croient à leur tour pouvoir chercher un asile dans les États de Henri VIII. Ils n'y trouvent que la persécution.

L'esprit de réforme que les luthériens, les calvinistes et les anabaptistes des Pays-Bas, de l'Allemagne et de Genève répandirent dans le peuple n'eut rien de commun avec la révolution officielle. Cette dernière n'a jamais perdu le caractère de barbarie et de fanatisme cruel qui signala les expéditions dirigées contre les Albigeois, les Vaudois, les camisards en France et les anabaptistes dans les Pays-Bas.

« Les matières religieuses et politiques étaient confondues dans son esprit, dit d'Aubigné; chrétiens et citoyens étaient la même chose pour lui. » C'était l'idée dominante de sa vie et de ses œuvres. Elle fut adoptée par Grotius, et elle a été ainsi exprimée par le *poëte lauréat* de la Grande-Bretagne, Tennyson.

With the standards of the peoples plunging thro' the thunder-storm,
Till the war-drum throbb'd no longer, and the battle-flags were furl'd
In the Parliament of man, the Federation of the world.

1. Il faut remarquer que le pape avait d'abord accordé une dispense pour le mariage de Henri VIII, avec la veuve de son frère, et que c'est du refus du pape de consentir ensuite au divorce que date le schisme de l'Eglise anglicane. — Froude, *History of England*, I, 446; W. Beach Laurence, *Revue du Droit international*, 1870, p. 65.

Tandis que Marie Tudor renouvelle les persécutions au nom du catholicisme, Élisabeth, qui lui succède, proscrit à son tour cette religion, les Stuarts s'acharnent avec furie contre les non-conformistes d'Écosse, les presbytériens, les puritains et les caméroniens.

Les Tudors avaient fondé le pouvoir absolu en fait. Les Stuarts voulurent l'établir en droit. Jacques Ier fut le plus audacieux représentant de la doctrine de droit divin que l'esprit général de la réforme religieuse combattait. *Point d'évêque, point de roi,* disait-il. Aussi considérait-il les puritains comme ses plus sérieux ennemis. Il proclame que les rois règnent en vertu d'un droit qu'ils tiennent de Dieu, et qu'ils sont par conséquent au-dessus de la loi. Ils peuvent faire des statuts à leur gré, sans l'intervention du Parlement et sans être liés par l'observation des chartes de l'État. Et, quoique fils de la catholique Marie Stuart, il maintint contre les catholiques les plus rigoureuses ordonnances, profitant de la tentative connue sous le nom de *Conspiration des poudres* (1605) pour leur retirer tous droits politiques, les reléguer dans une condition d'infériorité dont ils ne sont sortis que de nos jours.

Alors commencent vers le nouveau monde les émigrations qui devaient aboutir à la formation des États-Unis, et auxquelles contribuèrent toutes les nations qui, soumises à un gouvernement absolu ou oppressif, ne laissaient aux malheureux persécutés d'autre moyen que l'exil pour sauver leur vie, leur croyance et leurs biens. Ce fut ainsi que les bourreaux de Jacques Ier, la tyrannie de Buckingham, les cruelles persécutions de l'archevêque Laud, les tribunaux extraordinaires de Charles Ier eurent surtout pour résultat de peupler l'Amérique [1].

Les puritains, arrivés au pouvoir avec Cromwell ne furent pas plus tolérants que leurs adversaires. Le dictateur fit aux Irlandais une guerre d'extermination. Il était sans pitié pour les prisonniers écossais. « Le Seigneur, disait-il,

---

[1]. Par une étrange coïncidence, sur l'un des huit vaisseaux qui étaient à l'ancre dans la Tamise pour traverser l'Océan, lorsqu'un décret de Charles Ier les arrêta, se trouvait Cromwell, le chef futur de la révolution de 1648.

les a livrés dans nos mains. ». Les officiers et les soldats, leurs femmes et leurs enfants furent transportés en Amérique ou vendus aux planteurs [1]. La restauration des Stuarts (1660) amena de sanglantes représailles [2], jusqu'à ce qu'enfin la révolution de 1688 vint donner définitivement la victoire aux protestants. Les usurpations successives de la couronne sur les droits de la nation ne s'étaient pas effectuées sans d'énergiques réclamations. Il y a des actes restés célèbres dans l'histoire qui rappellent en termes précis les aspirations et les désirs des opprimés, de ceux là même qui allaient en Amérique fonder une nouvelle patrie. Ces réclamations, non écoutées, amenèrent les résistances constantes des Parlements et la ligue des *covenants* et des *indépendants*, qui firent bientôt tomber sur l'échafaud les têtes de Strafford et de Charles Ier.

Les Stuarts, après leur restauration, foulèrent de nouveau aux pieds les droits de la nation. Mais celle-ci, un moment accablée par le despotisme du catholique Jacques II, appela au trône Guillaume d'Orange, dont l'autorité royale fut limitée par l'acte fameux connu sous le nom de *Déclaration des droits*. Cette révolution, qui fut inspirée par les mêmes principes que celle de Hollande en 1584, fut un véritable événement européen, et non pas simplement une révolution anglaise, comme celle de 1648. Les Anglais avaient enfin réussi à proclamer et à faire dominer les principes pour lesquels ils avaient soutenude si longues luttes, principes que leurs compatriotes avaient transportés en Amérique.

---

1. Un ouvrage attribué au chapelain du général Fairfax, *England's Recovery*, que l'on a tout lieu de croire écrit par le général lui-même, donne les prix auxquels furent vendus quelques-uns des captifs. Plusieurs d'entre eux ne manquaient pas de mérite. Ainsi, le colonel Ninian Beall, pris à la bataille de Dunbar, fut envoyé en Maryland, où il fut bientôt nommé commandant en chef des troupes de cette colonie. Une victoire qu'il remporta sur les « *Susque-Hannocks* » lui valut les éloges et les remercîments de la Province avec des dotations et des honneurs exceptionnels.
Historical magazine of America, 1857. — *Middle British Colonies*, par Lewis Evans. Philadelphie, 1755, p. 12 et 14. — *Terra Mariæ*, par Ed. Neil. Philadelphie, 1867, p. 193.

2. *Vie de Cromwell*, par Raguenet. Paris, 1691. — *Les Conspirations d'Angleterre*. Cologne, 1680.

Ils consistaient en ce que l'on ne pouvait lever d'impôts sans l'autorisation du Parlement ; que seul celui-ci pouvait autoriser la levée d'une armée permanente, que les chambres, régulièrement convoquées, auraient une part sérieuse aux affaires du pays ; que tout citoyen aurait droit de pétition ; enfin, l'acte dit de l'*habeas corpus*.

Ces principes furent toujours invoqués par les colons d'Amérique. On ne quitte pas sa patrie et ses foyers sans garder au fond du cœur et sans transmettre à ses enfants les idées auxquelles on a fait tant de sacrifices et une aversion profonde contre le despotisme qui a rendu ces sacrifices nécessaires. Tandis que les hommes d'État en Angleterre se plaisaient à parler de l'omnipotence du Parlement, de son droit de taxer les colonies sans les consulter et sans admettre ses représentants dans son sein, les colons, au contraire, déclaraient qu'il était de leur droit et de leur devoir de protester contre ces empiétements des souverains sur les prérogatives qu'ils tenaient eux-mêmes de Jésus-Christ. Ils étaient autorisés, disaient-ils, par la loi de Dieu comme par celle de la nature, à défendre leur liberté religieuse et leurs droits politiques. Ces droits innés et imprescriptibles sont inscrits dans le code de l'éternelle justice, et les gouvernements sont établis parmi les hommes non pour les usurper et les détruire, mais bien pour les protéger et les maintenir parmi les gouvernés. Lorsqu'un gouvernement manque à ce devoir, le peuple doit le renverser pour en établir un nouveau conforme à ses besoins et à ses intérêts.

Le 11 novembre 1743, au moment où tombait le ministère de Walpole, qui n'avait d'autre but que l'accroissement des prérogatives royales et d'autres moyens que la corruption, une réunion était provoquée par le révérend pasteur Craighead à Octorara, en Pensylvanie. On y disait [1] :

---

1. *A renewal of the Covenants, National and Solemn League, a confession of sins and an engagement to duties and a testimony as they were carried on at Middle Octorara in Pennsylvania.* Nov. 11, 1743, Psalm. LXXVI, 11. Jérémiah, I, 5.
Cette curieuse et très-intéressante brochure a été réimprimée à Philadel-

« Nous devons garder, d'après les droits que nous a transmis Jésus-Christ, nos corps et nos biens libres de toute injuste contrainte. » Et ailleurs : « Le roi Georges II n'a aucune des qualités que demande l'Écriture sainte pour gouverner ce pays. » L'on « fit une convention solennelle, que l'on jura en tenant la main levée et l'épée haute, selon la coutume de nos ancêtres et des soldats disposés à vaincre ou à mourir, de protéger nos corps, nos biens et nos consciences contre toute atteinte, et de défendre l'Évangile du Christ et la liberté de la nation contre les ennemis du dedans et du dehors[1]. »

Un autre élément de désaffection contre l'Angleterre se joignait chez les Américains à toutes les causes d'antipathie que les colons anglais devaient nourrir dans leur cœur contre la mère patrie et son gouvernement.

---

phie, 1748. Nul doute que Jefferson, qui a fouillé partout « pour retrouver les formules bibliques des vieux Puritains » (*Autobiog.*), en ait tiré les phrases de la Déclaration dont l'originalité est contestée.

1. L'expression la plus complète et la plus énergique des idées inspirées par la réforme religieuse, idées qui devaient conduire à une réforme politique, se retrouve dans la déclaration d'indépendance des colonies, faite à Philadelphie, 4 juillet 1776. Mais depuis longtemps les esprits étaient pénétrés des principes que les colons proclamèrent alors devant les nations, étonnées de leur audace. Aussitôt en effet que le sang des Américains eut été versé sur le champ de bataille de Lexington, des meetings furent tenus à Charlotte, comté de Mecklenburg (Caroline du Nord), dont les résolutions eurent la plus grande analogie avec la déclaration prononcée l'année suivante par Jefferson. A la suite de ces meetings (mai 1775), les presbytériens, en présence de leurs droits violés et décidés à la lutte, chargèrent trois des membres les plus respectés et les plus influents de l'assemblée, de rédiger des résolutions conformes à leurs aspirations. Le rév. pasteur Hézékiah James Balch, le docteur Ephraïm Brevard et William Kennon, firent adopter les conclusions suivantes :

« 1° Quiconque aura, directement ou indirectement, dirigé, par quelque
« moyen que ce soit, ou favorisé des attaques illégales et graves telles que
« celles que dirige contre nous la Grande-Bretagne, est ennemi de ce pays,
« de l'Amérique et de tous les droits imprescriptibles et inaliénables des
« hommes.

« 2° Nous, les citoyens du comté de Mecklenburg, brisons désormais les
« liens politiques qui nous rattachent à la mère patrie ; nous nous libérons
« pour l'avenir de toute dépendance de la couronne d'Angleterre et repous-
« sons tout accord, contrat ou alliance avec cette nation qui a cruellement
« attenté à nos droits et libertés et inhumainement versé le sang des pa-
« triotes américains à Lexington. » *American archives* (4e sér.), II, 855. *Les Histoires de la Caroline du Nord*, par Wheeler, Foote, Martin. *Field Book of the Revolution*, par Lossing, II, 617 et les nombreuses autorités y citées.

La révocation de l'édit de Nantes (1685) avait forcé la France à fournir au nouveau monde son contingent de réformés et d'indépendants. Même avant que Louis XIV eût pris cette mesure, aussi inique dans son principe que barbare dans son exécution et fatale aux intérêts de la France dans ses résultats, à l'époque où Richelieu, après la prise de la Rochelle, enleva aux protestants les droits politiques qui leur avaient été accordés par Henri IV, de nombreux fugitifs, originaires des provinces de l'ouest étaient allés chercher un asile dans l'Amérique anglaise et y avaient fondé en particulier la ville de New-Rochelle, dans l'État de New-York. Boston, capitale du Massachusets, possédait aussi vers 1662 des établissements formés par des huguenots, qui attiraient sans cesse de nouveaux émigrants. Mais à partir de 1685, le mouvement d'émigration des Français vers les colonies anglaises d'Amérique prit une grande intensité. C'est dans la Virginie et la Caroline du Sud qu'ils s'établirent en plus grand nombre, recevant de leurs coreligionnaires anglais l'accueil le plus bienveillant et le plus généreux[1]. C'est là aussi que nous trouvons plusieurs noms d'origine française qui rappellent à ceux qui les portent leur première patrie et les malheurs qui les en firent sortir. Devenus sujets de l'Angleterre, ces Français, qui avaient perdu tout espoir de revoir leur patrie, et qui n'en concevaient que plus d'horreur pour le gouvernement monarchique qui les avait exilés, combattirent d'abord dans les rangs des milices américaines, pour le triomphe de la politique anglaise. Mais quand les colonies, arbitrairement taxées, se soulevèrent, ces mêmes Français retrouvèrent au fond de leur cœur la haine séculaire de leurs ancêtres contre les Anglais. Ils coururent des premiers aux armes et excitèrent à la proclamation de l'indépendance. Plusieurs même jouèrent un rôle important dans la lutte[2].

1. *Old Churches and Families of Virginia*, par le Très-Rév. Dr Meade, évêque protest. Philadelphie, 1857, vol. I, art. xliii. — V. aussi les *Westover Mss.*, dans la possession du colonel Harrison de Brandon, Virginie. — *Histoire de la Virginie*, par Campbell. Richemond, 1847. *America*, par Odlmixon, I, 727. London, 1741.

2. Tels sont les Jean Bayard, Gervais, Marion, les deux Laurens, Jean

En résumé, les colonies anglaises d'Amérique furent presque exclusivement peuplées, dès l'origine, par des partisans des cultes réformés qui fuyaient l'intolérance religieuse et le despotisme monarchique. Les catholiques qui s'y établirent étaient aussi chassés de l'Angleterre par les mêmes causes, et avaient appris dans leurs malheurs à ne pas voir des ennemis dans les protestants. Tous étaient donc animés de la plus profonde antipathie pour la forme de gouvernement qui les avait contraints à s'exiler. Là, dans ce pays immense, vivait une population différente par l'origine, mais unie dans une égale haine pour l'ancien continent, par des besoins et des intérêts communs. Les combats constants qu'elle livrait soit à un sol vierge couvert de forêts et de marécages, soit à des indigènes qui ne voulaient pas se laisser déposséder, les aguerrissaient contre les fatigues physiques et leur donnaient cette vigueur morale propre aux nations naissantes. La religion, divisée en une multitude de sectes que les persécutions éprouvées rendaient tolérantes les unes pour les autres, avait un même corps de doctrine dans la Bible et l'Évangile ; une même ligne de conduite, l'amour du prochain et la pureté des mœurs ; les mêmes aspirations, la liberté de conscience et la liberté politique[1]. Les pasteurs, aux mœurs rigides, à l'âme énergique et trempée par le malheur, donnaient à tous l'exemple du devoir[2], leur enseignaient leurs droits et leur montraient comment il fallait les défendre.

Jay, Elie Boudinot, les deux Manigault, Gadsden, Huger, Duché, Fontaine, Maury, de Frouville, Le Fèvre, Benezet, etc.

1. Le Ms. ANONYME, qui, je crois, est de M. Cromot, baron du Bourg, donne *des observations sur les quakers*, qui prouvent combien les officiers français ont été frappés de ces faits. « La base de leur religion, dit-il, « consiste dans la crainte de Dieu et l'amour du prochain. Il entre aussi « dans leurs principes de ne prendre aucune part à la guerre. Ils ont en « horreur tout ce qui peut tendre à la destruction de leurs frères. Par « ce même principe de l'amour du prochain, ils ne veulent souffrir aucun « esclave dans leur communauté, et les quakers ne peuvent avoir des « nègres. Ils se font même un devoir de les assister. Ils refusent aussi « de payer des dîmes, considérant que les demandes faites par le clergé « sont une usurpation qui n'est point autorisée par l'Écriture sainte. »

2. On trouve dans les *Archives am.* et *Revolutionary Records* les noms de plusieurs pasteurs qui ont servi comme officiers dans l'armée.

A l'époque où la déclaration de l'indépendance fut prononcée, tous ces éléments étaient dans toute leur vigueur. Et cependant les colonies, malgré tout leur courage, auraient peut-être été trop faibles pour soutenir leurs justes prétentions si elles n'avaient rencontré, dans les conditions politiques où se trouvait l'Europe, un puissant auxiliaire.

V

Étudions maintenant le rôle que joua le gouvernement français et la part, tantôt occulte tantôt publique, qu'il prit dans le soulèvement des colonies anglaises.

Dès que Christophe Colomb eut découvert le nouveau monde, la possession des riches contrées qui excitaient la convoitise des Européens devint une cause perpétuelle de luttes entre les trois grandes puissances maritimes : l'Espagne, l'Angleterre et la France. Ces rivalités se soutinrent avec des chances diverses jusqu'au moment où la déclaration d'indépendance des États-Unis, en enlevant un appui aux uns et en faisant disparaître un aliment à l'avidité des autres, mit un terme aux guerres interminables que ces puissances se livraient.

Jacques Cartier, envoyé par Philippe de Chabot, amiral de France, partit en 1534 de Saint-Malo, sa ville natale, avec deux navires, pour reconnaître les terres encore inexplorées de l'Amérique septentrionale. Il découvrit les îles Madeleine, parcourut la côte occidentale du fleuve Saint-Laurent, puis, l'année suivante, dans une seconde expédition, prit possession, au nom du roi, de la plus grande partie du Canada, qu'il appela Nouvelle-France.

Le Canada, trop négligé sous les faibles successeurs de François Ier, reçut de nouveaux colons français sous Henri IV. Le marquis de La Roche, qui succéda en 1598 à Laroque de Roberval dans le gouvernement de cette colonie, créa un établissement à l'île des Sables, aujourd'hui île Royale et reconnut les côtes de l'Acadie. Quatre ans plus tard l'Acadie fut encore parcourue par Samuel de Champlain, qui, en 1608, fonda la ville de Québec.

Ces accroissements successifs et la prospérité de la colonie française ne pouvaient laisser indifférents les Anglais, récemment établis dans la Virginie. Aussi en 1613 des armateurs anglais, sous les ordres de Samuel Argall et sans déclaration de guerre, vinrent-ils attaquer à l'improviste Sainte-Croix et Port-Royal, en Acadie, qu'ils détruisirent. En 1621, le roi d'Angleterre Jacques Ier accorda au comte de Stirling la concession de toute la partie orientale et méridionale du Canada, sous le prétexte que tout ce pays n'était habité que par des sauvages. Mais les colons français n'étaient nullement disposés à se laisser ainsi dépouiller, et Charles Ier dut restituer à la France, deux ans après, le territoire dont Guillaume de Stirling n'avait pris possession que pour la forme.

En 1629, 1634 et 1697, l'Acadie et une partie du Canada furent encore successivement enlevées puis rendues aux Français, jusqu'à ce qu'enfin, par le traité d'Utrecht, 1713, l'Angleterre fut mise en possession définitive du territoire contesté.

Les Anglais ne devaient pas s'en tenir à ce succès. Il ne fit que les encourager à persévérer dans leur projet de conquérir le Canada tout entier. De leur côté les Français, malgré l'abandon dans lequel les laissait la mère patrie, leur résistèrent avec courage et trouvèrent généralement, pour les soutenir dans la lutte, de puissants auxiliaires dans les naturels, qu'ils n'avaient cessé de traiter avec douceur et loyauté.

Cependant le Canada, malgré les attaques incessantes dont il était l'objet, vers le sud, de la part des Anglais, devenait florissant. Le Saint-Laurent était pour les vaisseaux de France une retraite commode et sûre. Le sol, autrefois inculte, s'était fertilisé sous les efforts de plusieurs milliers d'habitants. L'on s'aperçut bientôt que les lacs se déversaient aussi par le sud dans de grands fleuves inexplorés.

Il y avait de ce côté d'importantes découvertes à faire. La gloire en était réservée à Robert de La Salle.

Déjà en 1673, le P. jésuite Marquet et le sieur Joliet, avaient été envoyés par M. de Frontenac, gouverneur du Canada, et avaient découvert à l'ouest du lac Michigan le Mississipi. Plus tard, en 1679 et 1680, le père Hennequin, récollet, accompagné du sieur Dacan, avait remonté ce fleuve jusque vers sa source au saut Saint-Antoine.

De La Salle, homme résolu et énergique, muni des pouvoirs les plus étendus, que lui avait accordés le ministre de la marine, Seignelay, partit en 1682 de Québec. Il se rendit d'abord chez les Illinois, où, du consentement des Indiens, il construisit un fort. Pendant qu'une partie de ses hommes remontaient le Mississipi en suivant la route du P. Hennequin, il descendit lui-même ce fleuve jusqu'au golfe du Mexique. Il reçut partout des Indiens le meilleur accueil et en profita pour établir un magasin dans la ville des Arkansas et un second chez les Chicachas.

L'année suivante il voulut retourner par la voie de mer vers l'embouchure du Mississipi. Mais les vaisseaux qui portaient les soldats et les colons qu'il ramenait de France le laissèrent avec sa troupe dans une baie qu'il appela Saint-Louis. Le territoire riant et fertile sur lequel il s'établit prit le nom de Louisiane. Il allait chercher des secours auprès de ses établissements du Mississipi, quand il fut massacré par les gens de sa suite. Les Espagnols établis au Mexique détruisirent les germes de cette colonie.

Dix années s'écoulèrent avant que d'Iberville reprit le projet de La Salle sur la Louisiane. Crozat et Saint-Denis, en 1712, continuèrent son œuvre et cette possesion fut connue en France sous de si bons rapports qu'elle servit de base au système et aux spéculations du fameux Law, de 1717 à 1720. C'est à cette époque que fut fondée la Nouvelle-Orléans[1].

---

1. J'ai trouvé de curieux renseignements non imprimés, dans la *Relation concernant l'établissement des Français à la Louisiane,* par Penicaud, manuscrit inédit. Le P. Charlevoix parle de cet ouvrage, VI, 427, et la copie que j'ai dans les mains a été signalée à une vente à Paris en 1867, comme mise au net par un nommé François Bouet.

Ainsi, bien que la France eût cédé à l'Angleterre, par le traité d'Utrecht, l'Acadie et la baie d'Hudson, elle avait encore le Labrador, les îles du golfe Saint-Laurent et le cours du fleuve, la région des grands lacs comprenant le Canada et la vallée du Mississipi, désignée sous le nom de Louisiane. Mais les limites de ces possessions n'étaient pas bien définies. Les Anglais prétendaient étendre les limites de l'Acadie jusqu'au fleuve Saint-Laurent; les Pensylvaniens et les Virginiens, franchissant les monts Alleghanys, s'avançaient à l'ouest, jusqu'au bord de l'Ohio. Pour les contenir dans un demi-cercle immense, les Français avaient relié la Nouvelle-Orléans à Québec par une chaîne de postes sur l'Ohio et le Mississipi.

Le territoire sur lequel on établissait ces forts avait été découvert par La Salle, comme nous l'avons vu. Suivant le droit des gens de cette époque, il envoya un officier français, Céleron, pour en prendre officiellement possession. Cet officier parcourut les vallées de l'Ohio et du Mississipi et la région des lacs, en un mot tout le pays compris entre la Nouvelle-Orléans et Montréal. Partout sur son trajet il enfouissait des plaques [1] de plomb, comme souvenir et en témoignage de l'établissement de la domination française sur ce territoire.

Les Anglais, justement alarmés de semblables prétentions, prétextant que de tels établissements portaient atteinte à leurs droits, envahirent brusquement le Canada (1754).

C'est alors que paraît pour la première fois dans l'histoire le nom de Washington. Il commandait, avec le titre de colonel, un détachement de Virginiens. Ainsi, par une singulière coïncidence, ce grand homme porta d'abord les armes contre ces mêmes soldats qui devaient aider à l'affranchissement de sa patrie, et s'efforça de soumettre à la domination anglaise ces mêmes Canadiens qu'il appelait vainement plus tard à l'aider à la délivrance commune.

1. *Vie de Washington*, par Sparks, II, 430. La date est 16 d'août 1749.

Washington surprit un détachement de troupes françaises envoyé en reconnaissance auprès du fort Duquesne, l'enveloppa, le fit tout entier prisonnier et tua son chef, Jumonville[1]. Assiégé à son tour dans son camp, aux Grandes-Prairies, par de Villiers, frère de Jumonville, il fut obligé de capituler, et se retira toutefois avec les honneurs de la guerre[2].

La seconde expédition[3], dirigée la même année contre le fort Duquesne par le général anglais Braddock, eut une issue plus malheureuse pour celui-ci. Cet officier, qui méprisait les milices de la Virginie, s'engagea sur un territoire qu'il ne connaissait pas et fut enveloppé et tué par les

---

1. Ce fut l'étincelle qui alluma la guerre de Sept Ans. Laboulaye, *Hist. des Etats-Unis*, II, 50, 297.

2. Cette capitulation donna naissance à une horrible calomnie qui, malgré les protestations réitérées de Washington, cherche à s'acharner encore contre sa mémoire, en dépit de la noblesse universellement reconnue de son caractère : je veux parler du prétendu *assassinat* de Jumonville. Plusieurs ouvrages publiés en France (*Mémoire, précis des faits, pièces justificatives*, etc. Paris, 1756, — réponse officielle aux observations de l'Angleterre) répètent et propagent cette erreur, et bien qu'elle ait été reconnue et signalée comme telle dans les écrits les plus consciencieux, je crois qu'il est de mon devoir de démentir encore une fois une affirmation si invraisemblable et si contraire au jugement que les contemporains de Washington et la postérité ont porté sur ce grand homme.
La capitulation que signa Washington avec une entière confiance était rédigée en français, c'est-à-dire dans une langue que n'entendaient ni le colonel Washington ni aucun des hommes de son détachement. L'interprète hollandais qui en donna la lecture aux Américains traduisit le mot *assassinat* pour l'équivalent de *mort* ou *perte*, soit par ignorance, soit par une manœuvre coupable ; et l'on considéra comme un aveu de Washington ce qui ne fut que l'effet de sa bonne foi surprise.
M. Moré de Pontgibaud, dans ses mémoires déjà cités (p. 15), justifie Washington de l'accusation qu'il avait entendu porter contre lui en France. « Il est plus que constant dans la tradition du pays, dit-il, que M. de Jumonville fut tué par la faute, par l'erreur et le fait d'un soldat qui tira sur lui, soit qu'il le crût ou ne le crût point parlementaire, mais que le commandant du fort ne donna pas l'ordre de tirer ; la garantie la plus irrécusable est le caractère de douceur, de magnanimité du général Washington, qui ne s'est jamais démenti au milieu des chances de la guerre et de toutes les épreuves de la bonne ou de la mauvaise fortune. Mais M. Thomas (de l'Académie française) a trouvé plus poétique et plus national de présenter ce malheureux évènement sous un jour odieux pour l'officier anglais. » V. aussi *Histoire des Etats-Unis*, par Éd. Laboulaye. Paris, 1866, II, 50, où cette affaire est examinée.

3. Dont le meilleur récit est *Braddock's Expedition*, par Winthrop Sergant, publié dans les *Mémoires* de la Société historique de Pensylvanie, 1855.

Français, aidés des Indiens. Le colonel Washington rallia les fuyards et opéra sa retraite en bon ordre.

Enfin, en 1755, toujours sans que la guerre eût été encore déclarée, l'amiral anglais Boscawen captura des vaisseaux de ligne français à l'embouchure du Saint-Laurent, tandis que les corsaires anglais, se répandant sur les mers, s'emparaient de plus de trois cents bâtiments marchands portant pour près de trente millions de francs de marchandises et emmenaient prisonniers sur les pontons plus de huit mille marins français. En présence d'une si audacieuse violation du droit des gens, malgré son apathie et sa honteuse indifférence pour les intérêts publics, le roi Louis XV fut obligé de déclarer la guerre à l'Angleterre [1].

Il était de l'intérêt de la France de laisser à la lutte son caractère exclusivement colonial. Mais sa marine était presque ruinée. Elle ne pouvait donc secourir ses colons. L'Angleterre ne lui laissa pas d'ailleurs la liberté d'en agir ainsi. L'or donné par Pitt au roi de Prusse Frédéric II alluma la guerre continentale connue sous le nom de guerre de Sept Ans. Ainsi forcée de combattre sur terre et sur mer, la France fit de vigoureux efforts. Malheureusement les généraux que le caprice de Mme de Pompadour plaçait à la tête des armées étaient tout à fait incapables, ou portaient dans les camps les querelles et les intrigues de la cour. Aussi les résultats de cette guerre furent-ils désastreux.

Mêmes revers au Canada que dans les Indes orientales. Les marquis de Vaudreuil et de Montcalm enlèvent les forts Oswégo et Saint-Georges, sur les lacs Ontario et Saint-Sacrement (1756). Montcalm remporte même une victoire signalée sur les bords du lac Champlain, à *Ticonderoga* (1758); mais il ne peut empêcher la flotte de l'amiral Boscawen de prendre Louisbourg, le cap Breton, l'île Saint-Jean et de bloquer l'entrée du Saint-Laurent, pendant que l'armée anglo-américaine détruit les forts de l'Ohio et coupe les communications entre la Louisiane et le Canada.

---

1. 1756. Juin le 9.

En 1759, Montcalm et Vaudreuil n'avaient que cinq mille soldats à opposer à quarante mille. Ils étaient en outre privés de tous secours de la France, soit en hommes, en argent ou en munitions. Les Anglais assiégent Québec. La ville est tournée par une manœuvre audacieuse du général Wolff. Montcalm est blessé à mort. Le général anglais tombe de son côté et expire content en apprenant que ses troupes sont victorieuses. Vaudreuil lutte quelque temps encore. C'est en vain. Le Canada est définitivement perdu pour la France.

Un habile ministre, le seul homme qui dans ces temps de désordre et de corruption prenne à cœur les intérêts de sa patrie, Choiseul, arrive au pouvoir, appelé par la faveur de Mme de Pompadour. Son premier acte est de lier comme en un faisceau, par un traité connu sous le nom de *Pacte de famille* (15 août 1761), toutes les branches régnantes de la maison de Bourbon, ce qui donnait de suite à la France l'appui de la marine espagnole. Celle-ci, immédiatement en butte aux attaques de l'Angleterre, essuya de grandes pertes.

Cependant toutes les nations de l'Europe étaient épuisées par cette guerre, qui avait fait périr un million d'hommes. La France y avait dépensé pour sa part treize cent cinquante millions. Par le traité de Paris elle ne conserva que les petites îles de Saint-Pierre et Miquelon avec droit de pêche près de Terre-Neuve et dans le golfe Saint-Laurent. Elle recouvra la Guadeloupe, Marie-Galande, la Désirade, la Martinique ; mais céda la partie orientale de la Louisiane aux Espagnols.

L'Angleterre avait atteint son but ; l'expulsion complète des Français du continent américain et la ruine de leur marine.

Choiseul eut à cœur de relever la France de cet abaissement. Il essaya de réorganiser l'armée en diminuant les dilapidations et en constituant des cadres sur de nouvelles bases. Il souleva un mouvement patriotique dans les parlements pour que chacun d'eux fournît un navire à l'État, et l'Angleterre vit avec douleur renaître cette marine qu'elle croyait à jamais perdue.

Sous son administration la France acquit soixante-quatre vaisseaux et cinquante frégates ou corvettes qui firent sentir à l'Angleterre, pendant la guerre d'Amérique que les désastres de la guerre de Sept Ans n'avaient pas été irréparables [1].

En même temps que Choiseul soutenait l'Espagne dans son antagonisme contre l'Angleterre, il se tenait au courant des rapports des colonies américaines avec leur mère patrie. Sa correspondance nous le montre persévérant dans sa haine pour la rivale de la France, étudiant les moyens les plus propres à abaisser sa puissance, inquiet surtout du développement de ses colonies. Il encourageait de tout son pouvoir et par des agents qui, comme de Pontleroy [2], de Kalb [3],

---

1. C'est sous son ministère que la France s'empara de la Corse et que naquit dans cette île, deux mois après, le plus grand ennemi de l'Angleterre, Napoléon. On trouve dans les *Mémoires imprimés sous ses yeux, dans son cabinet, à Chanteloup,* 1778, ses raisons pour l'acquisition de la Corse, I, 103.

2. *Pontleroy*, lieutenant de vaisseau au département de Rochefort, chargé en 1764, par M. de Choiseul, d'aller visiter les colonies anglaises d'Amérique. M. le comte de Guerchy, ambassadeur à Londres, par une dépêche du 19 octobre 1766, demande de nouveau pour ce même Pontleroy des lettres et un passe-port, au nom de *Beaulieu*, qu'il portait en Amérique. Durand écrivait un peu auparavant à M. de Choiseul que Pontleroy n'avait pas le talent d'écrire, mais qu'il pourrait utilement lever les plans des principaux ports d'Amérique et même d'Angleterre, en se mettant au service d'un négociant américain qui lui donnerait à commander un bâtiment. Il s'entendait bien à la construction, au pilotage et au dessin. Il ne demandait que le traitement accordé aux lieutenants de vaisseau.

Ces propositions furent agréées par M. de Choiseul, et Pontleroy ou Beaulieu partit peu de temps après.

3. De Kalb était un officier d'origine allemande, qui servait en qualité de lieutenant-colonel dans l'infanterie française. On ne pouvait douter ni de son courage, ni de son habileté, ni de son zèle. Sa connaissance de la langue allemande devait faciliter ses relations avec les colons originaires du même pays que lui. Ses instructions, datées du 12 avril 1767, lui enjoignaient de partir d'Amsterdam et, une fois arrivé à sa destination, de s'informer des besoins des colonies tant en officiers d'artillerie et en ingénieurs qu'en munitions de guerre et en provisions. Il devait étudier et stimuler le désir des colons pour rompre avec le gouvernement anglais, s'informer de leurs ressources en troupes et en postes retranchés, de leurs projets de soulèvement et des chefs qu'ils comptaient mettre à leur tête. « La commission que je vous confie, lui dit Choiseul, est difficile et demande de l'intelligence ; demandez-moi les moyens nécessaires pour l'accomplir ; je vous les fournirai tous. »

Après avoir servi la France en diplomate, de Kalb se fit un devoir de prendre à côté des Américains sa part des dangers qu'il les avait engagés à affronter. Il servit comme volontaire, avec rang de major-général, et fut tué à la malheureuse bataille de Camden. (*Notices biographiques.*)

Bonvouloir[1], ne manquaient ni de talents, ni d'énergie, l'opposition naissante de ces colonies qui, dès 1763, semblaient déjà prêtes à passer à l'état de révolte contre la métropole[2].

De 1757 à 59 parurent des lettres, que l'on disait écrites par le marquis de Montcalm à son cousin M. de Berryer, résidant en France, dans lesquelles on trouve une appréciation bien juste de la situation des colonies d'Amérique et une prédiction bien nette de la révolution qui se préparait. « Le Canada, y est-il dit, est la sauvegarde de ces colonies ; pourquoi le ministre anglais cherche-t-il à le conquérir ? Cette contrée une fois soumise à la domination britannique, les autres colonies anglaises s'accoutumeront à ne plus considérer les Français comme leurs ennemis. »

Ces lettres eurent le plus grand retentissement dans les deux continents. Grenville et lord Mansfield, qui les eurent en leur possession, les crurent réellement émanées de Montcalm. De nos jours encore, le judicieux Carlyle[3] n'a pas hésité à en citer des extraits dans le but de vanter la sagacité du général français et la justesse de sa prophétie. Mais

---

1. Un autre agent de la France en Amérique fut Bonvouloir (Achard de), officier français, engagé volontaire dans le régiment du Cap. Une maladie l'obligea à quitter Saint-Domingue pour revenir dans des climats plus doux. Il visita d'abord les colonies anglaises, où on lui offrit de prendre du service dans les armées rebelles. Il n'accepta pas cette fois, mais, venu à Londres en 1775, il fut mis en rapport avec M. le comte de Guines, ambassadeur de France, qui obtint de lui d'utiles renseignements sur la situation des colonies révoltées, et écrivit à M. de Vergennes pour être autorisé à faire de Bonvouloir un agent du gouvernement français en Amérique.

Le ministre français donna en effet à Bonvouloir une somme de 200 louis pour un an et un brevet de lieutenant, antidaté, pour qu'il pût entrer avantageusement dans l'armée des rebelles. Il partit de Londres pour Philadelphie le 8 septembre 1775, sous le nom d'un marchand d'Anvers. Il trouva à Philadelphie un M. Daymond, Français et bibliothécaire, qui l'aida dans ses recherches. Il écrit en donnant des renseignements à M. de Vergennes, qu'il est arrivé deux officiers français menant grand train, qui ont fait des propositions au Congrès pour des fournitures d'armes et de poudre. Nul doute qu'il ne s'agisse de MM. de Penet et Pliarne, cités dans une lettre de Barbue Dubourg à Franklin. (*Archives américaines*.)

2. V. *Vie de Jefferson*, par Cornélis de Witt, Paris, 1861, où la politique de Choiseul est très-habilement développée. Toutes les pièces importantes sont imprimées dans l'appendice.

3. *Vie de Frederich the Great*. XI, 257-262. Leipzig, édition 1865. Bancroft les qualifie nettement de contrefaçons, IV (ch. IX), 128, *note*. V. aussi *Vie du général James Wolfe*, par Robert Wright, 601. London, 1864.

le style de ces lettres, l'exagération de certaines idées, l'absence de tout caractère qui dénote leur provenance, et la comparaison qui en a été faite avec toutes les pièces relatives aux affaires du Canada et à Montcalm, ne permettent plus de croire à la vérité de l'origine qui leur fut attribuée dès leur apparition. Nous voyons là une manœuvre habile du ministre Choiseul, qui espérait, par cette brochure, semer la division entre les deux partis, augmenter leur défiance réciproque et hâter un dénoûment qu'il prévoyait d'autant plus volontiers qu'il le désirait plus ardemment.

Les officiers français, qui parcouraient pour la dernière fois le Canada et la vallée du Mississipi, en jetant un regard d'adieu sur ces fertiles contrées et en recevant les touchants témoignages d'attachement des Indiens ne pouvaient s'empêcher de regretter le territoire qu'ils étaient obligés de céder. Le duc de Choiseul pensait tout autrement. Il lisait dans l'avenir[1]. Il le faisait sans arrière-pensée, avec la conviction qu'il prenait une bonne mesure politique. Il pensait que le temps était proche où tout le système colonial devait être modifié: « Les idées sur l'Amérique, soit militaires, soit politiques, sont infiniment changées depuis trente ans, » écrivait-il à Durand, le 15 septembre 1766. Il était persuadé que la liberté commerciale et politique pouvait seule désormais faire vivre les États du nouveau monde. Ainsi, du jour où un acte du Parlement établit des taxes sur les Américains, la France commença à faire des démarches pour pousser ceux-ci à l'indépendance[2].

Mais ce ministre contribua à l'expulsion des jésuites de France en 1762. Cette puissante compagnie laissa derrière elle un parti qui ne lui pardonna pas sa fermeté dans cette circonstance[3]. Le Dauphin, leur élève, lui

---

1. Choiseul, signant l'abandon du Canada aux Anglais, dit : *Enfin, nous les tenons*. C'était, en effet, délivrer les colonies américaines d'un voisinage qui les forçait à s'appuyer sur la métropole.

2. Il détacha le Portugal et la Hollande de l'alliance anglaise et prépara cette union des marines secondaires qui devait, quelques années plus tard, devenir la ligue des neutres contre ceux qui s'appelaient les maîtres de l'Océan.

3. *Raisons invincibles*, publiées 8 juillet 1773, dont une analyse est dans *Mémoires secrets*, VII, 24. Londres, chez John Adamson.

était hostile. Le duc d'Aiguillon, à qui il avait fait ôter son gouvernement de Bretagne, le chancelier Maupeou et l'abbé Terrai, contrôleur des finances, formèrent contre lui un triumvirat secret qui eût pourtant été impuissant sans le honteux auxiliaire qu'ils trouvèrent dans la nouvelle favorite [1].

Malgré l'origine de sa faveur, les défauts que l'on peut trouver à son caractère et les erreurs qu'il commit dans son administration multiple, ce ministre jette un éclat singulier et inattendu au milieu de cette cour corrompue où tout était livré à l'intrigue et d'où semblaient bannis toute idée de justice et tout sentiment du bien public. Il comprenait d'ailleurs le peu de stabilité de sa situation, et n'espérait guère que l'on reconnaîtrait à la cour les services qu'il pourrait rendre à son pays. On en trouve la preuve dans un mémoire qu'il adressa au roi en 1766, et dans lequel il ose s'exprimer avec une certaine impertinence hautaine que l'on est heureux de retrouver en ces temps de basse courtisannerie et de lâche servilité.

« Je méprisais, autant par principe que par caractère,
« dit-il au roi, les intrigues de la Cour, et quand Votre
« Majesté me chargea de la direction de la guerre, je n'ac-
« ceptai ce triste et pénible emploi qu'avec l'assurance
« que Votre Majesté voulut bien me donner qu'elle me
« permettrait de le quitter à la paix. »

Le ministre entre ensuite dans le détail de son adminis-

---

1. Mme de Pompadour était morte en 1764, et Choiseul, qui lui avait dû son crédit, refusa de plier devant la cynique arrogance de la Du Barry qui lui succéda. Choiseul ressentit bientôt l'influence fatale de cette femme sur l'esprit affaibli du roi.
Il faut lire dans les mémoires du temps la juste appréciation des misérables influences qui présidaient aux affaires publiques et au milieu desquelles se jouait la fortune de la France. Une nouvelle favorite avait été sur le point d'être choisie. Devant les cris d'effroi du contrôleur général Laverdie, l'attitude et la fermeté de Choiseul, le roi avait dû céder, mais il battait froid à son ministre. Plus tard il céda à regret aux instances réitérées de ses courtisans, ameutés par les rancunes de la compagnie de Jésus. Il comprenait tout ce dont il se privait en renvoyant son ministre, et quand il apprit que la Russie, l'Autriche et la Prusse venaient de se partager la Pologne, il s'écria : « Ah ! cela ne serait pas arrivé si Choiseul eût encore été ici. » *Vie du marquis de Bouillé, Mémoires du duc de Choiseul*, I, 230. *Mémoire inédit.*

tration qui avait compris la guerre, la marine, les colonies, les postes et les affaires étrangères, pendant six années. — La première année, il réduisit les dépenses des affaires étrangères de 52 à 25 millions.

Quant à l'Angleterre, Choiseul en parle avec une certaine crainte. « Mais la révolution d'Amérique, dit-il, qui
« arrivera, mais que nous ne verrons vraisemblablement
« pas, remettra l'Angleterre[1] dans un état de faiblesse où
« elle ne sera plus à craindre. »

« Votre Majesté m'exilera », dit-il à la fin. Cette prédiction ne se réalisa que cinq ans après : en 1770, Choiseul fut exilé dans ses terres.

VI

La guerre se fit à la fois sur trois points du continent américain : aux environs de Boston, de New-York et de Philadelphie; dans le Canada, que les Américains voulaient cette fois entraîner dans leur cause et d'où les Anglais partirent pour prendre à revers les révoltés; enfin dans le Sud, autour de Charleston et dans les Carolines.

Les débuts du conflit furent heureux pour les Américains. Leurs milices, plus fortes par le sentiment de la justice de leur cause que par leur expérience de la guerre et par la discipline, battirent à Lexington (avril 1775) un détachement anglais. On assiégea le général Gage dans Boston. Le Congrès confia à Washington[2] la tâche difficile d'organiser les bandes

---

1. La politique de Choiseul et de Vergennes fut suivie par Napoléon. Quand il songea à céder la Louisiane aux États-Unis, il prononça ces paroles :
« Pour affranchir les peuples de la tyrannie commerciale de l'Angleterre, il faut la contre-parer par une puissance maritime qui devienne un jour sa rivale; ce sont les États-Unis. » *Les États-Unis et la France,* par Édouard Laboulaye. Paris, 1862.

2. Nous ne voulons pas entreprendre de rappeler les hauts faits de ce grand homme dont la mémoire est chère à tout cœur américain. Outre

de miliciens et de les mettre en état de vaincre les troupes aguerries de la Grande-Bretagne. Ce fut un grande acte de patriotisme de la part de ce généreux citoyen d'accepter une pareille mission. Du jour où, sans ambition comme sans crainte, il prit en mains la conduite des affaires, il ne perdit

qu'une pareille tâche est tout à fait en dehors du cadre que nous nous sommes proposé de remplir, nous reconnaissons trop bien le talent et le cœur avec lesquels plusieurs illustres écrivains s'en sont acquittés avant nous, pour que nous ayons la prétention de traiter ce sujet. Washington est d'ailleurs un de ces héros dont la gloire, loin de s'effacer, grandit à mesure que les années s'écoulent. Plus l'esprit humain progresse et plus on se plaît à reconnaître la noblesse de son caractère et l'élévation de ses idées. Dans les sociétés modernes, où le droit tend chaque jour à l'emporter sur la force, où l'amour de l'humanité a plus de partisans que l'esprit de domination, les grands conquérants tels que ceux dont l'histoire conserve les noms et exalte les exploits, loin d'être mis au rang des dieux, comme dans l'antiquité, seraient considérés comme de véritables fléaux. Les peuples, de jour en jour plus soucieux de se donner une organisation sociale basée sur la justice et la liberté que de satisfaire la stérile et sauvage ambition de subjuguer leurs voisins, ne veulent plus laisser à quelques hommes privilégiés le soin d'accomplir les desseins de la Providence en bouleversant les empires pour changer la face du monde. Or, Washington fut encore plus grand citoyen qu'habile général. Ses victoires auraient suffi pour perpétuer son souvenir. Sa conduite comme homme politique et comme homme privé le fera revivre au milieu des générations futures, qui le présenteront toujours à leurs chefs comme un modèle à imiter.

Tous les écrivains contemporains, Américains ou Français, nous dépeignent Washington sous les traits les plus nobles au physique comme au moral ; il n'y a de tache à aucun de leurs tableaux. Je ne veux pas redire ici les impressions ressenties par MM. de La Fayette, de Chastellux, de Ségur, Dumas et tant d'autres, lorsqu'ils furent admis pour la première fois en présence du généralissime américain. Elles sont à peu près identiques et sont exprimées, dans les mémoires signés de leur nom, avec tout l'enthousiasme dont ces Français étaient capables. « C'est le Dieu de Chastellux », écrivait Grimm à Diderot. *Correspondance*, X, 471. Nous nous contenterons de transcrire ici le passage relatif à ce grand homme, que M. de Broglie a inséré dans ses *Relations inédites*.

« Ce général est âgé d'environ quarante-neuf ans (1782); il est grand, noblement fait, très-bien proportionné ; sa figure est beaucoup plus agréable que ses portraits ne le représentent ; il était encore très-beau il y a trois ans, et quoique les gens qui ne l'ont pas quitté depuis cette époque disent qu'il leur paraît fort vieilli, il est incontestable que ce général est encore frais et agile comme un jeune homme.

« Sa physionomie est douce et ouverte, son abord est froid quoique poli, son œil pensif semble plus attentif qu'étincelant, mais son regard est doux, noble et assuré. Il conserve dans sa conduite privée cette décence polie et attentive qui satisfait tout le monde et cette dignité réservée qui n'offense pas. Il est ennemi de l'ostentation et de la vaine gloire. Son caractère est toujours égal, il n'a jamais témoigné la moindre humeur. Modeste jusqu'à l'humilité, il semble ne pas s'estimer à ce qu'il vaut. Il reçoit de bonne grâce les hommages qu'on lui rend, mais il les évite plutôt qu'il ne les cherche. Sa société est agréable et douce. Toujours sérieux, jamais distrait, toujours simple, toujours libre et affable sans être familier, le respect qu'il inspire ne

plus de vue les aspirations du pays. Il ne désespéra jamais de leur réalisation, et si, dans les moments critiques, aux jours où la cause de l'indépendance paraissait le plus compromise, il eut quelques instants de découragement, il sut du moins empêcher par son attitude ses concitoyens de se

devient jamais pénible. Il parle peu en général et d'un ton de voix fort bas; mais il est si attentif à ce qu'on lui dit, que, persuadé qu'il vous a compris, on le dispenserait presque de répondre. Cette conduite lui a été bien utile en plusieurs circonstances. Personne n'a eu plus besoin que lui d'user de circonspection et de peser ses paroles.

« Il joint à une tranquillité d'âme inaltérable un jugement exquis, et on ne peut guère lui reprocher qu'un peu de lenteur à se déterminer et même à agir. Quand il a pris son parti, son courage est calme et brillant. Mais pour apprécier d'une manière sûre l'étendue de ses talents et pour lui donner le nom de grand homme de guerre, je crois qu'il faudrait l'avoir vu à la tête d'une plus grande armée avec plus de moyens et vis-à-vis d'un ennemi moins supérieur. On peut au moins lui donner le titre d'excellent patriote, d'homme sage et vertueux, et on est bien tenté de lui donner toutes les qualités, même celles que les circonstances ne lui ont pas permis de développer.

« Il fut unanimement appelé au commandement de l'armée. Jamais homme ne fut plus propre à conduire des Américains et n'a mis dans sa conduite plus de suite, de sagesse, de constance et de raison.

« M. Washington ne reçoit aucun appointement comme général. Il les a refusés comme n'en ayant pas besoin. Les frais de sa table sont seulement faits aux dépens de l'État. Il a tous les jours une trentaine de personnes à dîner, fait une fort bonne chère militaire et est fort attentif pour tous les officiers qu'il admet à sa table. C'est en général le moment de la journée où il est le plus gai. Au dessert, il fait une consommation énorme de noix, et lorsque la conversation l'amuse, il en mange pendant des heures en portant, conformément à l'usage anglais et américain, plusieurs santés. C'est ce qu'on appelle *toaster*. On commence toujours par boire aux États-Unis de l'Amérique, ensuite au roi de France, à la reine, aux succès des armées combinées. Puis on donne quelquefois ce qu'on appelle un *sentiment* : par exemple à nos succès sur les ennemis et sur les belles; à nos avantages en guerre et en amour. J'ai toasté plusieurs fois aussi avec le général Washington. Dans une entre autres je lui proposai de boire au marquis de La Fayette, qu'il regarde comme son enfant. Il accepta avec un sourire de bienveillance, et eut la politesse de me proposer en revanche celle de mon père et de ma femme.

« M. Washington m'a paru avoir un maintien parfait avec les officiers de son armée. Il les traite très-poliment, mais ils sont bien loin de se familiariser avec lui. Ils ont tous au contraire, vis-à-vis de ce général, l'air du respect, de la confiance et de l'admiration.

« Le général Gates, fameux par la prise de Burgoyne et par ses revers à Camden, commandait cette année une des ailes de l'armée américaine. Je l'ai vu chez M. Washington, avec lequel il a été brouillé, et je me suis trouvé à leur première entrevue depuis leurs querelles, qui demanderaient un détail trop long pour l'insérer ici. Cette entrevue excitait la curiosité des deux armées. Elle s'est passée avec la décence la plus convenable de part et d'autre. M. Washington traitant M. Gates avec une politesse qui avait l'air franc et aisé, et celui-ci répondant avec la nuance de respect qui convient vis-à-vis de son général, mais en même temps avec une assurance, un ton

laisser entraîner à un pareil sentiment. Il les retint autour de lui et leur communiqua sa confiance dans l'avenir. Après le succès, redevenu simple particulier, il voulut vivre tranquille dans sa maison de Mount-Vernon, en Vir-

noble et un air de modération qui m'ont convaincu que M. Gates était digne des succès qu'il a obtenus à Saratoga, et que ses malheurs n'ont fait que le rendre plus estimable par le courage avec lequel il les a supportés. Il me semble que c'est là le jugement que les gens capables et désintéressés portent sur M. Gates. »

On ne s'étonnera pas que le personnage de Washington ait figuré à plusieurs reprises sur la scène française. Ces compositions, qui datent généralement de l'époque de la révolution française, ne méritent guère d'être lues, et si elles ont pu être écoutées avec quelque intérêt sur un théâtre, ce ne peut être que grâce à la sympathie qu'inspiraient le héros américain et la cause qu'il avait fait triompher.

Nous donnons toutefois les titres de quelques-uns de ces ouvrages et les noms de leurs auteurs :

1º *Washington ou la liberté du Nouveau-Monde*, tragédie en quatre actes, par M. de Sauvigny, représentée pour la première fois le 13 juillet 1791 sur le théâtre de la Nation. Paris.

2º *Asgill ou l'Orphelin de Pensylvanie*, mélodrame en un acte et en prose, mêlé d'ariettes par B. J. Marsollier, musique de Dalayrac, représenté sur le théâtre de l'Opéra-Comique, le jeudi 2 mai 1790. Pitoyables chansonnettes débitées à une bien triste époque.

3º *Asgill ou le Prisonnier anglais*, drame en cinq actes et en vers, par Benoît Michel de Comberousse, représentant du peuple et membre du lycée des Arts, an IV (1795). Cette pièce, dans laquelle un certain Washington fils joue un rôle ridicule, ne fut représentée sur aucun théâtre.

4º *Washington ou l'Orpheline de Pensylvanie*, mélodrame en trois actes, à spectacle, par M. d'Aubigny, l'un des auteurs de la *Pie voleuse*, avec musique et ballets, représenté pour la première fois, à Paris, sur le théâtre de l'Ambigu-Comique, le 13 juillet 1815.

5º *Asgill*, drame en cinq actes, en prose, dédié à Mme Asgill, par J. S. le Barbier-le-Jeune, à Londres et à Paris, 1785. A la suite (p. 84), lettre de reconnaissance et de remercîment, signée *Thérèse Asgill*. L'auteur montre Washington affligé de la nécessité cruelle à laquelle son devoir l'oblige. Il lui fait même prendre Asgill dans ses bras et ils s'embrassent avec un enthousiasme comico-dramatique. (Acte 5, scène II.)

Le rôle de *Wazington* était joué par M. Saint-Prix. *Lincol* et *Macdal* étaient lieutenants généraux. L'envoyé anglais Johnson est transformé en *Joston*. M. Ferguson est mis en scène, ainsi que Mme *Nelson*, veuve d'un parent de *Wazington*, le Congrès, la nouvelle législature, les ministres du culte et autres nombreuses personnes. Dans ce drame, le fils de *Wazington* n'a pas de rôle, mais il y a son ombre.

La scène la plus curieuse est la première de l'acte IV, où on voit dans le champ de la fédération l'autel de la patrie, sur lequel est le traité d'alliance conclu avec les Français.

Butler, qui était en effet un partisan, commandant des réfugiés, un véritable brigand, outre ses crimes réels, commet dans le drame le crime odieux du capitaine Lippincott, qui fit pendre le capitaine américain *Huddy*, crime qui a forcé les Américains à menacer d'user de représailles. Dans le drame, on fait de Huddy un officier anglais. Seymour est sauvé et Butler pendu.

ginie. L'indépendance de sa patrie était la seule récompense qu'il attendait de ses efforts. Chez les Américains, il est « l'homme qui avait été le premier dans la guerre, le premier dans la paix, le premier dans le cœur de ses compatriotes. » L'histoire lui a rendu justice, et, chez tous les peuples, son nom est resté le plus pur.

Les Américains envahirent le Canada et prirent Montréal; mais leur chef Montgomery ayant été tué devant Québec, Carleton les chassa de toute la province (décembre 1775). Cet échec fut en partie compensé par la prise de Boston (17 mars 1776) et par l'échec de la flotte anglaise devant Charleston (1er juin 1776).

Le ministère anglais n'avait pas cru d'abord à une résistance si énergique. Il n'eut pas honte, pour la vaincre, d'acheter aux princes allemands, qui étaient dans sa dépendance depuis la guerre de Sept-Ans, une armée de dix-sept mille mercenaires. Les colonies, mises au ban des nations par la métropole, prirent alors une mesure à laquelle presque personne n'avait songé au commencement de la lutte. Le Congrès de Philadelphie, en proclamant l'*indépendance* des treize colonies réunies en une confédération où chaque État conserva sa liberté religieuse et politique (4 juillet 1776), rompit irrévocablement avec l'Angleterre.

Les volontaires américains, sans magasins, sans res-

6° *Washington*, drame historique en cinq actes et en vers, par J. Lesguillon, 1866. Non représenté. Ici l'histoire est traitée avec un sans-façon exagéré. La scène se passe à West-point, à l'époque de la trahison d'Arnold, et l'auteur commence par croire que West-point est la *pointe de l'ouest* de l'île de New-York; que cette dernière ville est au pouvoir des Américains et qu'Arnold a pour but de la livrer aux Anglais. Washington est fait prisonnier. Le major André est fusillé; on sait qu'il fut pendu. Arnold se livre, ce qu'il ne fit pas. Arrivent enfin à une sorte d'apothéose, La Fayette, Rochambeau, de Grasse, d'Estaing, Bougainville, Duportail et d'autres.

On sait que Washington n'eut pas d'enfant et que le colonel Washington, né dans la Caroline du Nord, et qui servit honorablement à la tête d'un corps de cavalerie pendant la guerre de l'indépendance, était le parent éloigné du général en chef, né lui-même en Virginie. On trouve aussi des niaiseries dans plusieurs livres du temps, tels que l'*Histoire impartiale des événements militaires et politiques de la dernière guerre*, par M. de Longchamps. Amsterdam, 1785. D'Auberteuil, *Essai historique sur la révolution d'Amérique*. Paris, 1782.

sources, ne purent d'abord tenir tête aux vieux régiments qu'on envoyait contre eux. Howe prit New-York, Rhode-Island. Washington, obligé de battre en retraite, eut la douleur de voir un grand nombre de ses soldats l'abandonner. Cependant il ne céda le terrain que pied à pied et s'arrêta après le passage de la Delaware. De là, il fit une tentative imprévue et d'une audace remarquable. Il franchit le fleuve sur la glace pendant la nuit du 25 décembre 1776, surprit à Trenton un corps de mille Allemands commandés par Rahl, tua cet officier et fit ses soldats prisonniers. Ce succès, qui dégageait Philadelphie, releva l'esprit public. De nouveaux miliciens accoururent de la Pensylvanie, et Washington, reprenant l'offensive, força Cornwallis à se replier jusqu'à Brunswick.

La jeune noblesse française avait accueilli avec sympathie la nouvelle de la révolte des colonies anglaises d'Amérique, autant par antipathie pour l'Angleterre, qui l'avait vaincue dans la guerre de Sept-Ans, que parce qu'elle était pénétrée de l'esprit philosophique de son siècle. Il faut pourtant reconnaître que ni Louis XVI ni la Reine ne s'étaient enthousiasmés pour la cause des Américains. Les idées d'indépendance politique et de liberté religieuse, hautement proclamées de l'autre côté de l'Atlantique, ne pouvaient guère trouver d'écho auprès d'un trône basé sur le droit divin et occupé par des Bourbons imbus des principes de l'absolutisme. Cependant, les saines traditions de Choiseul n'étaient pas complétement oubliées. Les corsaires américains avaient accès dans les ports français et pouvaient acheter des munitions à la Hollande. Silas Deane était à Paris l'agent secret du Congrès et faisait passer sous main pour l'Amérique des munitions et de vieilles armes qui furent peu utiles. Il est vrai que quand l'ambassadeur anglais, lord Stormont, se plaignait à la Cour, celle-ci niait les envois et chassait les corsaires de ses ports. Mais l'esprit public était contre l'Angleterre pour les colonies. Le mouvement d'émigration des volontaires pour l'Amérique était commencé. Enfin l'arrivée de Franklin, dont le séjour à Paris fut une ovation perpétuelle, les violences commises par la marine anglaise sur les marins français, finirent par vaincre les répugnances de Louis XVI et forcèrent pour la première, mais non pour la dernière fois, ce malheureux roi à céder devant l'opinion publique.

VII

La figure vénérée de Washington peut être regardée comme le symbole des idées qui présidèrent à la révolution américaine. Après elle, la plus sympathique est celle de La Fayette, qui représente les mêmes idées au milieu de l'élément français qui prit part à la lutte.

La Fayette[1], à peine âgé de dix-neuf ans, était en garnison à Metz, lorsqu'il fut invité à un dîner que son commandant, le comte de Broglie, offrait au duc de Glocester, frère du roi d'Angleterre, de passage dans cette ville. On venait de recevoir la nouvelle de la proclamation de l'indépendance des États-Unis, et, la conversation étant nécessairement tombée sur ce sujet, La Fayette pressa le duc de questions pour se mettre au courant des faits, tout nouveaux pour lui, qui se passaient en Amérique. Avant la fin du dîner sa résolution était prise et, à dater de ce moment, il n'eut plus d'autre pensée que celle de partir pour le nouveau monde. Il se rendit à Paris, confia son projet à deux amis, le comte de Ségur et le vicomte de Noailles, qui devaient l'accompagner. Le comte de Broglie, qu'il en instruisit également, tenta de le détourner de son dessein. « J'ai vu mourir votre oncle en Italie, lui dit-il, votre père à Minden, et je ne veux pas contribuer à la ruine de votre famille en vous laissant partir. » Il mit pourtant La Fayette en relation avec l'ancien agent de Choiseul au Canada, le baron de Kalb, qui devint son ami. Celui-ci le présenta à Silas Deane, qui, le trouvant trop jeune, voulut le dissuader de son projet.

1. *Notices biograph.*

Mais la nouvelle des désastres essuyés par les Américains devant New-York, à White-Plains et au New-Jersey le confirme dans sa résolution. Il achète et équipe un navire à ses frais, et déguise ses préparatifs en faisant un voyage à Londres. Pourtant son dessein est dévoilé à la Cour. Sa famille s'irrite contre lui Défense lui est faite de passer en Amérique, et, pour assurer l'exécution de cet ordre, on lance contre lui une lettre de cachet [1]. Il quitte néanmoins Paris avec un officier nommé Mauroy, se déguise en courrier, monte sur son bâtiment à Passage, en Espagne, et met à la voile le 26 avril 1777. Il avait à son bord plusieurs officiers [2].

La Fayette évita avec bonheur les croiseurs anglais et les vaisseaux français envoyés à sa poursuite. Enfin, après sept semaines d'une traversée hasardeuse, il arriva à Georgetown, et, muni des lettres de recommandation de Deane, il se rendit au Congrès.

Après son habile manœuvre de Trenton, Washington était resté dans son camp de Middlebrook. Mais les Anglais préparaient contre lui une campagne décisive. Burgoyne s'avançait du Nord avec 10,000 hommes. Le général américain Saint-Clair venait d'abandonner Ticonderoga pour sauver son corps de troupes. En même temps, 18,000 hommes au service de la Grande-Bretagne faisaient voile de New-York, et les deux Howe se réunissaient pour une opération secrète. Rhode-Island était occupé par un corps ennemi, et le général Clinton, resté à New-York, préparait une expédition.

C'est dans ces conjonctures difficiles que La Fayette fut présenté à Washington. Le général américain avait alors quarante-cinq ans. Il n'avait pas d'enfant sur lequel il pût

---

1. M. de Pontgibaud, qui rejoignit La Fayette en Amérique en septembre 1777 et qui fut son aide-de-camp, nous apprend avec quelle facilité on privait à cette époque les jeunes gens des meilleures familles de France de leur liberté au moyen des lettres de cachet. C'est du château de Pierre-en-Cise, près de Lyon, où il était enfermé en vertu d'un de ces ordres arbitraires de détention, qu'il s'évada pour passer aux États-Unis. (V. ses *Mémoires* et les *Notices biographiques*.)

2. Les *Mémoires* de La Fayette, où nous puisons ces renseignements, disent, entre autres, le baron de Kalb.

reporter son affection. Son caractère, naturellement austère, était peu expansif. Les fonctions importantes dont il était chargé, les soucis qui l'accablaient depuis le commencement de la guerre, les déceptions qu'il avait éprouvées, remplissaient son âme d'une mélancolie que la situation présente des affaires changeait en tristesse [1]. C'est au moment où son cœur était plongé dans le plus grand abattement que, suivant ses propres paroles, La Fayette vint dissiper ses sombres pensées comme l'aube vient dissiper la nuit.

Il fut saisi d'un sentiment tout nouveau à la vue de ce jeune homme de vingt ans qui n'avait pas hésité à quitter sa patrie et sa jeune femme pour venir soutenir, dans un moment où elle semblait désespérée, une cause qu'il croyait grande et juste. Non-seulement il avait fait pour les Américains le sacrifice d'une grande partie de sa fortune et peut-être de son avenir, mais encore il refusait ces dédommagements légitimes que les Français qui l'avaient précédé réclamaient du Congrès comme un droit acquis : un grade élevé et une solde. « Après les sacrifices que j'ai déjà faits, avait-il répondu au Congrès, qui l'avait nommé de suite major-général, j'ai le droit d'exiger deux grâces : l'une est de servir à mes dépens, l'autre est de commencer à servir comme volontaire. » Un si noble désintéressement devait aller au cœur du général américain. Sa modestie n'était pas moindre, car, comme Washington lui témoignait ses regrets de n'avoir pas de plus belles troupes à faire voir à un officier français : « Je suis ici pour apprendre et non pour enseigner, » répondit-il.

C'est par de tels procédés et de telles paroles qu'il sut se concilier de suite l'estime et l'affection de ses nouveaux

---

1. Washington n'avait pas seulement à pourvoir aux besoins d'une armée privée de toutes ressources, il lui fallait encore combattre les menées et les calomnies des mécontents et des jaloux. Les accusations graves qu'on porta même contre lui et les insinuations blessantes pour son honneur qui arrivèrent à ses oreilles le forcèrent à solliciter du Congrès un examen scrupuleux de sa conduite. On est allé jusqu'à fabriquer des lettres qu'on publia comme émanant de lui. Voir *Vie de Washington*, Ramsay, 113. Sparks, I, 265. Marshall, III, ch. vi.

compagnons d'armes. Le courage et les talents militaires dont il fit preuve dans la suite lui assurèrent pour toujours la reconnaissance du peuple entier.

Cette époque de la vie de La Fayette est la plus brillante et la plus glorieuse, parce qu'elle lui permit de déployer à la fois ses qualités physiques et morales. Sa jeunesse, sa distinction naturelle et son langage séduisaient au premier abord. La noblesse de son caractère et l'élévation de ses idées inspiraient la confiance et la sympathie. Son désintéressement en toutes circonstances, la loyauté, la franchise avec lesquelles il embrassa la cause des Américains, le contraste frappant de sa conduite avec celle de quelques-uns de ses compatriotes qui l'avaient précédé, l'énergie rare à son âge dont il ne se départit jamais, sa constance dans les revers et sa modération dans le succès le firent adopter par les colons révoltés comme un frère, et par leur général comme un fils.

Beaucoup d'écrivains en France ont prononcé sur le caractère de La Fayette des jugements tout différents et émis sur ses actes des opinions peu flatteuses. Loin de moi la pensée de réformer ces jugements ou de modifier ces opinions. S'il m'est permis de parler en toute connaissance de cause sur le rôle que joua La Fayette en Amérique, je n'ai pas la prétention d'apprécier plus exactement et avec plus de justice que ses compatriotes eux-mêmes les actes que ce général accomplit dans sa patrie. Je veux croire aussi que la versatilité particulière à l'esprit des Français n'a aucune part dans les reproches qu'on lui adresse ou dans les accusations dont on le charge. Mais il me semble que si l'on veut rechercher la cause de ces divergences d'opinion des deux peuples sur le même homme, on la trouvera surtout dans la différence des caractères de ces peuples, des révolutions qu'ils ont accomplies et des résultats qu'ils ont obtenus.

La révolution américaine fut faite dans le but de maintenir plutôt que de revendiquer des libertés politiques et religieuses acquises par les colons au prix de nombreuses souffrances et de l'exil, libertés dont ils jouissaient depuis des siècles et qui avaient été brusquement méconnues et violées. Ils ne firent que chasser de leur territoire[1] les Anglais qu'ils avaient considérés jusque-là comme des frères et qui ne furent plus pour eux que des étrangers dès qu'ils voulurent s'imposer en maîtres. Ils fondèrent aussi leur puissance future sur l'union de leurs divers États qui conservaient leur autonomie. Une fois l'ennemi vaincu et l'indépendance proclamée sans contestation, il ne restait plus aux Américains qu'à jouir en paix du fruit de leurs victoires[2]. Qui aurait songé à élever la voix contre ceux qui les avaient aidés à reconquérir cette indépendance et ces droits? Les Français qui vinrent à leur secours obtinrent donc les témoignages les plus sincères et les plus unanimes de la reconnaissance publique, et La Fayette plus que tout autre s'était rendu digne de cette gratitude universelle.

Mais la révolution française ne s'accomplit pas dans les mêmes conditions. Elle eut un caractère tout à fait différent. Elle ne fut pas provoquée par une violation momentanée des droits du peuple et du citoyen. Elle ne répondit pas à une atteinte immédiate portée par le pouvoir à des libertés depuis longtemps acquises. C'était une révolte générale contre un ordre de choses établi depuis l'origine de la nation. Ce fut comme un débordement de tous les instincts vitaux de la France, qui, après vingt siècles de compression et de misère, bouleversa la société et brisa aveuglé-

---

1. Ils avaient l'habitude de désigner la mère patrie du nom très-doux de *Home*.

2. Quand Jefferson revint en Amérique en 1789, il rapporta de Paris les idées libérales et généreuses qui tourmentaient alors la société française au milieu de laquelle il avait vécu quelque temps. Leur triomphe en Amérique devait être le mobile de sa conduite pendant le reste de sa vie. Ce n'était pas tant un républicain qu'un démocrate, et sous ce rapport il offre le plus frappant contraste avec Washington. Il se proposa, suivant ses propres paroles, de modifier l'esprit du gouvernement établi en Amérique en y accomplissant une *révolution silencieuse*. Cette révolution, qu'il se flatte d'avoir commencée, s'est continuée jusqu'à la dernière guerre, la guerre civile, dont elle fut la cause réelle, tandis que l'esclavage n'en était que le prétexte.

Cet antagonisme persistant entre la république et la démocratie est si bien fondé aujourd'hui aux États-Unis, que depuis 1856 il divise le peuple et les chefs de partis en deux camps bien distincts : les républicains et les démocrates.

ment tous les obstacles qui s'opposaient à son expansion.

Pendant cette longue période, la situation du peuple, à la fois courbé sous le despotisme royal, sous la tyrannie des seigneurs et sous l'absolutisme intolérant du clergé, avait été plus misérable que celle qui aurait résulté du plus dur esclavage. Ce ne fut pas seulement un bouleversement politique que les Français durent accomplir, ce fut aussi une transformation sociale complète. La haine s'était accumulée dans la masse de la nation contre tout ce qui tenait de près ou de loin à l'ancien ordre de choses. La corruption des mœurs des grands avait depuis longtemps soulevé contre eux le mépris public[1]. Aussi, lorsque le désordre des finances força la royauté à faire appel au pays en convoquant les États Généraux, toutes les légitimes revendications des droits de l'homme et du citoyen se firent jour à travers cette brèche faite au *bon vouloir* royal. Le pouvoir, gangrené dans tous ses membres et sans appui moral ni matériel dans la nation, attaqué par cette même noblesse blasée et voltairienne qui jusque-là avait seule fait sa force, ne put opposer qu'une faible digue au torrent qui montait toujours. Et quand la monarchie s'écroula sous le poids de ses iniquités, le peuple, enivré de son triomphe, mis tout à coup en possession d'une liberté dont il connaissait à peine le nom, fut saisi d'une sorte de frénésie sans exemple dans l'histoire. Dans son

---

1. Ce n'est pas seulement de la Régence que datait à la cour et à la ville cette corruption des mœurs qui ne connaissait aucun frein. Ce n'est pas non plus depuis Voltaire que la religion n'avait laissé dans le cœur des grands que superstition grossière ou scepticisme dangereux. On peut remonter jusqu'à Brantôme pour retrouver dans les hautes régions de la société française cette absence de sens moral et d'esprit véritablement chrétien que l'on remarque dans certains écrits et surtout dans les mémoires des règnes de Louis XV et de Louis XVI, et dont les *Mémoires de Lauzun* présentent le honteux tableau. — Voir un ouvrage récemment publié : *Marie-Thérèse et Marie-Antoinette*, par Mme d'Armaillé.

« La politique de Richelieu et de Louis XIV avait fait dépendre le sort de la nation du caprice d'un seul homme. Tout ce qui avait une vie propre avait été écrasé. Le prince imprimait le caractère de son esprit à la Cour, la Cour à la ville et la ville aux provinces. Pour fonder cette unité monarchique que quelques-uns admirent, il avait fallu détruire la vie de famille chez la noblesse, amortir la vie religieuse, en un mot, tarir les sources de la moralité et de la régénération des mœurs. » — *La Société française et la Société anglaise au XVIIIe siècle*, par Cornélis de Witt. Paris, 1864.

désir de vengeance, il frappa aveuglément, il engloba dans la même proscription princes, nobles, riches, savants, hommes célèbres par leur courage ou par leurs vertus. Tous tombèrent tour à tour sous ses coups. Il tourna ses armes même contre les siens. Il ne savait pas, il ne pouvait pas et ne voulait pas les reconnaître.

Les déchirements douloureux, effrayants, que souffrit alors la France, eurent du moins pour elle un immense résultat : ils furent comme les convulsions au milieu desquelles se produisait l'enfantement laborieux de sa véritable nationalité [1].

Malheur à celui qui, dans de pareilles circonstances, tentait d'arrêter le torrent et de dominer ses grondements de sa voix. Il devait être fatalement brisé.

Le rôle de médiateur, quand il a pour but surtout de défendre la vertu et la justice, d'éviter l'effusion du sang dans des guerres civiles, est un beau rôle sans doute; mais rarement il a produit quelque bon résultat. Généralement, au contraire, les intentions de l'homme de bien qui s'interpose ainsi entre les partis prêts à se déchirer sont méconnues par tous. Personne ne veut les croire sincères et désintéressées. La calomnie les travestit et en fait des chefs d'accusation que l'opinion publique est toujours disposée à admettre sans examen.

Tel fut le sort de La Fayette. Revenu d'Amérique avec les plus nobles et les plus généreuses idées sur les principes qui devaient désormais régir les sociétés modernes, il concourut de tout son pouvoir à la révolution pacifique de 1789. Mais, plein d'illusions sur les tendances de l'esprit public et sur la bonne foi de la Cour, il ne prévoyait ni les excès auxquels le peuple devait se porter bientôt, ni les résistances que la royauté devait opposer au progrès. Le rang qu'il

---

1. Les Américains étaient des citoyens avant de se dire républicains et de se faire soldats. La Convention en France dut démocratiser la nation par la *terreur* et l'armée par le supplice de quelques généraux.
Domptez donc par la terreur les ennemis de la liberté. *Robespierre*, Mignet, II, 43. V. la note tristement comique placée en tête de la *Relation de Kerguélen*, déjà cité; on y verra comment ces libéraux de fraîche date s'appelaient *citoyens*.

occupait, aussi bien que la popularité dont il jouissait, lui faisaient croire qu'il pouvait diriger la situation et la maîtriser au besoin. Ne tenant compte ni de la différence des caractères, ni de celle des circonstances [1], après avoir vu la liberté et l'égalité s'établir si facilement en Amérique, il se flattait de contribuer encore à les implanter en France, et il ne songeait pas aux sérieux obstacles qu'il devait rencontrer. C'était une erreur que beaucoup d'autres partageaient avec lui.

La Fayette devait être sacrifié dans son rôle de pondérateur et d'intermédiaire entre les partisans de la royauté libérale et les républicains exaltés. Il perdit tout à la fois la faveur de la Cour, qui le traita en ennemi, et l'affection du peuple, qui le considéra comme un traître. L'histoire même en France n'a pas réhabilité sa mémoire; non que la vérité ne doive jamais luire pour lui, mais parce que les passions qui ont dicté jusqu'à ce jour l'opinion des écrivains français sur La Fayette et sur les hommes de la Révolution ne sont pas éteintes.

La Révolution française a-t-elle réellement rompu avec les traditions du passé? A-t-elle posé les fondements d'une organisation laïque nouvelle qui marche [2] vers la démocra-

---

1. Dumas, pendant son séjour à Boston, sur le point de revenir en France après la glorieuse expédition de 1781, eut souvent l'occasion de s'entretenir avec le docteur Cooper, et comme il témoignait son enthousiasme pour la liberté : « Prenez garde, jeunes gens, dit le docteur, que le triomphe de la cause de la liberté sur cette terre vierge n'enflamme trop vos espérances; vous porterez le germe de ces généreux sentiments; mais si vous tentez de le féconder sur votre terre natale, après tant de siècles de corruption, vous aurez à surmonter bien des obstacles. Il nous en a coûté beaucoup de sang pour conquérir la liberté; mais vous en verserez des torrents avant de l'établir dans votre vieille Europe. »
Combien de fois pendant les orages politiques, pendant les mauvais jours, les officiers présents à cet entretien, Dumas, Berthier, Ségur, et les autres, ne se sont-ils pas rappelé les adieux prophétiques du docteur Cooper!
Dans le *Journal de Blanchard*, je trouve ce passage sur le Dr Cooper : « M. Hancock est un des auteurs de la Révolution, ainsi que le docteur Cooper, chez qui nous déjeunâmes le 29 (juillet 1780) : c'est un ministre qui me parut homme d'esprit, éloquent et enthousiaste. Il a beaucoup de crédit sur les habitants de Boston, qui sont dévots et presbytériens, imbus en général des principes des partisans de Cromwell, desquels ils descendent. Aussi sont-ils plus attachés à l'Indépendance qu'aucune autre population de l'Amérique, et ce sont eux qui ont commencé la révolution. »
2. Prévost-Paradol. *La France Nouvelle*.

tie? A-t-elle livré un combat suprême et décisif à l'esprit du moyen âge qui cherche, à la faveur des dogmes théologiques, à dominer le monde entier? Ou bien ne fut-elle qu'une terrible tourmente, une sorte de typhon destructeur, dont les ravages sont peu à peu effacés par le temps?

La prise de la Bastille qui suit la concentration des troupes autour de Paris, la misère du peuple et les manifestations du banquet des gardes du corps avant les journées des 5 et 6 octobre, les massacres de septembre, la journée du 10 août, la conspiration des *Chevaliers du poignard*, la trahison de Mirabeau, la répression sanglante des émeutes du Champ-de-Mars par Bailly, les actes et le jugement du roi, la conduite des Girondins, celle des Montagnards et du Comité de salut public, l'avénement de Bonaparte, sont autant de questions brûlantes, discutées avec passion et vivacité [1].

---

1. J'ai pu me procurer une collection de livraisons bi-mensuelles publiées pendant les *terribles* années 1792, 1793 et 1794, sous le titre : LISTE GÉNÉRALE *et très-exacte des noms, âges, qualités et demeures de tous les conspirateurs condamnés à mort par le tribunal révolutionnaire établi à Paris... pour juger tous les ennemis de la patrie.* Ce recueil paraissait avec la régularité de l'*Almanach des Muses* et du *Mercure galant*, et la matière manquait si peu pour remplir ses trente-deux pages d'impression compacte que des suppléments devenaient souvent nécessaires. Peu de réflexions accompagnaient du reste cette nomenclature aussi froide que le couteau de la guillotine, aussi sèche que les cœurs des bourreaux. Les éditeurs comprenaient trop bien que les approbations de la veille pouvaient être des critiques du lendemain. Chaque citoyen sentait peser sur sa tête un glaive dont la moindre imprudence pouvait provoquer la chute.

Et pourtant, que ce morne silence des publicistes sous le règne prétendu de la liberté est éloquent! Que de pensées dans leurs réticences! Que d'enseignements dans le choix de leurs titres et de leurs qualifications! Lisez cette épigraphe inscrite en tête de chaque bulletin :

> Vous qui faites tant de victimes,
> Ennemis de l'égalité,
> Recevez le prix de vos crimes,
> Et nous aurons la liberté.

Était-ce une apologie ou bien une satire du régime de la Terreur?

Dans ce même livre, où on lit l'*infâme* Capet, on trouve tour à tour les *infâmes* Girondins, l'*infâme* Robespierre et enfin l'*infâme* Carrier.

La République y est proclamée avec emphase *une, indivisible* et IMPÉRISSABLE.

Cette impassible nécrologie fait voir au lecteur, comme dans un navrant cauchemar, les massacres de septembre, les mitraillades de Lyon, les noyades de Nantes et ces milliers de têtes fraîchement coupées d'enfants, d'adultes, de vieillards, de jeunes filles, de savants, de magistrats, d'arti-

En Amérique, la postérité a commencé pour La Fayette. Sa mémoire est vénérée, sa réputation pure de toute souillure. Mais dans sa patrie même on ne le juge pas et on ne peut pas encore le juger avec impartialité. Les dissensions nées des luttes de 1789 et des massacres de 1793 ne sont pas apaisées. La Révolution française n'est pas terminée. L'égalité civile est acquise, mais la liberté politique est toujours en question. Elle a de nombreux partisans, mais aussi de puissants adversaires. Les Français sauront-ils la conquérir et la conserver[1] ?

La Fayette a trop fait pour elle aux yeux des uns, pas assez au gré des autres. N'ayant d'aspirations que pour le bien public, il ne fut d'aucun camp, d'aucune faction. Tous les partis le repoussent comme un adversaire; et, tandis qu'en France on conteste ses talents militaires, que l'on qualifie son désintéressement de comédie, son libéralisme de calcul, les Américains lui élèvent des monuments et associent dans leur reconnaissance son nom à celui de Washington.

Deux hommes qui, par leur position sociale, étaient les adversaires naturels de La Fayette, mais que leur intelligence forçait à reconnaître sa valeur, lui ont rendu justice de son vivant. Napoléon, il me semble, n'a jamais douté des principes ni des sentiments de M. de La Fayette. Seulement il n'a pas cru à sa sagacité politique. On sait qu'il fit aussi de la mise en liberté de La Fayette, prisonnier des Autrichiens à Olmutz, une des conditions du traité de Campo-Formio

Charles X, dans une audience qu'il donnait à M. de Ségur en 1829, lui dit : « M. de La Fayette est un être complet; je ne connais que deux hommes qui aient tou-

---

sans, de soldats, de prêtres, entassées pêle-mêle pour la satisfaction du peuple-roi en délire.
La lecture de cette *Liste exacte des guillotinés* m'a fait faire une remarque que je n'ai vue encore nulle part. C'est que la majorité des victimes appartenaient aux classes les plus humbles de la société. Ce furent pour la plupart des ouvriers, des petits bourgeois, des cultivateurs, des employés, qui payèrent de leur vie le triomphe d'une révolution accomplie par eux et pour eux.

1. Voir sur ce sujet : de Parieu, *Science politique*, p. 399.

jours professé les mêmes principes : c'est moi et M. de La Fayette, lui comme défenseur de la liberté, moi comme roi de l'aristocratie. » Puis, en parlant de la journée du 6 octobre 1789 : « Des préventions à jamais déplorables firent qu'on refusa ses avis et ses services[1]. »

Quand la France, soustraite par le temps aux influences qui altèrent la justice de ses arrêts, pourra compter ceux de ses enfants qui ont réellement mérité d'elle, j'espère qu'elle mettra au premier rang les hommes qui, tels que Malesherbes et La Fayette, par leur courage civil et leurs qualités morales, leur inaltérable sérénité dans la bonne comme dans la mauvaise fortune, furent les vrais apôtres de la civilisation et les plus sincères amis de l'humanité.

VIII

Un historien français a dit que les premiers Français qui passèrent en Amérique réussirent mal[2]. La plupart étaient, en effet, de deux espèces également incompatibles avec les idées des Américains et avec le genre de guerre que ceux-ci soutenaient. Les uns n'étaient que des aventuriers qui recherchaient surtout un succès facile et une gloire rapide. Ils pensaient qu'on leur confierait de suite, sinon la direction des armées, du moins celle des régiments. Les autres étaient de jeunes nobles que le principe même de la guerre touchait peu, mais qui, las de leur inaction, voulaient se signaler

---

1. Cloquet, 109.
2. *Histoire des États-Unis,* par Scheffer. Paris, 1825, page 174. — L'auteur semble avoir eu des relations avec La Fayette. — Voir aussi *Mém. du chevalier Quesnay de Beaurepaire.* Paris, 1788.
Le 24 juillet 1778, le général Washington écrivait à Gouverneur Morris, à Philadelphie : « La prodigalité avec laquelle on a distribué les grades aux étrangers amènera certainement l'un de ces maux : de rendre notre avancement militaire méprisable, ou d'ajouter à nos charges actuelles en encourageant les étrangers à tomber sur nous par torrents, que nos officiers nationaux se retireront du service... Non, nos officiers ne verront pas injustement placés au-dessus d'eux des étrangers qui n'ont d'autres titres qu'un orgueil et une ambition effrénés..... *Mémoires de Gouverneur Morris,* I, 135. Paris, 1842.

par quelque action d'éclat dans une expédition hasardeuse et lointaine. Or le Congrès ne voulut point commettre à la fois une injustice et une faute en donnant des commandements aux premiers; les seconds, de leur côté, se virent bientôt engagés dans une guerre pénible, fatigante, dans laquelle l'ardeur chevaleresque devait le céder au courage patient, dont le but était la liberté d'un peuple et non la gloire des soldats[1]. Ces coureurs d'aventures revinrent bientôt, mécontents des Américains et décriant leur cause avec mauvaise foi. Ils furent peu écoutés. Bientôt leurs injustes plaintes se perdirent dans les élans d'enthousiasme que souleva la généreuse conduite de La Fayette et la constance avec laquelle il persévéra dans sa première résolution.

Si La Fayette donna une impulsion toute nouvelle à l'émigration des jeunes nobles français en Amérique, il faut aussi citer parmi ceux qui l'avaient précédé des officiers qui ne manquaient ni de talent ni de courage, et que je ne dois pas confondre avec les aventuriers dont a parlé l'historien cité plus haut.

Dès 1775, on trouve dans les *Archives américaines* que deux officiers français, MM. Penet et de Pliarne, furent recommandés par le gouverneur Cook, de Providence, au général Washington, pour qu'il entendît les propositions qu'ils avaient à faire en faveur de la cause de l'indépendance. Ces officiers arrivaient du Cap Français (Saint-Domingue) et furent reçus en décembre par le Congrès, qui accepta leurs offres relativement à des fournitures de poudre, d'armes et d'autres munitions de guerre. La convention secrète qui fut alors conclue reçut son exécution, du moins en partie, car, dans une lettre adressée de Paris, le 10 juin 1776, par le docteur Barbue-Dubourg à Franklin, celui-ci dit qu'il a reçu de ses nouvelles par M. Penet, arrivé de Philadelphie, et qu'un envoi de 15,000

---

[1]. *Silas Deane en France.* Mss imprimés à Philadelphie pour le *Seventy-Six Society* (p. 16) donnent des renseignements sur les procédés des commissaires américains à Paris. Arthur Lee, p. 170, accuse Deane de légèreté et de vanité à l'égard des officiers français. Deane, p. 65, se vante de sa conduite.

fusils des manufactures royales qui lui ont été livrés sous le nom de *La Tuillerie*, fabricant d'armes, va partir de Nantes avec ce même Penet[1].

Barbue-Dubourg, qui était un agent zélé du parti américain, écrit en même temps qu'il a engagé, avec promesse du grade de capitaine dans l'armée américaine, et moyennant quelques avances d'argent, le sieur Favely, officier de fortune et ancien lieutenant d'infanterie. Au sieur Davin, ancien sergent-major très-distingué, il n'a promis que le payement du passage par mer. Il a engagé en outre M. de Bois-Bertrand, jeune homme plein d'honneur, de courage et de zèle, qui en France a un brevet de lieutenant-colonel, mais qui ne demande rien.

Je n'ai pas rencontré autre part les noms de ces officiers. Mais je vois dans une autre correspondance que M. de Bois-Bertrand partit en juillet 1776, en emmenant à ses frais deux bas officiers d'une grande bravoure. Barbue-Dubourg lui avait fait espérer le grade de colonel.

Les milices américaines manquaient d'ingénieurs. Ce fut encore Barbue-Dubourg qui se chargea d'en procurer. Dans sa lettre du 10 juin 1776, déjà citée, il s'exprime ainsi à ce sujet. « J'ai arrêté deux ingénieurs : l'un, M. Potter de Baldivia, tout jeune mais très-instruit, fils d'un chevalier de Saint-Louis qui était ingénieur attaché au duc d'Orléans; l'autre, Gille de Lomont[2], jeune homme d'un mérite peu commun quoiqu'il n'ait encore été employé qu'à la paix; mais on ne peut pas en décider d'autres. »

« J'ai parlé à M. de Gribeauval, lieutenant général des armées du roi et directeur de l'artillerie, qui croit qu'il faut vous en envoyer trois dont, l'un en chef, qui serait

---

1. Le docteur Dubourg s'était abouché avec Silas Deane, qui lui avait été adressé par Franklin. Il espérait sans doute se faire donner une subvention pour la fourniture secrète des armes et des munitions aux Américains; peut-être même reçut-il cette subvention, puisqu'il expédia en Amérique quelques chargements et qu'il envoya quelques négociateurs au Congrès. Mais il vit d'un très-mauvais œil que le gouvernement français eût donné à Beaumarchais la préférence des fournitures secrètes aux colons insurgés. Il en écrivit à M. de Vergennes en blâmant le ministre de son choix. (Voir de Loménie, *Beaumarchais et son temps*.)

2. *Notices biogr.*

M. Du Coudray[1], officier très-distingué et très-jalousé, qui a servi en Corse, et dont les connaissances en chimie pourraient être très-utiles. »

Les seuls ingénieurs qui furent envoyés en Amérique avec une mission secrète du gouvernement français furent de Gouvion, Du Portail, La Radière et Laumoy. Ils furent engagés par Franklin, alors à Paris, qui avait été chargé par le Congrès de cette négociation ; mais ils n'arrivèrent en Amérique qu'après La Fayette, le 29 juillet 1777[2].

Le plus ancien des officiers volontaires sur lequel j'aie des données positives est M. de Kermovan. Le 24 mars 1776[3], M. Barbue-Dubourg écrit de Paris au docteur Franklin, à Philadelphie : « Je pense très-sérieusement que le chevalier de Kermovan est un des meilleurs hommes que votre pays puisse acquérir. Il a déjà embrassé ses sentiments, et il ne demande rien avant d'avoir fait ses preuves ; mais il a l'ambition d'obtenir un rang quand son zèle et ses talents seront éprouvés. Il est disposé à s'exposer à tous les dangers comme simple volontaire aussi bien que s'il avait le commandement en chef. Il me paraît bien instruit dans l'art militaire. »

Il quittait la France le 6 avril, et le 21 juin 1776, le *board of war*, ayant jugé que le chevalier de Kermovan avait donné des preuves indubitables de son bon caractère et de son habileté dans l'art de la guerre, le recommande au

---

1. Ce Tronson du Coudray dont il est question ici obtint en effet la permission d'aller en Amérique comme volontaire, et partit avec une troupe d'officiers français pour rejoindre l'armée de Washington. Ils étaient sur le premier bâtiment frété par Beaumarchais, parti du Havre en janvier 1777. Le 17 septembre 1777 il traversait le Schuylkill sur un bateau plat, lorsque le cheval trop fringant qu'il montait se mit à reculer et précipita son cavalier dans le fleuve, où il se noya. Son aide de camp, Roger, tenta de le sauver. Du Coudray fut enterré aux frais des États-Unis. Il était très-mécontent des procédés de Beaumarchais envers lui. *Silas Deane en France*, p. 33.
La Fayette (*Mémoires*, page 19) dit que Du Coudray partit avec lui. Du Coudray vint en Amérique avant La Fayette, en janvier 1777, sur l'*Amphitrite*, premier bâtiment frété par M. de Beaumarchais pour les Américains, selon M. de Loménie. Silas Deane laisse en doute par quelle voie Du Coudray partit, p. 35. Voir aussi *Notices biographiques*.
2. *Notices biographiques*.
3. Arch. américaines.

Congrès comme ingénieur, et croit que les autorités de Pensylvanie doivent l'employer aux constructions de Billingsport, sur la Delaware. Il fut commissionné dans ces conditions le 4 juillet 1776.

Citons encore parmi les volontaires qui accompagnèrent La Fayette, le précédèrent ou le suivirent de très-près : De Mauroy, qui l'avait accompagné dans sa fuite de France ; De Gimat, son aide de camp intime ; Pontgibaud, qui fut aussi son aide de camp ; Armand de la Rouerie, plus connu sous le nom de *colonel Armand*, que sa bravoure chevaleresque, son caractère libéral et ses aventures rendirent populaire en Amérique ; de Fleury, le héros de Stony-Point ; Mauduit du Plessis, le héros de Redbank ; Conway, Irlandais au service de la France, « homme ambitieux et dangereux, » dit La Fayette [1]. Il fut entraîné dans des intrigues qui avaient pour but d'opposer Gates et Lee à Washington [2], et justifia dans ces tristes affaires la mauvaise opinion que son général avait de lui ; de Ternant, de La Colombe, Touzard, le major L'Enfant et d'autres.

Enfin, parmi les étrangers : Pulaski et Kosciusko, qui ont tous deux joué des rôles importants dans les révolutions de Pologne ; de Steuben [3], officier prussien, venu vers le com-

---

1. *Mémoires.*

2. Pour connaître les intrigues qui avaient pour but de renverser Washington et de lui substituer Charles Lee, ou Gates, ou tout autre, intrigues dont je parlerai plus longuement dans une autre partie de mon travail, voir les ouvrages suivants :

M. Lee's Plan. — March. 29, 1777, ou *la Trahison de Charles Lee*, par George H. Moore. New-York, 1860.

Proceedings of a general court Martial, for the trial of major-general Lee. July, 1778. Cooperstown, 1823.

Vie de Charles Lee, pages 227-229, pour la lettre de Joseph Reed.

Vie de Washington, par Irving, II, 284. Sparks, vol. V, *passim*.

3. M. de Loménie, dans *Beaumarchais et son temps,* a blâmé le peuple des Etats-Unis et leur gouvernement pour leur ingratitude et leur injustice envers Beaumarchais. Il n'appartient pas à cette petite monographie d'entrer dans une discussion à ce sujet, dont M. de Loménie dit qu'il a une parfaite connaissance. Mais pour montrer combien Beaumarchais rendait désagréables, depuis le commencement, ses relations avec le Congrès, je donne ici l'extrait suivant des *Mémoires* (du comte de Moré) Pontgibaud :

« Le gouvernement français se décida alors à reconnaître l'indépendance
« des Etats-Unis et à envoyer M. Gérard pour ministre auprès du Congrès.

mencement de 1778, et qui organisa la discipline et les manœuvres dans l'armée américaine [1].

Le Congrès, rassuré sur le sort de Philadelphie, était rentré dans cette ville le 27 février 1777, après la bataille de Trenton. L'arrivée des volontaires européens apportait plutôt aux Américains un secours moral qu'une aide effective. Ils étaient de beaucoup inférieurs en nombre à leurs adversaires ; mais l'habileté des chefs et l'opiniâtreté des soldats suppléèrent à cette infériorité numérique.

Dès le mois de juin 1777, on apprit que sir William Howe, parti de New-York, se dirigeait avec seize mille hommes sur les côtes de la Pensylvanie. Il débarqua ses troupes dans le Maryland, et Washington s'avança au-devant de lui avec onze mille hommes. Les deux armées ne tardèrent pas à se rencontrer sur les bords de la Brandywine, et le 11 septembre elles se livrèrent un combat dans lequel les généraux américains furent battus en détail. Le comte Pulaski s'y distingua,

« Il était temps, car l'on était très-peu satisfait des secours que la France « faisait parvenir par l'intermédiaire du sieur Caron de Beaumarchais. La « correspondance de cet homme choquait universellement par son ton de « légèreté qui ressemblait à l'insolence. J'ai conservé la copie d'une de ces « lettres.

« Messieurs, je crois devoir vous annoncer que le vaisseau l'*Amphi-* « *trite*, du port de 400 tonneaux, partira au premier bon vent pour le pre- « mier port des États-Unis qu'il pourra atteindre. La cargaison de ce vais- « seau qui vous est destiné consiste en 4,000 fusils, 80 barils de poudre, « 8,000 paires de souliers, 3,000 couvertures de laine ; plus quelques offi- « ciers de génie et d'artillerie, item un baron allemand, jadis un aide de « camp du prince Henri de Prusse ; je crois que vous pourrez en faire un « général et suis votre serviteur,
« C. DE BEAUMARCHAIS. »

« Le Congrès fut indigné de cette manière d'écrire, et nous eûmes tous « connaissance de cette impertinente lettre, moins impertinente encore que « ne le fut toute la vie de l'homme qui l'écrivit.

« L'officier allemand dont il parlait si cavalièrement était le baron de « Steuben, grand tacticien, qui arriva accompagné du chevalier de Ter- « nant, officier très-distingué ; il y avait peu de Français encore à cette « époque. »

L'ouvrage de M. de Loménie a été critiqué et réfuté sur une autre phase de la vie de Beaumarchais par M. Paul Huot : *Beaumarchais en Allemagne*. Paris, 1869. Un autre jugement assez sévère sur Beaumarchais a été exprimé par un de ses compatriotes dans la *Revue rétrospective*. Paris, 15 mars 1870, p. 168. — Voir aussi *Notices biographiques* et *Silas Deane en France*, p. 73.

1. J'ai consacré une notice détaillée à chacun de ces hommes et à un grand nombre d'autres moins connus, dans les *Notices biographiques*.

et La Fayette, qui marchait encore en simple volontaire à la tête d'une brigade, eut la cuisse traversée d'une balle, ce qui ne l'empêcha pas de continuer la lutte, de tenter de rallier les fuyards et de quitter l'un des derniers le champ de bataille. Sir William Howe entra à Philadelphie et le Congrès se transporta à Lancastre.

D'un autre côté, le général Gates avait succédé à Saint-Clair dans le commandement des troupes qui avaient abandonné Ticonderoga au début de la campagne. Il se réunit aux généraux Arnold et Morgan, qui avaient dû abandonner le Canada, et résolut de s'opposer à la marche hardie du général Burgoyne. Celui ci, qui avait remplacé Carleton, attendit les Américains sur les hauteurs de Behmis-Hights. Une bataille opiniâtre s'y livra le 19 septembre[1]. Les Anglais furent battus, sans perdre toutefois leur position. Mais, vaincu dans un nouveau combat livré le 7 octobre à Saratoga, Burgoyne, enveloppé sans espoir de secours, fut obligé de capituler avec son armée. C'était le plus beau succès que les Américains eussent encore remporté depuis le commencement de la lutte : une artillerie nombreuse, des armes et dix mille prisonniers tombèrent en leur pouvoir.

Cependant Washington reprenait l'offensive. Au moment où les Anglais le croyaient en pleine retraite, à la suite de sa défaite de Brandywine, il s'approcha d'eux par une route détournée et les attaqua avec vigueur dans leurs lignes. Un brouillard qui mit le désordre dans ses corps d'armée lui ravit une victoire certaine. Il fut forcé à la retraite après avoir fait essuyer à l'ennemi des pertes bien supérieures aux siennes à Germantown (4 octobre 1777).

C'est à cette même époque qu'il faut placer la belle défense du fort Red-Bank par le capitaine volontaire Duplessis-Mauduit à la tête de quatre cents hommes, contre le colonel Donop, d'un régiment hessois qui ne comptait pas moins de seize cents soldats. Ce régiment fut en partie détruit et son

---

[1]. On trouva sur le champ de bataille le cadavre d'une femme qui avait été tuée dans les rangs des milices américaines; ses armes étaient encore disposées pour le combat et ses mains étaient pleines de cartouches. (Fait rapporté par le cap. Anbury, des troupes royales; *Voyages*, Londres, 1789, I, 437; Paris, I, 311).

colonel tué. Les Américains durent pourtant abandonner cette place, ainsi que le fort Mifflin.

La victoire de Saratoga détermina Louis XVI à céder aux instances de ses ministres et de Franklin. Le 6 février 1778 il signa avec les États-Unis un traité de commerce, auquel était joint un traité d'alliance offensive et défensive pour le cas où l'Angleterre déclarerait la guerre à la France. Cette mesure doit être attribuée en grande partie à l'impulsion que La Fayette avait donnée à l'opinion publique en France, et au revirement d'idées qui s'était produit dans les esprits à la suite de ses rapports favorables aux Américains. La nouvelle en parvint le 3 mai au Congrès. Elle fut accueillie par des réjouissances publiques et provoqua le plus vif enthousiasme.

En Angleterre, lord Chatham se fit transporter à la Chambre et proposa de déclarer immédiatement la guerre à la maison de Bourbon. Son discours terminé, il tomba évanoui et mourut dans la même journée. Sa motion fut adoptée et l'ambassadeur anglais près la cour de Versailles immédiatement rappelé. Lord North voulut conjurer le péril en offrant aux colonies tout ce qu'elles avaient demandé depuis 1774, avec une amnistie illimitée. Les Américains repoussèrent tout arrangement qui n'avait pas pour base la reconnaissance de leur indépendance. La guerre continua avec un caractère de plus en plus violent.

IX

C'est à ce moment surtout que la France put apprécier les bons effets de l'administration de Choiseul. Sa marine put lutter avec avantage contre celle de l'Angleterre. Une flotte de douze vaisseaux et de quatre frégates partit de Toulon pour l'Amérique, sous les ordres du comte d'Estaing. Une autre fut rassemblée à Brest pour combattre dans les mers d'Europe. Enfin on prépara une expédition pour faire une descente en Angleterre. Le combat de la *Belle-Poule* (capitaine de La Clochetterie) ouvrit glorieusement les hostilités. Le comte d'Orvilliers, sorti de Brest avec trente-deux vaisseaux, tint la fortune indécise, dans la bataille d'Ouessant, contre l'amiral Keppel (27 juillet 1778). L'Angleterre, effrayée de voir la France reparaître sur mer à armes égales, fit passer son amiral devant un conseil de guerre.

En Amérique, Clinton, menacé d'être enveloppé dans Philadelphie par l'armée de Washington et par la flotte du comte d'Estaing, se replia sur New-York, où il ne rentra toutefois qu'après avoir essuyé un échec à Monmouth (28 juin 1778). Pour diviser les forces qui le poursuivaient, il envoya le colonel Campbell dans la Géorgie, et la guerre s'étendit alors aux colonies du Sud.

Le général anglais Prévost vint rejoindre Campbell, et le chef des milices américaines, Lincoln, fut forcé de leur abandonner, avec la Géorgie, toute la Caroline du Sud. Les Anglais faisaient de ce côté une guerre d'extermination qui soulevait contre eux les populations, aussi le général Lincoln put-il bientôt reprendre l'offensive et forcer l'ennemi à lever le siége de Charleston (mars 1779).

En même temps, sir H. Clinton envoyait des détachements sur les côtes de la Virginie et de la Nouvelle-Angleterre pour tout ravager. Ils ne réussirent que trop dans cette barbare mission. Ce général concentra ses troupes sur le bord de l'Hudson et vint attaquer les forts de Verplanck et de Stoney-Point. Cette dernière place fut prise, puis reprise par Wayne. Le lieutenant-colonel de Fleury se précipita le premier dans les retranchements qu'il avait fait construire et saisit le drapeau anglais. Les Américains, non moins généreux que braves, accordèrent la vie sauve à la garnison anglaise, bien qu'elle eût commis d'horribles massacres. Washington dut pourtant abandonner ce poste après en avoir enlevé les munitions et en avoir détruit les défenses.

Aux Antilles, le marquis de Bouillé déployait une activité et des talents que l'impéritie des amiraux et les mauvais temps paralysèrent souvent, mais qui jetèrent pourtant sur les armes françaises un éclat nouveau. La Dominique fut prise ; mais les Anglais s'emparèrent de Sainte-Lucie que d'Estaing ne put recouvrer[1].

C'est à cette époque que La Fayette demanda au Congrès l'autorisation de retourner en France, soit pour servir d'une manière plus efficace à la Cour la cause américaine, soit pour reprendre du service dans son pays si la guerre devenait continentale. Il s'embarqua à Boston, sur l'*Alliance*[2], le 11 janvier 1779, comblé des remerciements et des félicitations du Congrès. Il revint quelques mois plus tard sur l'*Hermione* à Boston, le 28 avril 1780, reprendre son poste dans la guerre de l'indépendance, précédant les secours en hommes, en effets et en argent qu'il avait obtenus du gouvernement français.

D'Estaing compensa la perte de Sainte-Lucie en s'emparant des îles de Saint-Vincent et de la Grenade, en présence de la flotte commandée par l'amiral Byron. Il lui livra ensuite une bataille navale, le 6 juillet, qui mit les vaisseaux anglais hors d'état de tenir la mer. Le pavillon français eut en ce moment l'empire de la mer dans les Antilles et d'Estaing put se diriger vers les côtes de la Géorgie pour reconquérir cette province en soutenant le général Lincoln. Le siége de Savannah (septembre 1779), attaque infructueuse, qui fit couler tant de sang français sur le territoire des États-Unis, fut immédiatement entrepris.

Le comte d'Estaing déclara plusieurs fois qu'il ne pouvait pas rester à terre plus de dix ou quinze jours. La prise de Savannah était regardée comme certaine. Pleine de cet espoir, la milice se mit en campagne avec une ardeur extraordinaire. Les Anglais avaient coulé à fond dans le canal deux vaisseaux armés, quatre transports et plusieurs petits bâtiments. Les grands vaisseaux du comte d'Estaing ne pouvaient s'approcher du rivage et le débar-

---

1. *Histoire raisonnée des opérations militaires et politiques de la dernière querre*, par M. Joly de Saint-Vallier, l.-col. d'infanterie. Liége, 1783. — L'auteur (pages 70 et 99) fait un grand éloge de M. de Bouillé. Voir *Notices biographiques* et aussi *la Vie de M. de Bouillé*. Paris. 1853.
2. La frégate l'*Alliance* fut achevée spécialement pour ramener La Fayette en France en 1779.

quement ne put s'effectuer que le 12 septembre avec de petits vaisseaux envoyés de Charleston[1].

Le 16, Savannah fut sommé de se rendre *aux armes de France*. Cette sommation ne fut ainsi faite que parce que l'armée américaine n'était pas encore arrivée; mais les loyalistes en prirent prétexte pour accuser les Français de vouloir faire des conquêtes pour leur propre compte.

La garnison demanda vingt-quatre heures pour réfléchir à une réponse. Cette demande n'avait d'autre but que de donner le temps à un détachement commandé par le lieutenant-colonel Maitland de se joindre à l'armée anglaise dans Savannah. Cette jonction s'opéra en effet avant l'expiration du délai, et le général Prévost se crut alors en état de résister à un assaut.

Les assiégeants, réduits à la nécessité de faire une brusque attaque ou de faire un siége en règle, se virent contraints de prendre le premier parti. La distance où était leur flotte et le défaut de voitures leur firent perdre un temps d'autant plus précieux que leurs adversaires travaillaient avec une grande activité à augmenter leurs moyens de défense. Plusieurs centaines de nègres, sous la direction du major Moncrief, perfectionnaient chaque jour les ouvrages de la ville. Ce ne fut que le 23 au soir que les Français et les Américains ouvrirent la tranchée.

Le 24, le major Graham à la tête d'un faible détachement des assiégés fit une sortie sur les troupes françaises, qui le repoussèrent sans difficulté ; mais ceux-ci s'approchèrent si près des retranchements de la place qu'à leur retour ils furent exposés à un feu très-vif qui leur tua plusieurs hommes.

La nuit du 27, une nouvelle sortie eut lieu sous la conduite du major Mac-Arthur. Elle jeta un tel trouble chez les assiégeants que les Français et les Américains tirèrent quelque temps les uns sur les autres.

Assiégeants et assiégés se canonnèrent sans grand résultat jusqu'au 8 octobre. Ce jour-là, le major L'Enfant emmena

---

1. Ms. de Dupetit-Thouars.

cinq hommes et marcha à travers un feu très-vif jusque contre les ouvrages de la place pour mettre le feu aux abattis. L'humidité du bois empêcha le succès de cette tentative hardie dans laquelle le major fut blessé.

Sur les instances des ingénieurs, qui ne croyaient pas à la possibilité d'un succès rapide par un siège en règle, et sur les représentations de ses officiers de marine, qui lui montraient les périls auxquels était exposée la flotte, le comte d'Estaing se détermina à livrer l'assaut.

Le 9 octobre au matin, trois mille cinq cents hommes de troupes françaises, six cents de troupes continentales et trois cent cinquante de la milice de Charleston conduits par le comte d'Estaing et le général Lincoln s'avancèrent avec la plus grande intrépidité jusqu'aux lignes ennemies. En même temps la milice du pays était occupée à deux fausses attaques. Le feu des Anglais fut si violent et si bien dirigé que le front de la colonne d'attaque fut mis en désordre. Il y eut pourtant deux étendards de plantés dans les redoutes anglaises. En vain le comte Pulaski, à la tête de deux cents hommes à cheval, voulut-il pénétrer dans la ville en passant au galop entre les redoutes. Il fut atteint d'une blessure mortelle[1]. Enfin les assaillants, après avoir soutenu le feu des ennemis pendant cinquante-cinq minutes, firent une retraite générale.

Le comte d'Estaing reçut deux blessures et ne dut son salut qu'au dévouement du jeune Truguet[2]. Six cent trente-sept hommes de ses troupes et deux cent cinquante-sept des troupes continentales furent tués ou blessés. Des trois cent cinquante de la milice de Charleston, quoiqu'ils fussent des plus exposés au feu de l'ennemi, il n'y eut de tué que le capitaine Shepherd et six blessés.

Pendant le jour de la sommation, *il n'y avait pas dix canons de montés* sur les lignes de Savannah. Aussi la défense de cette place fit-elle le plus grand honneur au général Prévost, au lieutenant-colonel Maitland et au major

---

1. *Notices biograph.*
2. *Idem.*

Moncrief. Celui-ci mit une telle activité dans ses préparatifs de défense, qu'en quelques jours il avait mis plus de quatre-vingts canons en batterie.

La garnison comptait de deux à trois mille hommes de troupes régulières anglaises, avec cent cinquante miliciens seulement. Les pertes qu'elle éprouva furent insignifiantes, car les soldats tiraient à couvert et beaucoup des assaillants n'eurent pas même l'occasion de faire feu.

Immédiatement après le mauvais succès de cette entreprise, la milice américaine retourna dans ses foyers. Le comte d'Estaing rembarqua ses troupes avec son artillerie et ses bagages et quitta le continent.

Cependant les succès des Français aux Antilles avaient eu un grand retentissement en Europe. L'amiral Rodney se trouvait alors à Paris, où il était retenu par des dettes qu'il ne pouvait payer. Un jour qu'il dînait chez le maréchal de Biron, il traita avec dédain les succès des marins français, en disant que s'il était libre il en aurait bientôt raison. Le maréchal paya ses dettes et lui dit : « Partez, monsieur; allez essayer de remplir vos promesses ; les Français ne veulent pas se prévaloir des obstacles qui vous empêchent de les accomplir. » Cette générosité chevaleresque coûta cher à la France[1].

En effet, après le rappel de l'amiral Byron, Rodney fut envoyé pour le remplacer aux Indes occidentales[2].

Il livra au comte de Guichen, l'année suivante, trois combats indécis, mais meurtriers, et s'empara de Saint-

---

1. *Anecdotes historiques sur les principaux personnages anglais.* 1 vol. in-12, 1784.

2. Il emmenait à son bord le troisième fils du roi, Guillaume-Henri, qui passa par tous les grades. L'amiral ravitailla Gibraltar sur sa route, et prit, devant cette place, quatre des huit vaisseaux espagnols qui la bloquaient. Un de ces vaisseaux se trouvant trop faible d'équipage pour manœuvrer par un gros temps et étant sur le point de périr ou d'échouer, les Anglais voulurent forcer les prisonniers espagnols qu'ils avaient enfermés à fond de cale, de les aider à sauver le vaisseau. Les prisonniers répondirent tous qu'ils étaient prêts à périr avec leurs vainqueurs, mais qu'ils ne leur donneraient aucune assistance pour les tirer du danger, à moins qu'ils n'eussent la liberté de ramener le vaisseau dans un des ports de l'Espagne. Les Anglais furent forcés d'y consentir et les Espagnols ramenèrent leurs *vainqueurs* prisonniers à Cadix. (Saint-Valier, *Hist.*, page 86.)

Eustache sur les Hollandais. Cette petite colonie, à peine défendue par cent hommes, fut honteusement pillée par le vainqueur, qui tendit en outre une sorte de piége aux vaisseaux hollandais en laissant flotter sur l'île le pavillon de leur nation. L'Angleterre ne profita pas pourtant du fruit de ces rapines auxquelles ses amiraux n'étaient que trop habitués. Le convoi envoyé par Rodney, chargé d'un butin d'une valeur de plus de soixante millions, porté par plus de vingt bâtiments, fut pris tout entier en vue des côtes d'Angleterre par l'amiral La Motte Piquet. Cette déconvenue vint mettre un terme à la joie ridiculement exagérée que les habitants de Londres avaient manifestée à la nouvelle de la facile conquête de Saint-Eustache[1].

La diversion tentée par Clinton dans la Géorgie avait complétement réussi par l'échec de d'Estaing devant Savannah. Ce général profita du moment où Washington était réduit à l'inaction par la misère de son armée pour faire quitter New-York à une partie de ses troupes et pour s'emparer de Charleston, dans la Caroline du Sud, où il fit 5,000 Américains prisonniers (mai 1780). Il laissa ensuite dans cette province lord Cornwallis, qui battit tous ceux que le Congrès chargea de le chasser.

C'est sur ces entrefaites que La Fayette revint d'Europe et releva, par les bonnes nouvelles qu'il apportait, le courage abattu des Américains. En juillet, le corps expéditionnaire aux ordres du comte de Rochambeau et fort de 6,000 hommes débarqua à Newport. Il était amené sur une escadre de dix vaisseaux aux ordres du chevalier de Ternay. C'est pendant que Washington s'était rapproché de New-York, pour mieux correspondre avec Rochambeau, que le traître Arnold entama des négociations avec Clinton pour lui livrer West-Point, dont Washington lui avait confié la garde.

---

1. L'amiral Rodney revint en 1781 à Londres. York-town venait d'être prise et il se montra néanmoins à la Cour comme un triomphateur. Il tirait son plus grand éclat des dépouilles des malheureux habitants de Saint-Eustache; mais comme cette île fut reprise le 26 novembre 1781 par les Français, on distribua aux soldats la somme d'argent considérable que l'amiral anglais y avait laissée, dans l'impossibilité où il s'était trouvé de pouvoir l'emporter.

On sait comment le complot fut découvert et comment le major André, de l'armée anglaise, périt victime de ses relations avec le traître.

Avant de commencer ses opérations, Rochambeau attendait des renforts que le comte de Guichen devait lui amener de France ; mais celui-ci avait rencontré dans les Antilles, comme nous l'avons dit plus haut, l'amiral Rodney, qui obligea le convoi français à se réfugier à la Guadeloupe. Washington ne put qu'envoyer quelques renforts, avec La Fayette, aux patriotes du Sud, et se résigna à remettre à la campagne prochaine l'expédition décisive qu'il concertait avec Rochambeau. De son côté, Cornwallis recevait des troupes qui portaient son armée à 12,000 hommes. La situation des Anglais paraissait donc aussi prospère que par le passé.

Une vaste coalition se formait pourtant contre le despotisme maritime de l'Angleterre. Cette nation s'arrogeait le droit de visite sur les bâtiments neutres, sous prétexte qu'ils pouvaient porter des secours et des munitions à ses adversaires. Catherine II, la première, proclama, en août 1780, la franchise des pavillons, à la condition qu'ils ne couvriraient pas de contrebande de guerre. Pour soutenir ce principe, appelé *droit des neutres*, elle proposa un plan de neutralité armée qui fut successivement adopté par la Suède et le Danemark, la Prusse, le Portugal, les Deux-Siciles et la Hollande. Cette dernière nation, en donnant asile à des corsaires américains, avait excité au plus haut degré la fureur des Anglais. Ils lui déclarèrent la guerre. C'est alors que l'amiral Rodney leur enleva Saint-Eustache. Les Espagnols prirent de leur côté Pensacola, dans la Floride, tandis que de Grasse ravageait les Antilles anglaises et que Bouillé reprenait Saint-Eustache.

Ces victoires permirent à Washington et à Rochambeau d'exécuter enfin une expédition qui fut aussi décisive qu'habilement menée. Pendant l'hiver, l'armée américaine, privée des choses les plus nécessaires, avait supporté les plus rudes épreuves. Quelques régiments de Pensylvanie et de New-Jersey s'étaient même mutinés. Les partisans américains

Marion et Sumpter avaient trop peu de troupes pour entreprendre contre Cornwallis autre chose qu'une guerre d'escarmouches. Le corps de Gates fut battu à Camden (août 1780) et de Kalb y fut tué. Pourtant Morgan [1], à la tête d'un corps de troupes légères, battit Tarleton au Cowpens (17 janvier 1781). Par une retraite habile, Green amena Cornwallis jusqu'au delà du Dan, qui sépare la Virginie de la Caroline septentrionale. Il se renforça des milices de Virginie et tomba à l'improviste sur les corps récemment levés par Cornwallis, qu'il jeta dans un désordre tel qu'ils s'entre-tuèrent et que Cornwallis fit tirer des coups de canon contre ses propres troupes, mêlées aux milices.

Green livra un nouveau combat à Cornwallis, le 15 mars, près Guilford-House, et lui fit éprouver des pertes qui le forcèrent à rétrograder sur Wilmington. Par une marche habile, il coupa la retraite de la Caroline du Sud au général anglais, et il manœuvra si bien qu'après la sanglante bataille de *Eutaw-Springs* il ne resta plus aux Anglais dans la Géorgie et la Caroline que la ville de Savannah et le district de Charleston.

Pendant ce temps [2], La Fayette, chargé d'opérer en Virginie contre des forces quatre fois supérieures en nombre, sacrifia encore une partie de sa fortune pour maintenir ses soldats sous ses ordres, et, joignant la prudence au courage, il sut, par des marches forcées et des retours subits, tellement fatiguer Cornwallis et harceler ses troupes, que le général anglais, après avoir méprisé sa jeunesse, fut forcé de redouter son habileté [3].

---

1. M. La Chesnays m'a communiqué une lettre manuscrite trouvée dans les papiers de Blanchard et signée Daniel Morgan. Elle donne une relation authentique de cette affaire. Elle est datée du camp « de Craincreek », le 19 janv. 1781, et est adressée au général Green.

2. Bien que j'en sois maintenant arrivé à la partie de mon travail qui a plus particulièrement été le sujet de mes recherches, j'ai cru devoir en donner ici un rapide résumé, pour ne pas interrompre brusquement cet aperçu général.

3. « La nation était loin d'être prête pour les éventualités. Un esprit de lassitude et d'égoïsme régnait dans le peuple. L'armée, mal disciplinée et mal payée, était très-inquiète. Les milices de Pensylvanie et de New-Jersey s'étaient révoltées au commencement de l'année. Le gouvernement était en-

Tout à coup, les troupes de Rochambeau quittent leur position de New-Port et de Providence, où étaient établis leurs quartiers d'hiver, et s'avancent vers Hartford. Washington arrête quelque temps l'armée coalisée devant l'île de New-York. Il fait des reconnaissances devant la place et entretient son adversaire dans cette idée qu'il va diriger tous ses efforts contre cette ville. Mais il n'attendait que la promesse du concours de la flotte pour changer ses dispositions. Le comte de Barras arrive de France sur la *Concorde*. Il venait remplacer dans son commandement le chevalier de Ternay, et était accompagné du vicomte de Rochambeau, qui avait été chargé de hâter l'envoi des renforts et des secours promis. Ces renforts n'arrivent pas ; mais en revanche on apprend que la flotte de l'amiral de Grasse, après avoir pris Tabago et tenu Rodney en échec, s'avance avec 3,000 hommes tirés des colonies sous les ordres du marquis de Saint-Simon, pour forcer la baie de Chesapeak défendue par Graves, et bloquer dans Yorktown Cornwallis, que La Fayette poursuit dans sa marche rétrograde.

Les camps sont levés devant New-York, et tandis que le comte de Barras, malgré son ancienneté de grade, va se mettre avec un noble désintéressement sous les ordres de de Grasse, les généraux alliés se dirigent à marche forcée vers la Virginie. C'est vers Yorktown que, pleins de confiance désormais dans le nombre et la bravoure de leurs troupes, ils font converger tous leurs efforts. L'armée est

core impuissant, la Confédération faible, le Congrès inerte, quoique existant toujours. Quand on lit que ce corps était prêt à livrer le Mississipi à l'Espagne, bien plus, à abandonner la reconnaissance expresse de l'indépendance de l'Amérique, comme le préliminaire indispensable des négociations avec la Grande-Bretagne, quand on lit cela, on peut bien se figurer qu'il y avait quelques préparatifs pour se soumettre aux exigences du moment. Le baron allemand de Steuben, qui rassemblait des troupes en Virginie au moment de l'invasion, fut rejoint après par La Fayette, dont les troupes avaient été habillées pendant la marche aux frais de celui-ci. Sur mer, la flotte française était occupée à défendre les côtes contre les envahisseurs. Il semble que les étrangers étaient les seuls défenseurs de la Virginie et de l'Amérique. » Voir l'excellent et très-exact résumé intitulé :

Manual of United States History, by Samuel Eliot. Boston, 1856, 258.

divisée en deux corps. L'un suit la voie de terre et, par Philadelphie et Baltimore, arrive bientôt à Williamsbourg pour donner la main aux troupes de Saint-Simon et de La Fayette. Un autre corps, sous les ordres de Custine, s'embarque à Head-of-Elk, touche à Annapolis, et, sous la direction de Choisy et de Lauzun, prend position devant Glocester. De son côté le comte de Grasse occupait la baie de Chesapeak et coupait aux Anglais toute communication par eau.

Quelques jours suffirent pour tracer la première et la seconde parallèle. Deux redoutes arrêtaient les travaux des alliés. On décida de leur donner l'assaut. La Fayette avec une colonne de milices américaines fut chargé de s'emparer de celle de droite, tandis que Guillaume de Deux-Ponts montait à l'assaut de celle de gauche. Les troupes alliées rivalisèrent d'ardeur. En quelques minutes ces obstacles furent enlevés.

En vain Cornwallis, reconnaissant que la résistance était désormais impossible, essaya-t-il de forcer le passage du York River en abandonnant ses canons et ses bagages. Sa tentative ne réussit pas et il dut capituler. La garnison fut faite prisonnière de guerre. Les vaisseaux anglais furent le partage de la flotte française, tandis que plus de 150 canons ou mortiers, la caisse militaire et des armes de toute sorte furent remis aux Américains (11 octobre 1781).

X

Depuis la déclaration de l'indépendance, les Américains avaient reçu de la France des secours plutôt moraux qu'effectifs. Les envois d'armes fournis par le gouvernement de Louis XVI furent plutôt une spéculation de Beaumarchais et de quelques autres gens d'affaires qu'une aide efficace.

Depuis trois ans que les Américains soutenaient ainsi

seuls la lutte contre la toute-puissante Angleterre, leurs forces s'étaient épuisées sans que leurs avantages eussent jamais été bien marqués, sans qu'ils pussent entrevoir même le jour où leurs ennemis renonceraient à exiger d'eux une soumission absolue. Leurs ressources financières étaient aussi anéanties. Leur situation devenait chaque jour plus périlleuse. Il ne fallait rien moins que la fermeté et l'autorité de Washington pour maintenir les milices sous les drapeaux et entretenir encore quelque confiance dans le cœur des partisans les plus sincères de l'indépendance.

L'arrivée de La Fayette à la cour de France en février 1779 attira de nouveau sur la situation des Américains l'attention du gouvernement, plus préoccupé jusque-là d'intrigues et de futilités que de politique et de guerre. Parti en fugitif deux ans auparavant, le jeune général fut accueilli en triomphateur. Sa renommée avait grandi en traversant l'Océan, et il sut faire servir l'engouement dont il fut l'objet à la cause de ses frères d'adoption. Il joignit ses instances à celles de l'envoyé américain John Laurens pour obtenir du roi un secours en hommes et en argent, et la nouvelle de l'échec subi par d'Estaing devant Savannah fut le dernier argument qui décida le cabinet de Versailles à exécuter dans toute sa rigueur le traité d'alliance offensive et défensive conclu avec Franklin le 6 février 1778.

Il fut décidé que la France enverrait aux Américains une escadre de sept vaisseaux de ligne pour agir sur les côtes, un corps de troupes qui devait être de 10,000 ou 12,000 hommes et une somme de six millions de livres. M. de Rochambeau fut nommé commandant en chef du corps expéditionnaire, et le chevalier de Ternay fut mis à la tête de l'escadre.

La Fayette se préoccupa ensuite des moyens d'exécution. Il fit comprendre aux ministres que, s'il ne commandait pas en chef le corps expéditionnaire, ce qui serait surprenant pour les Américains, il fallait du moins mettre à sa tête un général français qui consentirait à ne servir que sous les ordres du général en chef américain. Or, il savait très-bien que ses anciens compagnons d'armes en France étaient jaloux de sa prompte fortune militaire et de sa brillante renommée. Il savait mieux encore que les officiers qui étaient ses anciens en grade ne voudraient pas servir sous ses ordres. Sa première proposition ne fut donc faite qu'en vue de satisfaire le sentiment public en Amérique, qui se reposait presque entièrement sur lui de la conduite de cette affaire. En présence des difficultés graves qui devaient résulter de l'adoption d'une pareille détermination, difficultés qui pouvaient avoir les plus désastreuses conséquences pour la cause à laquelle il s'était dévoué, il promit de faire entendre aux Américains qu'il avait préféré rester à la tête d'une de leurs divisions et qu'il avait refusé le commandement du corps français. Mais il insista sur ce point que, pour ne pas blesser l'amour-propre des Américains, il était indispensable de choisir pour diriger l'expédition un général dont la promotion fût récente, dont les talents fussent certainement à la hauteur de sa mission, mais qui, considérant cette mission comme une distinction, consentirait à accepter la suprématie du général Washington. Le choix qui dans ces conditions fut fait du comte de Rochambeau le satisfit pleinement, et, sans attendre le départ du corps expéditionnaire, il s'embarqua à Rochefort, le 18 février 1780, sur la frégate *l'Hermione*, que le roi lui avait donnée comme étant très-bonne voilière. Il n'était accompagné que d'un commissaire des guerres, M. de Corny, qui devait préparer l'installation de l'armée à Rhode-Island [1]. Il lui tardait à lui-même d'annoncer la bonne nouvelle à Washington, et aussitôt après son débarquement à Boston, le 28 avril, il se hâta de rejoindre à Morristown son bien-aimé et révéré ami, comme il l'appelait dans ses lettres.

Les instructions données à M. de La Fayette par le ministre des affaires étrangères portaient que, pour prévenir toute méprise et tout retard, il placerait tant à Rhode-Island qu'au cap Henry, à l'embouchure de la Chesapeak, un

---

[1]. Voir la *Notice biographique* sur M. de Corny, qui fut accidentellement commissaire des guerres et revint en février 1781.

officier français chargé d'attendre l'escadre, qui devait atterrir en l'un de ces deux points, et de lui donner toutes les informations dont elle aurait besoin en arrivant. Ce fut M. de Galvan, officier français au service des États-Unis, qui fut seul envoyé au cap Henry, suivant ces instructions, avec une lettre de M. de La Fayette. Mais l'escadre ne devait pas aborder sur ce point, et la précaution fut inutile.

Cependant les préparatifs de départ ne se faisaient pas avec toute l'activité désirable. Tout ce qui dépendait du département de la guerre fut, il est vrai, acheminé sur Brest avec promptitude. Dès les premiers jours d'avril, on avait rassemblé dans ce port les régiments de Bourbonnais, de Soissonnais, de Saintonge, de Deux-Ponts, de Neustrie, d'Anhalt, la légion de Lauzun, un corps d'artillerie et de génie avec un équipage de campagne, un équipage de siège et de nombreux approvisionnements. Mais le ministre de la marine ne déploya pas la même promptitude. Le départ de la flotte de M. de Guichen, avec tous les transports de troupes et de munitions que l'on envoyait aux Antilles, avait privé Brest de ses vaisseaux de transport. Des ordres tardifs furent envoyés à Bordeaux pour en fournir. Ceux-ci furent arrêtés par le vent et, l'on fut obligé d'en faire venir de Saint-Malo, où l'on n'en put trouver qu'un nombre insuffisant.

Pourtant il fallait se presser de partir sous peine de voir la situation devenir critique et la traversée périlleuse. On savait que l'Angleterre armait une escadre pour arrêter le corps expéditionnaire français, ce qui lui serait d'autant plus facile qu'elle n'aurait pas de convoi à protéger. On apprenait d'autre part que la situation des Américains devenait de jour en jour plus grave et qu'un secours immédiat leur était nécessaire. Le conseil des ministres envoya à M. de Rochambeau l'ordre d'embarquer immédiatement une partie de ses troupes et de son matériel et de partir au premier vent favorable. En vain le général réclama-t-il contre le danger auquel on l'exposait en réduisant de moitié un corps d'armée qui n'était déjà que trop faible. Il ne put obtenir que la promesse formelle de l'envoi prochain de la seconde division de son armée. Il se résigna à emmener le plus de troupes qu'il pourrait et à partir au plus vite.

Je donne ici, d'après Blanchard, les noms des officiers généraux et des principaux personnages de cette armée.

M. le comte de Rochambeau, lieutenant général, commandant en chef.

Le baron de Vioménil[1],
Le comte de Vioménil, maréchaux de camp.
Le chevalier de Chastellux[2],

De Béville, brigadier, maréchal général des logis[3].

De Tarlé, commissaire ordonnateur faisant fonctions d'intendant.

Blanchard, commissaire principal[4].

D'Aboville, commandant en chef l'artillerie.

MM. de Fersen,
De Damas,
Ch. de Lameth,
De Closen, aides de camp de M. de Rochambeau[5].
Dumas,
De Lauberdières,
De Vauban,

---

1. Commandant en second de l'expédition.
2. Ce dernier faisait les fonctions de major général.
3. M. de Choisy, brigadier, n'arriva que le 30 septembre et avait avec lui MM. Berthier, qui entrèrent dans l'état-major.
4. Les autres commissaires des guerres étaient, d'après l'*Annuaire militaire* de 1783 :
De Corny, commissaire des guerres; il avait précédé l'expédition d'un mois et repartit pour la France dans les premiers jours de février 1781, sur l'*Alliance*.
De Villemanzy, id.
Jujardy, id.
Chesnel, id.
Gau, commissaire d'artillerie.
5. M. Cromot-Dubourg, qui arriva peu de temps après nous, dit Blanchard, fut aussi aide de camp de Rochambeau.
Il faut ajouter à cette liste, d'après les *Archives* de la guerre, les *Souvenirs* de M. Dumas, les *Mémoires* de Rochambeau, le récit de *mes Campagnes en Amérique* de G. de Deux-Ponts, les *Mémoires* de Du Petit-Thouars et le *Manuscrit inédit* que j'attribue à Cromot-Dubourg : Collot, de Charlus, le vicomte de Rochambeau et les frères Berthier.

MM. de Chabannes,
   De Pangé, } aides de camp de M. de Vioménil.
   Ch. d'Olonne,

MM. de Montesquieu, petit-fils du jurisconsulte,
Lynch (Irlandais), } aides de camp de M. de Chastellux.

COLONELS.

Le marquis de Laval.
Le vicomte de Rochambeau en 2e. } Bourbonnais.

MM. Christian de Deux-Ponts.
Guillaume de Deux-Ponts en 2e. } Royal Deux-Ponts.

Le comte de Custine.
Le vicomte de Charlus. } Saintonge.

M. de Sainte-Mesme ou Saint-Maime.
Le vicomte de Noailles. } Soissonnais.

Le duc de Lauzun.
Le comte Arthur Dillon[1]. } Légion de Lauzun.

Nadal, directeur du parc d'artillerie.
Lazié, major —

Desandroins, commandant les ingénieurs.
Querenet,
Ch. d'Ogré,
Caravagne,
D'Aubeterre[2],
Turpin, } Ingénieurs.
—

Coste, premier médecin.
Robillard, premier chirurgien.
Daure, régisseur des vivres.
Demars, régisseur des hôpitaux.

---

1. Il y eut dans l'armée française deux officiers qui demandèrent à y prendre du service aussitôt après l'arrivée du corps expéditionnaire et qui avaient déjà servi les Américains avec distinction à titre de volontaires, ce sont : MM. de Fleury, major de Saintonge, et Duplessis-Mauduit, aide-major du parc d'artillerie.

2. Le *Journal de Blanchard* dit d'Opterre.

« Il y avait encore des régisseurs pour les fourrages, pour les viandes, etc. En général, beaucoup trop d'employés, surtout en chefs [1]. »

Bouley, trésorier.

Chevalier de Tarlé [2], \
De Ménonville, } aides-majors généraux.

De Béville fils, \
Collot, } aides-maréchaux généraux des logis.

Composition de la flotte partie de Brest :

Vaisseaux.	Canons.	Commandants.
Le Duc de Bourgogne [3] doublé en cuivre.	80	Chevalier de Ternay.
Le Neptune [4] doublé en cuivre.	74	Destouches.
Le Conquérant [5]	74	La Grandière.

1. (*Blanchard.*)
2. Le chevalier de Tarlé était frère de l'intendant.
3. Ce vaisseau, qui portait pavillon amiral, avait à son bord M. de Rochambeau.
4. Les vaisseaux doublés en cuivre étaient très-rares à cette époque; ils avaient une marche plus rapide.
5. M. Blanchard, qui partit le 2 mai 1780 de Brest sur *le Conquérant*, donne ainsi la composition de l'équipage de ce vaisseau. La Grandière, capitaine, Cherfontaine, capitaine commandant en 2e; Dupuy, 1er lieutenant; Blessing, id. (Suédois). Enseignes : La Jonquières, Kergis, Maccarthy, Duparc de Bellegarde, Buissy. Gardes-marines : Lyvet, Leyrits, Lourmel. Officiers auxiliaires : Cordier, Deshayes, Marassin, Guzence. Le fils de M. de la Grandière était aussi à bord, mais il n'était pas encore garde-marine. Officiers d'infanterie en détachement sur le vaisseau, tirés du régiment de la Sarre : Laubanis, capitaine, Lamothe, lieutenant, Loyas, sous-lieutenant.
Passagers : le baron de Vioménil, maréchal de camp, comte de Custine, brigadier colonel du régiment de Saintonge; la compagnie de grenadiers dudit régiment dont les officiers étaient : de Vouves, cap.; de James, cap. en 2e; Champetier, lieutenant, Josselin, lieutenant en second; Denis, sous-lieutenant; Fanit, 2e sous-lieutenant. Ménonville, lieut.-col. attaché à l'état-major, de Chabannes et de Pangé, aides de camp de M. de Vioménil; Brizon, officier de cavalerie, faisant fonctions de secrétaire auprès du général. En outre, un chirurgien et un aumônier dont Blanchard ne dit pas les noms. Il y avait à bord, en tout, 960 personnes et pour six mois de vivres.
Une partie du régiment du Bourbonnais (350 hommes environ) était embarquée sur la gabarre l'*Isle-de-France,* qui portait aussi le chevalier de Coriolis, beau-frère de Blanchard.

La Provence[1]	64	Lombard.
L'Eveillé[2]	64	De Tilly.
doublé en cuivre		
Le Jazon[3]	64	La Clochetterie.
L'Ardent	64	Chevalier de Marigny.
Frégates.		
La Bellone[4]		***.
La Surveillante		Sillart.
L'Amazone		La Pérouse.
La Guêpe	cutter	Chevalier de Maulevrier.
Le Serpent	id.	***.

Le Fantasque, vieux vaisseau, était armé en flûte et était destiné à servir d'hôpital; on y avait embarqué le trésor, la grosse artillerie et beaucoup de passagers.—Plus trente-six bâtiments de transport[5]; en tout, quarante-huit voiles.

Le manque de bâtiments de transport fut cause que les régiments de Neustrie et d'Anhalt ne purent partir. M. de Rochambeau dut de même laisser à Brest une partie du régiment de Soissonnais. Deux bataillons seulement s'embarquèrent le 4 avril sous les ordres du comte de Sainte-Mesme. Les deux tiers de la légion de Lauzun purent seuls trouver place sur les vaisseaux, et 400 hommes de cette légion durent rester à Brest. Ils devaient faire partie du second convoi. Ils furent plus tard envoyés au Sénégal, au grand déplaisir du duc qui en était colonel-propriétaire. On ne put également embarquer qu'une partie du matériel de l'artillerie avec un détachement de cette

---

1. Il y avait sur la *Provence* : MM. de Lauzun, Robert Dillon, le chev. d'Arrot et une partie de la Légion.— Lauzun dit dans ses *Mémoires* que le capitaine était, à ce qu'il croit, M. Champaurcin.

2. Sur l'*Éveillé* prirent place MM. de Deux-Ponts et une partie de leur régiment. (*Mes Campagnes en Amérique*.)

3. Ce vaisseau eut pour passagers, entre autres : MM. Dumas, Charles de Lameth, comte de Fersen et le comte de Charlus, qui étaient tous attachés à l'état-major de M. de Rochambeau. (*Souvenirs* de M. Dumas.)

4. Le 5 mai, la *Bellone* rentra au port et ne rejoignit pas l'expédition. (Dumas.)

5. Parmi les bâtiments de transport étaient : la *Vénus*, la *comtesse de Noailles*, la *Loire*, le *Lutin*, l'*Ecureuil*, le *Baron d'Arras*, etc. (*Blanchard*.)

arme, sous les ordres du colonel d'Aboville, et qu'un bataillon du génie, sous les ordres de M. Desandroins.

XI

Dès le 12 avril tout était prêt pour mettre à la voile, et le 15, les vents étant au nord, tout le convoi mouilla dans la rade de Bertheaume. Le lendemain, au moment où la flotte levait l'ancre, les vents tournèrent à l'ouest et le convoi reçut ordre de rentrer. Jusqu'au 1er mai, les vents furent variables, mais généralement dirigés de l'ouest. Ils étaient favorables au départ de l'escadre de l'amiral Graves, forte de onze vaisseaux, en rade de Plymouth, tandis qu'ils s'opposaient au départ des troupes françaises. Enfin le 2 mai, à quatre heures du matin, M. de Ternay profita habilement d'un bon vent de nord-est pour faire appareiller. Il prit la tête de l'escadre avec le *Duc de Bourgogne*, le *Neptune* et le *Jason*. Après avoir passé le goulet et pris le large, l'escadre et le convoi firent route vers le sud, traversèrent heureusement le passage du Raz, et, s'étant ralliés, se mirent en ordre de marche.

Cette sortie n'avait point été observée par l'ennemi. L'escadre était en bonne route et sur le point de doubler le Cap, lorsque, trois jours après son départ, les vents devinrent contraires et la retinrent pendant quatre jours dans le golfe de Gascogne. La *Provence* perdit deux mâts. Son capitaine demanda à relâcher; mais M. de Ternay ne jugea pas qu'il dût en être ainsi et il fit réparer cette avarie aussi bien que possible. Ce ne fut que du 15 au 16 mai que l'escadre et le convoi décapèrent par un vent de nord-est[1].

La flotte anglaise était sortie à la faveur du même vent qui avait d'abord poussé les vaisseaux français hors de

---

1. Le 15, le cutter le *Serpent* fut renvoyé en France pour porter cette nouvelle.

Brest. La tempête l'avait arrêtée avant qu'elle fût sortie de la Manche et l'avait forcée à rentrer au port. Le convoi français put donc prendre quelque avance.

Après la tourmente essuyée dans le golfe de Gascogne, le chevalier de Ternay se décida à prendre la route du sud, la même qu'avait suivie l'année précédente l'amiral d'Estaing. Celle de l'ouest était plus directe, mais moins sûre, à cause des rencontres que l'on pouvait y faire et de la variabilité des vents. Par le sud, on profitait au contraire des vents alizés. Un climat plus doux était plus favorable à la santé de l'équipage et des troupes. On avait moins de chances de rencontrer l'ennemi. Enfin les vents du sud, qui règnent le plus ordinairement pendant l'été sur les rivages de l'Amérique septentrionale, devaient ramener aisément le corps expéditionnaire vers le nord, au point où il lui serait le plus avantageux de débarquer[1].

Le 30 mai, après une navigation des plus agréables, on se trouva par 28° 58' de latitude et 34° 44' de longitude, et la persistance de M. Ternay à maintenir la flotte dans la même direction faisait croire aux officiers, à leur grand regret, qu'on les destinait pour les îles du Vent et non pour l'Amérique du Nord, lorsque l'amiral donna l'ordre de mettre le cap à l'ouest. Les jours suivants, il fit faire voile vers le nord-ouest et exerça l'escadre à passer de l'ordre de marche à l'ordre de bataille, le convoi restant sous le vent. La frégate la *Surveillante* chassa et prit un brick anglais armé de onze canons. On apprit par le capitaine de ce brick la prise de Charleston par le général Clinton et la présence dans ce port de l'amiral Arbuthnot, qui y attendait l'escadre de l'amiral Graves[2].

Le 20 juin, comme on était au sud des Bermudes, les frégates d'avant-garde signalèrent six vaisseaux faisant force de voiles sur le convoi. M. de Ternay fit aussi mettre ses

---

1. Le 25 mai, le vaisseau le *Lutin*, armé en guerre et chargé de marchandises, quitta l'escadre pour se rendre à Cayenne.

2. Le 12 juin, on prit un petit bâtiment anglais, chargé de morue et de harengs, qui se rendait d'Halifax à Saint-Eustache. M. de Rochambeau fit distribuer aux troupes les morues et les harengs; le bâtiment fut pillé, dégréé et abandonné. (Blanchard.)

frégates en ligne de bataille, et l'ennemi, surpris de voir sept vaisseaux de ligne sortir de ce groupe de voiles marchandes, s'arrêta. Un seul de ses vaisseaux, qui sans doute avait chassé trop de l'avant, était fort éloigné des autres et pouvait être coupé par le *Neptune* et le *Jason*, vaisseaux de tête de la ligne française. Le convoi était alors bien rassemblé et bien à l'abri derrière les frégates la *Surveillante* et l'*Amazone*; mais M. de Ternay, s'apercevant que la *Provence*, quoique chargée de voiles, ne pouvait le suivre et faisait une lacune dans sa ligne, arrêta ses deux premiers vaisseaux dans leur chasse contre la frégate anglaise, qui put dès lors rallier les siens, après avoir essuyé toutefois le feu de toute la ligne française. On se canonna encore de part et d'autre jusqu'au coucher du soleil sans grand résultat, et le chevalier de Ternay continua sa route avec son convoi. « Il préféra, dit Rochambeau, la conservation de son convoi à la gloire personnelle d'avoir pris un vaisseau ennemi. » Sa conduite fut jugée tout autrement par les officiers français, et une circonstance du même genre vint bientôt encore augmenter le mécontentement de l'armée contre cet officier[1].

On sut plus tard que la frégate que l'on avait failli prendre était le *Rubis*, de 74 canons, et que l'escadre dont elle faisait partie, commandée par le capitaine Cornwallis[2], retournait à la Jamaïque après avoir escorté cinquante vaisseaux marchands jusqu'à la hauteur des Bermudes. Le capitaine du *Jason*, M. de la Clochetterie, avait hautement blâmé pendant le combat la faute qu'avait commise M. de Ternay en faisant diminuer de voiles ses deux vaisseaux de tête, ce qui avait donné au *Rubis* le temps de se dégager et de rejoindre sa ligne. Appelé au conseil qui fut tenu, à la suite de ce combat, à bord du vaisseau amiral, et interrogé

---

1. Le *Neptune* eut, dans l'affaire du 20 juin 1780, deux hommes tués et cinq ou six blessés; le *Duc-de-Bourgogne*, autant; en tout, vingt et un hommes hors de combat. (Blanchard.)

2. L'escadre aux ordres du capitaine Cornwallis était composée des cinq vaisseaux : l'*Hector* et le *Sultan* de 74 canons, le *Lion* et le *Rubis* de 64, le *Bristol* de 30 et la frégate le *Niger* de 32. (Dumas.)

à son tour sur ce qu'il pensait de la destination de l'escadre anglaise : « C'est trop tard, dit-il, monsieur l'amiral, j'aurais pu vous le dire hier au soir ; il a dépendu de vous d'interroger le capitaine du *Rubis*[1]. »

M. de Ternay suivait scrupuleusement dans sa conduite les instructions qu'il avait reçues. Il ne perdait pas de vue sa mission, qui consistait à amener aux États-Unis le corps expéditionnaire le plus vite et le plus sûrement possible[2]. Cependant, quand il apprit plus tard que ces vaisseaux anglais allaient rejoindre aux îles du Vent la flotte de Rodney et lui donner ainsi la supériorité sur celle de M. Guichen pour toute la campagne, il en ressentit un si profond chagrin que sa mort, paraît-il, en fut hâtée[3].

---

1. Ces paroles, qui traduisaient le mécontentement du brave marin, étaient un de ces actes d'insubordination qu'on laissait passer inaperçus et auxquels les officiers supérieurs prenaient peu garde à cette époque. J'aurai encore l'occasion de citer plusieurs exemples semblables. V. p. 8, *Mercure de Grasse*.

2. Pendant la traversée, les vaisseaux et les frégates étaient obligés chaque jour de mettre en panne pour attendre les bâtiments de transport. Le 25 mai, la gabarre l'*Isle-de-France* dut remorquer le transport *Baron d'Arras*. (Blanchard.)

3. D'Estaing eut à essuyer le même reproche en plusieurs circonstances. Sa conduite aurait dû au contraire tourner à sa gloire. (Voir sur ce sujet et sur la réhabilitation de d'Estaing, *Histoire impartiale de la dernière guerre*, par J. de Saint-Vallier.)

Pour ne pas avoir agi avec la même prudence et pour avoir préféré la vaine gloire de soutenir une lutte sans utilité à celle de sauver un immense convoi dont il avait la garde, M. de Guichen, parti de Brest le 10 décembre 1781 avec dix-neuf vaisseaux de guerre, se laissa enlever en vue des côtes d'Afrique par l'amiral anglais Kempenfeld, une grande partie des bâtiments de transports qu'il avait pour mission d'escorter et de protéger. Mais ce n'est pas là un fait isolé. A cette époque, l'escorte des navires était devenue pour les officiers de la marine royale une chose secondaire, une fonction indigne de leur rang et de leurs titres.

Dès 1781, l'abbé Raynal, dans son ouvrage intitulé : *Des Révolutions en Amérique*, publié à Londres, réclamait contre ce préjugé trop puissant parmi les commandants des flottes françaises.

« Officiers de marine, dit-il, vous vous croyez avilis de protéger, d'escorter le commerce ! Mais si le commerce n'a plus de protecteurs, que deviendront les richesses de l'État, dont vous demandez sans doute une part pour récompense de vos services ? Quoi, avilis en vous rendant utiles à vos concitoyens ! Votre poste est sur les mers comme celui des magistrats sur les tribunaux, celui de l'officier et du soldat de terre dans les camps, celui du monarque même sur le trône, où il ne domine de plus haut que pour voir de plus loin et embrasser d'un coup d'œil tous ceux qui ont besoin de sa protection et de sa défense. Apprenez que la gloire de conserver vaut encore mieux que celle de détruire. Dans l'antique Rome, on aimait

Le 21, la *Surveillante* prit un gros bateau anglais chargé de bois, venant de Savannah.

Un sondage exécuté le 4 juillet indiqua qu'on était sur les côtes de la Virginie. A dix heures du matin le *Duc de Bourgogne*, l'*Amazone* et la *Surveillante* prirent un gros bateau armé, qui ne se rendit qu'après avoir reçu quelques coups de canon. D'après les papiers de ce bâtiment, on sut qu'après la prise de Charleston, l'amiral Arbuthnot et le général Clinton étaient rentrés à New-York. Ils avaient laissé cinq mille hommes dans la première ville, sous les ordres de lord Cornwallis. Le soir même, au moment où l'on se disposait à mouiller devant le cap Henry, on aperçut à l'avant une flotte dans laquelle on ne comptait pas moins de dix-huit voiles. On jugea que le bâtiment pris n'était qu'une mouche chargée de surveiller l'approche des Français, et l'on présuma que c'étaient les six vaisseaux déjà combattus le 20 juin qui s'étaient ralliés aux forces de Graves et d'Arbuthnot. M. de Ternay s'appliqua en conséquence à éviter leur attaque. Il vira de bord, fit quelques fausses routes pendant la nuit, et se dirigea ensuite de nouveau vers le nord-ouest.

M. de Ternay venait encore de perdre une belle occasion de donner à l'expédition de brillants débuts. Les dix-huit voiles signalées devant la baie de Chesapeak n'étaient en effet qu'un convoi venant de Charleston à New-York, sous l'escorte de quelques frégates. Sa méprise lui attira de nouveaux reproches, plus durs peut-être que les premiers, et auxquels il pouvait répondre par les mêmes excuses.

Des pilotes de l'île de *Marthas-Vinyard*, des bancs de Nantucket, dirigèrent le convoi vers le mouillage de Rhode-Island, où l'on atterra, sous la conduite du colonel Elliot envoyé par le général américain, après quatre jours de brumes épaisses et d'alternatives de calmes et de vents contraires.

---

aussi la gloire, cependant on y préférait l'honneur d'avoir sauvé un seul citoyen à l'honneur d'avoir égorgé une foule d'ennemis....

« Les maximes consacrées à Portsmouth étaient bien opposées. On y sentait, on y respectait la dignité du commerce. On s'y faisait un devoir comme un honneur de la défendre, et les événements décidèrent laquelle des deux marines militaires avait des idées plus justes de ses fonctions. »

Le lendemain, après soixante-dix jours de traversée, la flotte entrait dans la rade de Newport [1].

« Après une si longue traversée et de si justes alarmes, on peut concevoir notre joie; nous touchions enfin cette terre si désirée où la seule apparition du drapeau français allait ranimer les espérances des défenseurs de la liberté. Nous fûmes accueillis par les acclamations du petit nombre de patriotes restés sur cette île naguère occupée par les Anglais et qu'ils avaient été forcés d'abandonner [2]. »

Les grenadiers et les chasseurs furent débarqués les premiers, le 13; le 14 et le 15 les troupes en bonne santé allèrent prendre place dans le camp qui avait été préparé, et les 16, 17, 18 et 19 furent employés au débarquement des malades, qui étaient très-nombreux. Les uns furent transportés aux hôpitaux de Newport, et le reste à un hôpital établi à douze milles de là, à un endroit nommé *Papisquash*.

Il y avait quatre cents malades à Newport et deux cent quatre-vingts à l'hôpital de Papisquash établi avant l'arrivée du corps expéditionnaire par les soins de M. de Corny qui avait précédé les Français avec M. de La Fayette. Le détachement des trois cent cinquante hommes de Bourbonnais débarqués de l'*Isle-de-France* à Boston, par suite d'une

---

[1]. La route suivie par l'escadre de M. de Ternay était la même que celle qu'avait prise d'Estaing en 1778, ainsi qu'on put le vérifier sur le journal de M. de Bellegarde, enseigne à bord du *Conquérant*, en 1780, qui avait déjà servi sous d'Estaing. Le scorbut fit de grands ravages sur les vaisseaux, et il n'y avait pas de jour qu'on ne perdît au moins un ou deux hommes. (Bl.)

Le *Conquérant*, en arrivant à Newport, avait environ soixante malades; il y en avait moins sur les autres vaisseaux; mais outre que ceux-ci n'avaient pas un chargement en hommes supérieur à ce qu'ils pouvaient contenir, leurs équipages étaient embarqués seulement depuis le mois d'avril, tandis que celui du *Conquérant* avait été embarqué dès le 3 février pour partir avec M. de Guichen. (Blanchard.)

[2]. Dumas.

M. Blanchard rappelle aussi la joie des soldats français à la vue de la terre ferme après leur longue traversée. Il ajoute que ce qui les surprit agréablement fut surtout la vue de deux drapeaux blancs aux fleurs de lis, qui, placés à l'entrée de Newport, rappelaient à leurs cœurs la patrie absente, les assuraient d'un bon accueil, et les tranquillisaient sur le résultat des tentatives que les Anglais avaient faites pour les repousser de Rhode-Island. C'est à M. de La Fayette que le corps expéditionnaire fut redevable de cette délicate attention.

manœuvre qui pendant la brume avait séparé cette gabarre de l'escadre de M. de Ternay, comptait environ cent malades qui restèrent à Boston ; ce qui faisait environ huit cents malades sur cinq mille hommes [1].

Le général Heath, qui commandait les milices dans l'État de Rhode-Island, annonça le 11 juillet l'arrivée de l'escadre française au général Washington, qui se trouvait alors avec son état-major à Bergen. M. de La Fayette partit presque aussitôt, muni des instructions du général en chef, en date du 15, pour se rendre auprès du général et de l'amiral français et se concerter avec eux. Washington projetait depuis quelque temps un plan d'opérations offensives pour la réduction de la ville et de la garnison de New-York. Ce plan, conforme du reste aux désirs du gouvernement français, ne devait s'exécuter qu'à plusieurs conditions. Il fallait d'abord que les troupes françaises fissent leur jonction avec les troupes américaines, puis que les Français eussent une supériorité maritime sur les forces des amiraux Graves et Arbuthnot, qui avaient opéré leur jonction devant New-York le lendemain de l'arrivée des Français à Newport. Cette dernière condition était loin d'être remplie. On avait appris en effet que le corps expéditionnaire n'avait échappé aux atteintes de Graves que grâce à la tempête qui, dès le début, l'avait obligé à rentrer dans Plymouth, puis parce qu'il avait pris près des Açores un vaisseau de la compagnie des Indes, le *Fargès*, et l'avait remorqué pendant une partie de sa route, ce qui avait ralenti sa marche et retardé sa jonction avec Arbuthnot.

Il était donc difficile de mettre à exécution le plan projeté contre New-York. Bien qu'en principe il fût accepté par M. de Rochambeau et M. de Ternay, ils n'admettaient ni l'un ni l'autre la possibilité de son exécution immédiate et ils résistèrent longtemps sur ce point aux désirs de Washington et aux instances de La Fayette. M. de Rochambeau écrivit même à la date du 27 août à ce dernier, qui lui

---

[1]. Le régiment de Royal-Deux-Ponts en avait seul environ trois cents, et il semble que les Allemands soient plus sensibles à la chaleur que les autres hommes. (Blanchard.)

reprochait son inaction et l'inutilité de sa présence à Rhode-Island :

« Permettez, mon cher marquis, à un vieux père de vous répondre comme à un fils tendre qu'il aime et estime infiniment.....

« C'est toujours bien fait, mon cher marquis, de croire les Français invincibles; mais je vais vous confier un grand secret, d'après une expérience de quarante ans : il n'y en a pas de plus aisés à battre quand ils ont perdu la confiance en leurs chefs, et ils la perdent tout de suite quand ils ont été compromis à la suite de l'ambition particulière et personnelle. Si j'ai été assez heureux pour conserver la leur jusqu'ici, je le dois à l'examen le plus scrupuleux de ma conscience; c'est que sur 15,000 hommes à peu près qui ont été tués ou blessés sous mes ordres dans les différents grades et les actions les plus meurtrières, je n'ai pas à me reprocher d'en avoir fait tuer un seul pour mon propre compte [1]. »

Les troupes françaises étaient d'ailleurs remplies d'ardeur, et le meilleur accord existait entre elles et leurs alliés. « Ces troupes, dit La Fayette dans une lettre du 31 juillet écrite de Newport au général Washington [2], détestent jusqu'à la pensée de rester à Newport et brûlent de vous joindre. Elles maudissent quiconque leur parle d'attendre la seconde division, et enragent de rester bloquées ici. Quant aux dispositions des habitants et de la milice envers elles et des leurs à l'égard de ces derniers, je les trouve conformes à tous mes désirs. Vous vous seriez amusé l'autre jour en voyant 250 de nos recrues qui venaient à Conanicut sans provisions, sans tentes, et qui se mêlèrent si bien avec les troupes françaises que chaque Français, officier ou soldat, prit un Américain avec lui et lui fit partager très-amicalement son lit et son souper. La patience et la sobriété de notre milice est si admirée qu'il y a deux jours un colonel français réunit ses officiers pour les engager à suivre les

---

1. *Mémoires* de La Fayette, *correspondance*, p. 365.
2. *Mémoires* de La Fayette.

bons exemples donnés aux soldats français par les troupes américaines. D'un autre côté, la discipline française est telle que les poulets et les cochons se promènent au milieu des tentes sans qu'on les dérange et qu'il y a dans le camp un champ de maïs dont on n'a pas touché une feuille. »

Je reprends les événements d'un peu plus haut. A peine l'arrivée de l'escadre française eut-elle été signalée, que les principaux habitants des cantons voisins accoururent au devant du corps expéditionnaire. Le comte de Rochambeau fut complimenté par les autorités de l'État : « Nous venons, leur dit-il, défendre avec vous la plus juste cause. Comptez sur nos sentiments fraternels et traitez-nous en frères. Nous suivrons votre exemple au champ d'honneur, nous vous donnerons celui de la plus exacte discipline et du respect pour vos lois. Cette petite armée française n'est qu'une avant-garde ; elle sera bientôt suivie de secours plus considérables, et *je ne serai que le lieutenant du général Washington* [1]. »

On prévoyait que les Anglais, qui avaient concentré leurs forces de terre et de mer à New-York, ne donneraient pas aux Français le temps de s'établir à Rhode-Island ; et le général Washington informa M. de Rochambeau que sir Henry Clinton faisait embarquer ses troupes et ne tarderait pas à venir attaquer le corps expéditionnaire avec les escadres réunies sous les ordres de l'amiral Arbuthnot mouillées à *Sandy-Hook*, au-dessus de New-York, à l'embouchure de l'Hudson-River. Le général américain surveillait ses mouvements et, tout en donnant de fréquents avis aux Français du projet de l'attaque dirigée contre eux, il s'efforça de s'y opposer. A cet effet, il autorisa Rochambeau à requérir les milices de l'État de Boston et de Rhode-Island pour aider son armée dans les travaux de la défense de l'île [2]. Ces États

---

1. Le 21 juillet partit un brick pour donner des nouvelles en France.

2. Blanchard, chargé par Rochambeau d'aller demander au comité de Boston le secours des troupes provinciales, partit le 26 juillet et se fit accompagner par un dragon saxon, amené par les Anglais, mais passé au service des Américains. Celui-ci devait lui servir d'interprète, mais ne savait pas le français ; il parlait l'anglais, dont Blanchard savait à peine quelques mots. Ils durent converser *en latin*, et « jamais cette langue ne m'a si bien servi », dit-il.

envoyèrent de 4,000 à 5,000 hommes commandés par le général Heath, qui montrèrent beaucoup d'ardeur et de bonne volonté. Rochambeau n'en garda que 2,000, dont il donna le commandement à La Fayette qui lui avait été envoyé par Washington, et il engagea le général Heath à renvoyer le reste à leurs moissons qui avaient été abandonnées pour venir à son aide.

Rochambeau n'avait du reste pas perdu un instant. Il avait reconnu lui-même les principaux points de défense, fait élever le long de la passe des batteries de gros calibre et de mortiers, et établi des grils pour faire rougir les boulets. Son camp couvrait la ville, coupant l'île en travers, sa gauche à la mer et sa droite s'appuyant au mouillage de l'escadre qui était embossée sous la protection des batteries de terre qu'il avait fait établir sur les points les plus convenables Il fit travailler également à fortifier divers points sur lesquels l'ennemi pouvait débarquer, et ouvrir des routes pour porter la plus grande partie de l'armée au point même du débarquement. Dans cette position, le corps français pouvait toujours se porter par la ligne la plus courte sur le point où l'ennemi aurait voulu débarquer, tandis que, pour varier ses points d'attaque, celui-ci avait de grands cercles à parcourir.

Il envoya aussi sur l'île de Conanicut un corps de 150 hommes tirés du régiment de Saintonge, sous la conduite du lieutenant-colonel de la Valette. Bientôt, ne le trouvant pas en sûreté dans ce poste, il le rappela.

En douze jours, la position de l'armée dans Rhode-Island fut rendue assez respectable, grâce à l'habile direction du chef et à l'ardeur des soldats. Malheureusement un grand tiers de l'armée de terre et de celle de mer était malade du scorbut.

En même temps, Washington passa l'Hudson au-dessus de West-Point avec la meilleure partie de ses troupes et se porta sur *King's Bridge* au nord de l'île, où il fit des démonstrations hostiles. Cette manœuvre retint le général Clinton, qui avait déjà embarqué 8,000 hommes sur les vaisseaux d'Arbuthnot. Il fit débarquer ses troupes et renonça à son projet. L'amiral anglais mit néanmoins à la voile et parut devant Rhode-Island, avec onze vaisseaux de ligne et quelques frégates, douze jours après le débarquement des Français [1].

De Custine et Guillaume de Deux-Ponts en second furent détachés avec les bataillons de grenadiers et de chasseurs de leurs deux brigades, et prirent position au bord de la mer. L'amiral Arbuthnot resta continuellement en vue de la côte jusqu'au 26 juillet; la nuit il mouillait à la pointe *de Judith* et il passait la journée sous voiles, croisant tantôt à une lieue, tantôt à trois ou quatre lieues de la côte. Le 26 au soir, Rochambeau fit rentrer cette troupe au camp et la remplaça par la légion de Lauzun.

La campagne était trop avancée et les forces navales des Français trop inférieures pour que les alliés pussent rien entreprendre d'important. Rochambeau, malgré les instances de La Fayette, à qui l'inaction pesait, ne songea qu'à perfectionner les défenses de Rhode Island par la protection mutuelle des vaisseaux et des batteries de la côte. Les troupes et les équipages avaient, d'autre part, beaucoup souffert des maladies occasionnées par un trop grand encombrement. L'île avait été dévastée par les Anglais et par

---

1. « Le 22 juillet, la brigade retourna à Kingsbridge et les compagnies de flanc marchèrent sur Frog's Neck, vis-à-vis Long-Island; le 25, elles s'embarquèrent sur des transports pour aller à Rhode-Island. Pendant que nous étions à Frog's Neck, les Français arrivèrent à Rhode-Island au nombre d'environ six mille, avec une flotte de sept vaisseaux de ligne et de quelques frégates; et comme nous apprîmes qu'ils avaient beaucoup de malades, et que d'ailleurs nous avions une flotte supérieure, nous partîmes pour les attaquer; nous nous avançâmes jusqu'à la baie de Huntingdon dans Long-Island, et là nous jetâmes l'ancre pour attendre le retour d'un bâtiment que le général avait dépêché à l'amiral qui bloquait la flotte française dans le port de Rhode-Island et se tenait à l'entrée. D'après les avis que le commandant en chef reçut par ce navire, il fit arrêter l'expédition. On rapporta, quelque temps après, que les Français étaient dans une telle consternation d'être bloqués par une flotte supérieure, que si nous les avions attaqués, à notre approche ils auraient fait échouer leurs vaisseaux et auraient jeté leurs canons à la mer. » — *Mathew's Narrative.* — L'auteur de ce récit est feu Georges Mathew. A l'âge de quinze ou seize ans, il entra dans les *Coldstream Guards*, commandés par son oncle le général Edward Mathew, et vint avec ce corps à New-York comme aide de camp de celui-ci. Ce manuscrit, dont j'ai pu prendre une copie, m'a été communiqué par son fils unique, S. Exc. George B. Mathew, aujourd'hui ministre plénipotentiaire de la Grande-Bretagne au Brésil.

le séjour des troupes américaines. Il fallut construire des baraques pour loger les troupes, établir des hôpitaux au fond de la baie dans la petite ville de *Providence*, et s'occuper de monter les hussards de Lauzun, en un mot, pourvoir à tous les besoins de la petite armée pendant le quartier d'hiver. Dumas et Charles de Lameth, aides de camp du général Rochambeau, furent chargés de diverses reconnaissances, et le premier parle dans ses *Mémoires* du bon accueil qu'il reçut à Providence dans la famille du docteur Browne. Le duc de Lauzun fut chargé de commander tout ce qui était sur la passe et à portée des lieux où l'on pouvait débarquer. Pendant ce temps, l'intendant de Tarlé et le commissaire des guerres Blanchard s'occupaient de procurer à l'armée des vivres, du bois, et d'organiser ou d'entretenir les hôpitaux.

Le 9 août, quand La Fayette fut de retour au quartier-général de Washington, placé à Dobb's Ferry, à dix milles au-dessus de King's Bridge, sur la rive droite de la rivière du Nord, il écrivit à MM. de Rochambeau et de Ternay la dépêche la plus pressante, dans laquelle il concluait, au nom du général américain, en proposant aux généraux français de venir sur-le-champ pour tenter l'attaque de New-York. Cette lettre se terminait par une sorte de sommation basée sur la politique du pays et sur la considération que cette campagne était le dernier effort de son patriotisme D'un autre côté, le même courrier apportait une missive de Washington qui ne parlait pas du tout de ce projet, mais qui ne répondait que par une sorte de refus aux instances de Rochambeau pour obtenir une conférence, où « dans une heure de conversation on conviendrait de plus de choses que dans des volumes de correspondance [1]. » Washington disait avec raison qu'il n'osait quitter son armée devant New-York, car elle pourrait être attaquée d'un moment à l'autre, et que, par sa présence, il s'opposait au départ des forces anglaises considérables qui auraient pu être dirigées contre Rhode-Island. Il est certain en effet

---

1. *Mémoires* de Rochambeau.

que s'il ne s'était élevé quelques dissentiments entre le général Clinton et l'amiral Arbuthnot, les Français auraient pu se trouver dès le début dans une position désastreuse. Il résulta des premières lettres échangées à cette occasion entre La Fayette, Rochambeau et Washington un commencement de brouille qui fut vite dissipée grâce à la sagesse de Rochambeau. Il écrivit en anglais au général américain pour lui demander de s'adresser directement à lui désormais et pour lui exposer les raisons qui l'engageaient à différer de prendre l'offensive. Il insistait en même temps pour obtenir une conférence. Depuis ce moment, les rapports entre les deux chefs furent excellents.

La seule présence de l'escadre et de l'armée française, quoiqu'elles fussent paralysées encore et réellement bloquées par l'amiral Arbuthnot, avait opéré une diversion très-utile, puisque les Anglais n'avaient pu profiter de tous les avantages résultant de la prise de Charleston, et qu'au lieu d'opérer dans les Carolines avec des forces prépondérantes, ils avaient été forcés d'en ramener à New-York la majeure partie.

Au commencement de septembre on eut enfin des nouvelles de l'escadre de M de Guichen, qui avait paru sur les côtes sud de l'Amérique. Après avoir livré plusieurs combats dans les Antilles contre les flottes de l'amiral Rodney [1], il se mit à la tête d'un grand convoi pour le ramener en France. Le chevalier de Ternay, se voyant bloqué par des forces supérieures, avait requis de lui quatre vaisseaux de ligne qu'il avait le pouvoir de lui demander pour se renforcer; mais la lettre n'arriva au cap Français qu'après le départ de M. de Guichen. M. de Monteil, qui le remplaçait, ne put pas la déchiffrer. Les nouvelles des États du Sud n'étaient pas bonnes non plus. Lord Cornwallis avait été à Camden au devant du général Gates, qui marchait à lui pour le combattre. Ce dernier fut battu et l'armée américaine fut complétement mise en déroute. De Kalb s'y fit tuer à la tête d'une division qui soutint tous les efforts des

---

1. Voir la *Notice biographique* sur M. de Guichen, et *ante*, p. 80 et 81.

Anglais pendant cette journée [1]. Le général Gates se retira avec les débris de son armée jusqu'à Hill's Borough, dans la Caroline du Nord.

Cependant M. de Rochambeau n'attendait que l'arrivée de sa seconde division et un secours de quelques vaisseaux pour prendre l'offensive. Sur la nouvelle de l'approche de M. de Guichen [2], il obtint enfin du général Washington une entrevue depuis longtemps désirée. Elle fut fixée au 20 septembre.

Rochambeau partit le 17 pour s'y rendre en voiture avec l'amiral Ternay, qui était fortement tourmenté de la goutte. La nuit, aux environs de Windham, la voiture vint à casser, et le général dut envoyer son premier aide de camp, de Fersen, jusqu'à un mille du lieu de l'accident, pour chercher un charron. Fersen revint dire qu'il avait trouvé un homme malade de la fièvre quarte qui lui avait répondu que, lui remplît-on son chapeau de guinées, on ne le ferait point travailler la nuit. Force fut donc à Rochambeau et de Ternay d'aller ensemble solliciter ce charron; ils lui dirent que le général Washington arrivait le soir à Hartford pour conférer avec eux le lendemain et que la conférence manquerait s'il ne raccommodait pas la voiture. « Vous n'êtes pas des menteurs, leur dit-il; j'ai lu dans le *Journal de Connecticut* que Washington doit y arriver ce soir pour conférer avec vous; je vois que c'est le service public; vous aurez votre voiture prête à six heures du matin. » Il tint parole et les deux officiers généraux purent partir à l'heure dite. Au retour, et vers le même endroit,

---

1. Le général Gates écrivit après sa défaite, je pourrais dire sa fuite, une curieuse lettre que j'ai insérée dans les *Maryland Papers*. V. *Notice biog.* de KALB.

2. L'*Alliance*, qui lui apporta cette nouvelle inexacte, arriva à Boston le 20 août 1780. Elle était partie de Lorient le 9 juillet. Elle portait de la poudre et d'autres munitions pour l'armée; mais son capitaine, Landais, étant devenu fou pendant la traversée (voir *Mém.* de Pontgibaud), on avait dû l'enfermer dans sa chambre et donner le commandement au second. Il y avait à bord M. de Pontgibaud, aide de camp de La Fayette, M. Gau. commandant d'artillerie (Blanchard), et le commissaire américain Lee. Cette frégate repartit dans les premiers jours de février 1781, avec M. Laurens qui se rendait à la Cour de Versailles. Voir aussi *Naval History of the United States*, par Cooper.

une roue vint encore à casser dans les mêmes circonstances. Le charron, mandé de nouveau, leur dit : « Eh bien! vous voulez encore me faire travailler la nuit? — Hélas oui, dit Rochambeau; l'amiral Rodney est arrivé pour tripler la force maritime qui est contre nous et il est très-pressé que nous soyons à Rhode-Island pour nous opposer à ses entreprises. — Mais qu'allez-vous faire contre vingt vaisseaux anglais, avec vos six vaisseaux, repartit-il? — Ce sera le plus beau jour de notre vie s'ils s'avisent de vouloir nous forcer dans notre rade. — Allons, dit-il, vous êtes de braves gens ; vous aurez votre voiture à cinq heures du matin. Mais avant de me mettre à l'ouvrage, dites-moi, sans vouloir savoir vos secrets, avez-vous été contents de Washington et l'a-t-il été de vous? »

Nous l'en assurâmes, son patriotisme fut satisfait et il tint encore parole. « Tous les cultivateurs de l'intérieur, dit M. de Rochambeau, qui raconte cette anecdocte dans ses *mémoires, et presque tous les propriétaires du Connecticut* ont cet esprit public qui les anime et qui pourrait servir de modèle à bien d'autres. »

Après la défaite de Gates, Green alla commander en Caroline. Arnold fut placé à West-Point. L'armée principale, sous les ordres immédiats de Washington, avait pour avant-garde l'infanterie légère de La Fayette à laquelle était joint le corps du colonel de partisans Henry Lee. Le corps de La Fayette consistait en six bataillons composés chacun de six compagnies d'hommes choisis dans les différentes lignes de l'armée. Ces bataillons étaient groupés en deux brigades, l'une sous les ordres du général Hand et l'autre du général Poor. Le 14 août, La Fayette, qui ne cherchait qu'une occasion de combattre, avait demandé par écrit au général Washington l'autorisation de tenter une surprise nocturne sur deux camps de Hessois établis à Staten-Island ; mais son projet ne put s'accomplir par la faute de l'administration de la guerre.

West-Point, fort situé sur une langue de terre qui s'avance dans l'Hudson et qui en domine le cours, est dans une position tellement importante qu'on l'avait appelée le

Gibraltar de l'Amérique. La conservation de ce poste, où commandait le général Arnold, était d'une importance capitale pour les États-Unis. Le général Washington, qui se rendait avec La Fayette et le général Knox à l'entrevue d'Hartford, passa l'Hudson le 18 septembre et vit Arnold, qui lui montra une lettre du colonel Robinson, embarqué sur le sloop anglais le *Vautour*, prétendant que cet officier lui donnait un rendez-vous pour l'entretenir de quelque affaire privée ; Washington lui dit de refuser ce rendez-vous, ce à quoi Arnold parut consentir.

L'entrevue d'Hartford eut lieu le 20 septembre 1780 entre Washington, La Fayette, le général Knox d'une part, Rochambeau, de Ternay et de Chastellux de l'autre. Rochambeau avait avec lui comme aides de camp MM. de Fersen, de Damas et Dumas. On y régla toutes les bases des opérations dans la supposition de l'arrivée de la seconde division française ou d'une augmentation de forces navales amenées ou envoyées par M. de Guichen. On y décida aussi d'envoyer en France un officier français pour solliciter de nouveaux secours et hâter l'envoi de ceux qui avaient été promis. On pensa d'abord à charger de cette ambassade de Lauzun, que sa liaison avec le ministre, de Maurepas, rendait plus propre à obtenir un bon résultat. Rochambeau proposa son fils, le vicomte de Rochambeau, colonel du régiment d'Auvergne, qui avait été détaché dans l'état-major de son père [1].

Les espérances qu'on avait conçues de pouvoir prendre l'offensive s'évanouirent par la nouvelle que reçurent les généraux de l'arrivée à New-York de la flotte de l'amiral Rodney, qui triplait les forces des Anglais. Le baron de Vioménil, qui commandait en l'absence de Rochambeau, prit toutes les dispositions nécessaires pour assurer le mouillage de l'escadre contre ce nouveau danger ; mais il

---

[1]. Le vicomte de Rochambeau est désigné par Blanchard, ainsi qu'on l'a pu voir dans la composition des cadres du corps expéditionnaire que j'ai donnée plus haut, comme colonel du régiment de Bourbonnais. Très peu de *Mémoires* du temps disent, avec les *Archives* du ministère de la guerre de France, qu'il était attaché à l'état-major de son père.

envoya courrier sur courrier à son général en chef pour le faire revenir.

Arnold, depuis dix-huit mois, avait établi des relations secrètes avec sir Henry Clinton, pour lui livrer West-Point, et le général anglais avait confié tout le soin de la négociation à un de ses aides de camp, le major André. Celui-ci manqua une première entrevue avec Arnold, le 11 septembre, à Dobb's Ferry. Une seconde fut projetée à bord du sloop de guerre le *Vautour*, que Clinton envoya à cet effet, le 16, à Teller's-Point, environ à 15 ou 16 milles au-dessous de West-Point. La défense de Washington l'ayant empêché de se rendre à bord du *Vautour*, Arnold se ménagea une entrevue secrète avec le major André. Celui-ci quitta New-York, vint à bord du sloop et, de là, avec un faux passeport, à Long-Clove, où il vit Arnold le 21 au soir. Ils se séparèrent le lendemain.

Mais les miliciens faisaient une garde d'autant plus sévère qu'ils voulaient assurer le retour de Washington. Trois d'entre eux eurent des soupçons sur l'identité d'André, qui, après son entrevue, s'en retournait à New-York déguisé en paysan : il fut arrêté à Tarrytown ; on trouva dans ses souliers tout le plan de la conjuration. Il offrit une bourse aux miliciens pour le laisser fuir. Ceux-ci refusèrent et le conduisirent à North-Castle, où commandait le lieutenant-colonel Jameson. Cet officier rendit compte de sa capture le 23 à son supérieur, le général Arnold, qu'il ne soupçonnait pas être du complot. Arnold reçut la lettre le 25, pendant qu'il attendait chez lui, avec Hamilton et Mac Henry, aides de camp de Washington et de La Fayette, l'arrivée du général en chef. Il sortit aussitôt, monta sur un cheval de son aide de camp et chargea celui-ci de dire au général qu'il allait l'attendre à West-Point ; mais il gagna le bord de la rivière, prit son canot et se fit conduire à bord du *Vautour*.

Washington arriva d'Hartford quelques instants après le départ d'Arnold. Ce ne fut que quatre heures plus tard qu'il reçut les dépêches qui lui révélèrent le complot.

Le major André, l'un des meilleurs officiers de l'armée

anglaise et des plus intéressants par son caractère et sa jeunesse, fut jugé et puni comme espion. Il fut pendu le 2 octobre. Sa mort, dure nécessité de la guerre, excita les regrets de ses juges eux-mêmes[1].

Malgré la supériorité des forces que l'escadre de Rodney donnait aux Anglais, soit que Rhode-Island fût très-bien fortifiée, soit que la saison fût trop avancée, ils ne formèrent aucune entreprise contre les Français. Leur inaction permit au comte de Rochambeau de s'occuper de l'établissement de ses troupes pendant l'hiver, ce qui n'était pas sans difficulté, vu la disette de bois et l'absence de logements.

Les Anglais avaient tout consumé et tout détruit pendant leurs trois ans de séjour dans l'île. Le comte de Rochambeau, dans cette dure situation, proposa à l'état de Rhode-Island de réparer, aux frais de son armée, toutes les maisons que les Anglais avaient détruites, à la condition que les soldats les occuperaient pendant l'hiver et que chacun des habitants logerait un officier, ce qui fut exécuté. De cette manière on ne dépensa que vingt mille écus pour réparer des maisons qui restèrent plus tard comme une marque de la générosité de la France envers ses alliés. Un camp baraqué, par la nécessité de tirer le bois du continent, eût coûté

---

[1]. « En septembre eut lieu le supplice du major André. Son plan, s'il n'avait pas été découvert, était qu'à un jour convenu entre lui et le général Arnold, sir Henry Clinton viendrait mettre le siége devant le fort *Défiance*; ce fort est reconnu comme presque imprenable. Son enceinte comprend sept acres de terre; elle est défendue par cent vingt pièces de canon et fortifiée de redoutes. Il est bâti à environ huit milles en remontant sur le bord de la rivière du Nord. Le général Arnold aurait immédiatement envoyé à Washington pour demander du secours et aurait rendu la place avant que ce secours pût arriver. Sir Henry Clinton aurait ensuite pris ses dispositions pour surprendre le renfort que le général Washington aurait probablement voulu conduire lui-même.

« Le succès de ce plan aurait mis fin à la guerre. Quand le général Arnold fut parvenu à s'échapper, dès son arrivée à New-York, il fut nommé brigadier général par sir Henry. Mais si son projet eût réussi, il n'y aurait pas eu de rang qui aurait pu payer un aussi important service. »

(*Mathew's Narrative*. Voir plus haut, page 103, note.)

Je reviendrai, dans l'*Appendice*, sur cette affaire de la trahison d'Arnold et du supplice du major André qui soulève, même aujourd'hui, des discussions relatives aux droits des gens.

On trouvera aussi, à la même place, une complainte qui eut un instant la vogue à Paris et à Versailles.

plus de cent mille écus, et c'est à peine si les chaloupes suffisaient à l'approvisionnement du bois de chauffage.

Le 30 septembre, arriva la frégate *la Gentille* venant de France par le Cap. Elle portait M. de Choisy, brigadier, qui avait demandé à servir en Amérique, M. de Thuillières, officier de Deux-Ponts, et huit autres officiers, parmi lesquels se trouvaient les frères Berthier, qui furent adjoints à l'état-major de Rochambeau.

Il vint à cette époque, au camp français, différentes députations de sauvages. Les chefs témoignaient surtout leur étonnement de voir les pommiers chargés de fruits au-dessus des tentes que les soldats occupaient depuis trois mois. Ce fait prouve à quel point était poussée la discipline dans l'armée et montre avec quelle scrupuleuse attention on respectait la propriété des Américains. Un des chefs sauvages dit un jour à Rochambeau dans une audience publique « Mon père, il est bien étonnant que le roi de France notre père envoie ses troupes pour protéger les Américains dans une insurrection contre le roi d'Angleterre leur père. — Votre père le roi de France, répondit Rochambeau, protége la liberté naturelle que Dieu a donnée à l'homme. Les Américains ont été surchargés de fardeaux qu'ils n'étaient plus en état de porter. Il a trouvé leurs plaintes justes : nous serons partout les amis de leurs amis et les ennemis de leurs ennemis. Mais je ne peux que vous exhorter à garder la neutralité la plus exacte dans toutes ces querelles.[1] »

Cette réponse était conforme à la vérité en même temps qu'à la politique de la France. Si elle ne satisfit pas complétement les Indiens, de bons traitements et de beaux présents furent plus persuasifs, car ils gardèrent la neutralité pendant les trois campagnes de l'armée française en Amérique.

---

[1]. La visite des Sauvages à M. de Rochambeau doit être reportée au 29 août 1780, à Newport (Blanchard). On leur fit quelques cadeaux de couvertures qu'on avait prises à cette intention de France. Ils repartirent le 2 septembre.

XII

L'escadre anglaise bloquait toujours New-port. Pourtant il devenait urgent de faire partir la frégate l'*Amazone*, commandée par La Pérouse, qui devait porter en France le vicomte de Rochambeau avec des dépêches exposant aux ministres la situation critique des armées française et américaine. Il devait surtout hâter l'envoi de l'argent promis, car le prêt des soldats n'était assuré, par des emprunts onéreux, que jusqu'au 1er janvier, et l'on allait se trouver sans ressources. Le jeune Rochambeau avait appris par cœur les dépêches dont il était chargé pour pouvoir les dire verbalement aux ministres, après avoir détruit ses papiers, dans le cas où il serait pris et où il aurait été renvoyé sur parole. La Pérouse fut chargé des dépêches de l'amiral Ternay.

Le 27 octobre, douze vaisseaux anglais parurent en vue de la ville; mais le lendemain un coup de vent les dispersa et La Pérouse profita habilement du moment où ils ne pouvaient pas se réunir pour faire sortir l'*Amazone* avec deux autres frégates, la *Surveillante* et l'*Hermione*, qui portaient un chargement de bois de construction à destination de Boston. Ces navires furent vivement chassés par les croiseurs anglais; l'*Amazone* eut deux mâts abattus; mais elle était déjà hors de la portée des vaisseaux ennemis, qui s'arrêtèrent dans leur poursuite.

L'amiral Rodney repartit pour les îles dans le courant de novembre. Il laissait une escadre de douze vaisseaux de ligne à l'amiral Arbuthnot, qui établit son mouillage pour tout l'hiver dans la baie de Gardner, à la pointe de Long-Island, afin de ne pas perdre de vue l'escadre française. En même temps, avec des vaisseaux de cinquante canons et des frégates, il établissait des croisières à l'entrée des autres ports de l'Amérique. La concentration des forces anglaises devant Rhode-Island avait été très-favorable au commerce de Philadelphie et de Boston ; les corsaires américains firent même beaucoup de prises sur les Anglais.

Vers cette époque, le général Green, qui avait pris le commandement de l'armée du Sud après la défaite du général Gates, demanda du secours et surtout de la cavalerie qu'on pût opposer au corps du colonel Tarleton, à qui rien ne résistait. Il disait que sans cavalerie il ne répondait pas que les provinces du Sud ne se soumissent au roi d'Angleterre. Le duc de Lauzun, apprenant que La Fayette allait partir pour ces provinces et sûr de l'agrément de Washington, n'hésita pas à demander à être employé dans cette expédition et à servir aux ordres de La Fayette « quoique j'eusse, dit-il dans ses Mémoires, fait la guerre comme colonel longtemps avant qu'il ne sortît du collége. » — Rochambeau lui refusa cette autorisation, et la démarche de Lauzun fut fort blâmée dans l'armée, surtout par le marquis de Laval, colonel de Bourbonnais. Par un ridicule point d'honneur dont nous avons déjà parlé et qui pouvait avoir de funestes conséquences pour la discipline et pour le salut général, les officiers du corps expéditionnaire s'étaient promis de ne pas servir aux ordres de La Fayette et avaient même sollicité de M. de Rochambeau de ne pas les employer sous lui[1].

Rochambeau fit rentrer l'armée dans ses quartiers d'hiver, à Newport, dès les premiers jours de novembre. La légion de Lauzun fut obligée, faute de subsistances, de se séparer de sa cavalerie, qui fut envoyée avec des chevaux d'artillerie et des vivres dans les forêts du Connecticut à quatre-vingts milles de Newport. L'État de cette province avait fait construire des barraques à Lebanon pour loger ses milices C'est là que le duc de Lauzun dut établir ses quartiers d'hiver. Il partit le 10 novembre, non sans regret de quitter Newport et en particulier la famille Hunter au mi-

---

1. Ce sentiment de jalousie contre les succès et la gloire de La Fayette aurait pu être funeste aux armées alliées si ce jeune général n'avait fait tous ses efforts pour éviter d'éveiller sur ce point les susceptibilités de ses compatriotes. Mais la France ne fut pas toujours aussi heureuse, et trop souvent des rivalités entre les chefs de ses divers corps d'armée lui ont causé d'irréparables désastres.

lieu de laquelle il avait été reçu et traité comme un parent, et dont les vertus firent taire, par exception, ses instincts frivoles et sa légèreté galante. Le 15, il s'arrêtait à Windham avec ses hussards Dumas lui avait été attaché, et il fut rejoint par de Chastellux. Le 16, vers quatre heures du soir, ils arrivèrent ensemble au ferry de Hartford où ils furent reçus par le colonel Wadsworth. « MM. Linch et de Montesquieu y trouvèrent aussi de bons logements », dit Chastellux[1].

La Sibérie seule, à en croire Lauzun, peut être comparée à Lebanon, qui n'était composé que de quelques cabanes dispersées dans d'immenses forêts. Il dut y rester jusqu'au 11 janvier 1781.

Le 5 janvier, Lauzun reçut de nouveau la visite de Chastellux, qui dit à ce propos : « J'arrivai à Lebanon au coucher du soleil; ce n'est pas à dire pour cela que je fusse rendu à Lebanon *meeting-house* où les hussards de Lauzun ont leur quartier : il me fallut faire encore plus de six milles, voyageant toujours dans Lebanon. Qui ne croirait après cela que je parle d'une ville immense ? Celle-ci est, à la vérité, l'une des plus considérables du pays, car elle a bien *cent maisons* : il est inutile de dire que ces maisons sont très-éparses et distantes l'une de l'autre souvent de plus de 400 ou 500 pas.... M. de Lauzun me donna le plaisir d'une chasse à l'écureuil...., et au retour je dînai chez lui avec le gouverneur Trumbull et le général Hutington. »

Pendant ce temps, le comte de Rochambeau allait reconnaître des quartiers d'hiver dans le Connecticut, parce qu'il comptait toujours sur l'arrivée de la seconde division de son armée et qu'il ne voulait pas être pris au dépourvu. Il avait laissé à Newport le chevalier de Ternay, malade d'une fièvre qui ne paraissait pas inquiétante; mais il était à peine arrivé à Boston, le 15 décembre, que son second, le baron de Vioménil, lui envoya un courrier pour lui apprendre la mort de l'amiral. Le chevalier Destouches, qui était le plus ancien capitaine de vaisseau, prit alors le com-

---

1. C'étaient les deux aides de camp de M. le baron de Vioménil.

mandement de l'escadre et se conduisit d'après les mêmes instructions.

Le 11 janvier, le général Knox, commandant l'artillerie américaine, vint de la part du général Washington informer Lauzun que les brigades de Pensylvanie et de New-Jersey, lasses de servir sans solde, s'étaient révoltées, avaient tué leurs officiers et s'étaient choisi des chefs parmi elles; que l'on craignait également ou qu'elles marchassent sur Philadelphie pour se faire payer de force, ou qu'elles joignissent l'armée anglaise qui n'était pas éloignée. Cette dernière crainte était exagérée, car un émissaire de Clinton étant venu proposer aux révoltés de leur payer l'arriéré de leur solde à la condition qu'ils se rangeraient sous ses ordres : « Il nous prend pour des traîtres, dit un sergent des miliciens, mais nous sommes de braves soldats qui ne demandons que justice à nos compatriotes; nous ne trahirons jamais leurs intérêts. » Et les envoyés du général anglais furent traités en espions.

Lauzun se rendit aussitôt à Newport pour avertir le général en chef de ce qui se passait. Rochambeau en fut aussi embarrassé qu'affligé. Il n'avait en effet aucun moyen d'aider le général Washington, puisqu'il manquait d'argent lui-même, et *il n'avait pas reçu une lettre d'Europe depuis son arrivée en Amérique*[1]. On apprit plus tard que le Congrès avait apaisé la révolte des Pensylvaniens en leur donnant un faible à-compte, mais que, comme la mutinerie s'était propagée dans la milice de Jersey et qu'elle menaçait de gagner toute l'armée, qui avait les mêmes raisons de se plaindre, Washington dut prendre contre les nouveaux révoltés des mesures sévères qui firent tout rentrer dans l'ordre.

Rochambeau envoya néanmoins Lauzun auprès de Washington, qui avait son quartier général à New-Windsor,

---

1. Ce sont là les propres paroles de Rochambeau que rapporte Lauzun dans ses *Mémoires*. Cela contredit ce passage des *Mém.* de Rochambeau, où il dit (page 259) qu'il reçut les premières lettres par le navire qui amena M. de Choisy. Soulès (page 365, tome III) dit que ces premières lettres arrivèrent avec La Pérouse, fin février 1781.

sur la rivière du Nord. La manière dont le général américain reçut Lauzun flatta beaucoup celui-ci, qui certes ne manquait pas de bravoure, mais qui avait aussi une certaine dose de vanité, comme on le voit d'après ses mémoires. Le général Washington lui dit qu'il comptait aller prochainement à Newport voir l'armée française et M. de Rochambeau. Il lui confia qu'Arnold s'était embarqué à New-York avec 1,500 hommes pour aller à Portsmouth, en Virginie, faire dans la baie de Chesapeak des incursions et des déprédations contre lesquelles il ne pouvait trouver d'opposition que de la part des milices du pays; qu'il allait faire marcher La Fayette par terre avec toute l'infanterie légère de son armée pour surprendre Arnold. Il demandait aussi que l'escadre française allât mouiller dans la baie de Chesapeak et y débarquât un détachement de l'armée pour couper toute retraite à Arnold.

Lauzun resta deux jours au quartier général américain et faillit se noyer en repassant la rivière du Nord. Elle charriait beaucoup de glaces que la marée entraînait avec une telle rapidité qu'il fut impossible à son bateau de gouverner. Il se mit en travers et se remplit d'eau. Il allait être submergé, lorsqu'un grand bloc de glace passa auprès. Lauzun sauta dessus et mit trois heures à gagner la rive opposée en sautant de glaçon en glaçon, au risque de périr à chaque instant.

L'aide de camp Dumas, qui accompagnait Lauzun dans ce voyage, nous donne d'intéressants détails sur son séjour auprès du général. Après avoir raconté la façon simple et cordiale dont il fut reçu à New-Windsor, il dit : « Je fus surtout frappé et touché des témoignages d'affection du général pour son élève, son fils adoptif, le marquis de La Fayette. Assis vis-à-vis de lui, il le considérait avec complaisance et l'écoutait avec un visible intérêt. Le colonel Hamilton, aide de camp de Washington, raconta la manière dont le général avait reçu une dépêche de sir Clinton qui était adressée à *monsieur* Washington. « Cette lettre, dit-il,
« est adressée à un planteur de l'État de Virginie ; je la lui
« ferai remettre chez lui après la fin de la guerre ; jusque-là

« elle ne sera point ouverte. » Une seconde dépêche fut alors adressée à *Son Excellence le général* Washington.

« Le lendemain, le général Washington devait se rendre à West-Point. Dumas et le comte de Charlus l'y accompagnèrent. Après avoir visité les forts, les blockhaus et les batteries établis pour barrer le cours du fleuve, comme le jour baissait et que l'on se disposait à monter à cheval, le général s'aperçut que La Fayette, à cause de son ancienne blessure, était très-fatigué : « Il vaut mieux, dit-il, « que nous retournions en bateau ; la marée nous secondera « pour remonter le courant. » Un canot fut promptement armé de bons rameurs et on s'embarqua. Le froid était excessif. Les glaçons au milieu desquels le bateau était obligé de naviguer le faisaient constamment vaciller. Le danger devint plus grand quand une neige épaisse vint augmenter l'obscurité de la nuit. Le général Washington, voyant que le patron du canot était fort effrayé, dit en prenant le gouvernail : « Allons, mes enfants, du courage ; c'est moi qui « vais vous conduire, puisque c'est mon devoir de tenir le gouvernail. » Et l'on se tira heureusement d'affaire [1]. »

La mauvaise situation des armées alliées engagea le Congrès à envoyer en France le colonel Laurens, aide de camp du général Washington. Il avait ordre de représenter de nouveau à la cour de Versailles l'état de détresse dans lequel était sa patrie.

Cependant, les frégates l'*Hermione* et la *Surveillante*, qui avaient accompagné l'*Amazone* le 28 octobre pour se rendre à Boston, rentrèrent à Newport le 26 janvier. Elles ramenaient la gabarre l'*Ile-de-France*. L'*Éveillé*, l'*Ardent* et la *Gentille* étaient allés au-devant. Elles furent retardées par le mauvais temps. Mais les mêmes coups de vent qui les avaient arrêtées furent encore plus funestes aux Anglais. Ceux-ci avaient fait sortir de la baie de Gardner quatre

---

1. A la même époque, vinrent au quartier général américain MM. de Damas, de Deux-Ponts, de Laval et Custine.
Le 28 janvier 1781, le général Knox vint passer deux jours à Newport et visiter l'armée française. Le général Lincoln et le fils du colonel Laurens vinrent à la même époque (*Blanchard*). Celui-ci devait partir peu de jours après pour la France sur l'*Alliance*.

vaisseaux de ligne pour intercepter l'escadre française ; l'un d'eux, le *Culloden*, de 74 canons, fut brisé sur la côte et les deux autres démâtés[1]. Pour répondre aux instantes demandes de l'État de Virginie qui ne pouvait résister aux incursions du traître Arnold, le capitaine Destouches prépara alors une petite escadre composée d'un vaisseau de ligne, l'*Éveillé*, de deux frégates, la *Surveillante*, la *Gentille*, et du cutter la *Guêpe*. Elle était destinée à aller dans la baie de Chesapeak, où Arnold ne pouvait disposer que de deux vaisseaux, le *Charon* de 50 canons et le *Romulus* de 44, et de quelques bateaux de transport. Cette petite expédition, dont M. de Tilly eut le commandement, fut préparée dans le plus grand secret. Elle parvint heureusement dans la baie de Chesapeak, s'empara du *Romulus*, de trois corsaires et de six bricks. Le reste des forces ennemies remonta la rivière l'*Élisabeth* jusqu'à Portsmouth. Les vaisseaux français n'ayant pu les y suivre à cause de leur trop fort tirant d'eau, M. de Tilly revint avec ses prises à Newport, mais il avait été séparé du cutter la *Guêpe*, commandant, M. de Maulevrier. On apprit plus tard qu'il avait échoué sur le cap Charles et que l'équipage avait pu se sauver.

Ce n'était que le prélude d'une plus importante expédition dont le général Washington avait parlé à Lauzun et dont celui-ci voulait faire partie. Il avait été convenu entre les généraux des deux armées que, pendant que La Fayette irait assiéger Arnold dans Portsmouth, une flotte française portant un millier d'hommes viendrait l'attaquer par mer. Rochambeau fit embarquer, en effet, sur les vaisseaux de Destouches 1200 hommes tirés du régiment de Bourbonnais, sous la conduite du colonel de Laval et du major Gambs ; et de celui de Soissonnais, sous les ordres de son colonel en second, le vicomte de Noailles, et du lieutenant-colonel Anselme de la Gardette.

Telle était l'organisation de cette expédition :

M. le baron de Vioménil, commandant en chef ;

---

1. L'un de ceux-ci était le *London*, de 90 canons ; l'autre, le *Bedford*, de 74.

M. le marquis de Laval et le vicomte de Noailles, commandant les grenadiers et les chasseurs; M. Collot, aide-maréchal-des-logis; M. de Ménonville, aide-major-général; M. Blanchard, commissaire principal des vivres.

Pour remplacer les troupes parties[1], on fit avancer dix-sept cents hommes des milices du pays sous les ordres du général Lincoln, ancien défenseur de Charleston.

Ces choix furent vivement critiqués par les principaux officiers. Lauzun, par exemple, en voulut au général en chef de ne pas l'avoir engagé dans cette expédition, et de Laval se plaignit de ne pas en avoir le commandement en chef. Singulière organisation militaire que celle où les officiers discutent les actes et les ordres de leurs chefs et témoignent tout haut leur mécontentement! Singulière discipline que celle qui admet qu'en temps de guerre les officiers généraux et les aides de camp n'en agissent qu'à leur guise[2]. Le choix que fit Rochambeau me semble pourtant avoir été des plus judicieux. Lauzun avait à veiller sur la cavalerie campée à vingt-cinq lieues de Newport. Il ne pouvait être remplacé dans le commandement de cette arme spéciale. En outre, il rendait sur le continent de réels services, que son général se plaisait d'ailleurs à reconnaître, par la connaissance qu'il avait de la langue anglaise et par les bonnes relations que son caractère affable lui permettait d'entretenir. Le marquis de Laval, qui s'était promis de ne pas servir sous les ordres de La Fayette ne pouvait pas utilement être employé en qualité de commandant d'une expédition où la bonne entente avec ce général était une condition essentielle du succès. Enfin l'entreprise était très-importante, et Rochambeau crut qu'il ne pouvait pas moins faire que d'en donner la direc-

---

1. *Mercure de France*, mai 1781, p. 32.

2. M. de Charlus était à ce moment à Philadelphie. M. de Chastellux se fit plus connaître par ses excursions que par ses combats pendant la campagne. MM. de Laval et de Lauzun quittent à tous propos et sans nécessité leurs soldats. Plus tard, nous verrons aussi que c'est à la *complaisance* de M. de Barras que l'on dut de le voir servir sous les ordres de son chef, M. de Grasse, qu'il trouvait trop nouveau en grade.

tion à son second, le baron de Vioménil, dans un moment surtout où il devait rester lui-même au camp.

Il y avait sur les vaisseaux un nombre de mortiers et de pièces d'artillerie suffisant pour soutenir un siége dans le cas où l'expédition réussirait; mais, bien que l'armée de terre fournit en vivres et en argent tout ce qui lui restait, les préparatifs du départ furent longs et l'escadre anglaise eut le temps de réparer les avaries produites à ses vaisseaux par le coup de vent de la fin de février. Dumas fut chargé d'aller à New-London, petit port sur la côte de Connecticut, en face de la pointe de Long-Island et du mouillage de l'escadre anglaise, pour l'observer de plus près pendant que celle de Destouches se disposait à sortir. Il put remarquer qu'elle était dans la plus parfaite sécurité. Aussi, Destouches profita-t-il d'un vent Nord-Est qui s'éleva le 8 mars, pour mettre à la voile. Il était monté sur le *Duc de Bourgogne* et emmenait les vaisseaux : le *Conquérant*, commandé par de la Grandière; le *Jason*, commandé par La Clochetterie; l'*Ardent*, capitaine de Marigny; le *Romulus* récemment pris, par de Tilly. En outre, le *Neptune*, l'*Éveillé*, la *Provence*, avec les frégates la *Surveillante*, l'*Hermione* et le *Fantasque*, armé en flûte.

Il y avait à bord quatre compagnies de grenadiers et de chasseurs, un détachement de 164 hommes de chacun des régiments, et cent hommes d'artillerie, ensemble 1,156 hommes.

Une mer orageuse et inégale força le chef de l'escadre française à se porter au large pour se rapprocher ensuite de la côte aussitôt qu'il fut à la latitude de la Virginie. Un instant ses vaisseaux furent dispersés; mais il put les rallier à l'entrée de la baie de Chesapeak. En même temps il découvrit l'escadre anglaise, qui sous les ordres de l'amiral Graves était partie de son mouillage vingt-quatre heures après lui, mais qui en suivant une voie plus directe était arrivée deux jours avant. L'amiral anglais était monté sur le *London*, vaisseau à trois ponts, plus fort qu'aucun des vaisseaux français. Les autres vaisseaux anglais étaient égaux par le nombre et l'armement à ceux de l'escadre française.

C'était le 16 mars. Destouches comprit que son expédition était manquée. Il ne crut pas toutefois pouvoir se dispenser de livrer un combat qui fut très-vif et dans lequel se distinguèrent surtout le *Conquérant*, le *Jason* et l'*Ardent*. Le premier perdit son gouvernail. Presque tout son équipage fut mis hors de combat; de Laval lui-même y fut blessé [1]. L'escadre anglaise était encore plus maltraitée; mais elle garda la baie, et quelques jours plus tard le général Philips, parti de New-York avec deux mille hommes, put rejoindre Arnold et lui assurer en Virginie une supériorité incontestable.

Le capitaine Destouches rentra à Newport le 18, après sa glorieuse mais inutile tentative.

D'un autre côté, La Fayette avait reçu, le 20 février, de Washington, l'ordre de prendre le commandement d'un détachement réuni à Peakskill pour agir conjointement avec la milice et les bâtiments de M. Destouches contre Arnold, qui était à Portsmouth; La Fayette partit en effet avec ses douze cents hommes d'infanterie légère. Le 23 février, il était à Pompton et simula une attaque contre Staten-Island; puis il marcha rapidement sur Philadelphie, y arriva le 2 mars, se rendit le 3 à Head-of-Elk, où il s'embarqua sur de petits bateaux et arriva heureusement à Annapolis. Il partit de là dans un canot avec quelques officiers, et, malgré les frégates anglaises qui étaient dans la baie, il parvint à Williamsbourg pour y rassembler les mi-

---

[1]. Le *Conquérant* eut à tenir tête, dans l'affaire du 16 mars, à trois vaisseaux ennemis. Il eut trois officiers tués, entre autres M. de Kergis, jeune homme de la plus belle espérance et de la plus brillante valeur. Cent matelots ou soldats de son bord furent touchés, parmi lesquels il y en eut 40 de tués et 40 autres environ qui moururent de leurs blessures. C'est sur le pont que se fit le plus grand carnage. Le maître d'équipage, le capitaine d'armes et sept timoniers furent au nombre des morts... (*Journal de Blanchard*.)

« Le *Duc de Bourgogne*, à bord duquel j'étais, ajoute Blanchard, n'eut que quatre hommes tués et huit blessés. Un officier auxiliaire reçut aussi une contusion à côté de moi. Je restai tout le temps du combat sur le gaillard d'arrière, à portée du capitaine et de M. de Vioménil. J'y montrai du sang-froid; je me rappelle qu'au milieu du feu le plus vif, M. de Ménonville ayant ouvert sa tabatière, je lui en demandai une prise et nous échangeâmes à ce sujet une plaisanterie. Je reçus de M. de Vioménil un témoignage de satisfaction qui me fit plaisir. »

lices. Il avait déjà bloqué Portsmouth et repoussé les piquets ennemis, lorsque l'issue du combat naval du 16 mars laissa les Anglais maîtres de la baie. Il ne restait plus à La Fayette qu'à retourner à Annapolis, d'où, par une marche hardie, il ramena son détachement à Head-of-Elk en passant à travers les petits bâtiments de guerre anglais. Là il reçut un courrier du général Washington qui lui confiait la difficile mission de défendre la Virginie [1].

XII

Pendant que ces faits se passaient en Amérique, l'*Amazone*, partie le 28 octobre sous les ordres de La Pérouse, avec le vicomte de Rochambeau et les dépêches du chevalier de Ternay, vint débarquer à Brest. La situation était un peu changée. M. de Castries avait remplacé M. de Sartines au ministère de la marine ; M. de Monbarrey, à la

1. Le 6 mars, le général Washington vint à Newport visiter l'armée française. Il fut reçu avec tous les honneurs dus à un maréchal de France. Il passa l'armée en revue, assista au départ de l'escadre de M. Destouches et repartit le 13 pour son quartier général.
« Cette entrevue des généraux, dit Dumas, fut pour nous une véritable fête ; nous étions impatients de voir le héros de la liberté. Son noble accueil, la simplicité de ses manières, sa douce gravité, surpassèrent notre attente et lui gagnèrent tous les cœurs français. Lorsque, après avoir conféré avec M. de Rochambeau, il nous quitta pour retourner à son quartier général, près de West-Point, je reçus l'agréable mission de l'accompagner à Providence. Nous arrivâmes de nuit à cette petite ville ; toute la population était accourue au delà du faubourg ; une foule d'enfants portant des torches et répétant les acclamations des citoyens nous entouraient ; ils voulaient tous toucher celui qu'à grands cris ils appelaient leur père, et se pressaient au-devant de nos pas au point de nous empêcher de marcher. Le général Washington attendri s'arrêta quelques instants et, me serrant la main, il me dit : « Nous pourrons être battus par les Anglais, c'est le sort des armes ; mais voilà l'armée qu'ils ne vaincront jamais. »
M. George W. P. Custis, petit-fils de Mme Washington, a publié (*Frederick Md. Examiner*, 18 août 1857) une lettre dans laquelle il soutient que Washington reçut effectivement du gouvernement français le titre de maréchal de France, et il appuie son assertion en citant la dédicace manuscrite d'une gravure offerte par le comte Buchan au « maréchal-général Washington ». Mais les instructions données par la cour de Versailles à Rochambeau (Sparks, 1835, VII, 493) étaient assez précises pour éviter tout conflit d'autorité ou de préséance entre le généralissime américain et les officiers supérieurs français : elles rendaient inutile la nomination de Washington à un grade dont le titre associé à son nom fait le plus singulier effet. (Voir aussi *Maryland Letters*, p. 114.)

guerre, était remplacé par M. de Ségur. Les Anglais avaient déclaré brusquement la guerre à la Hollande et s'étaient emparés de ses principales possessions. La France faisait des préparatifs pour soutenir ces alliés. Ces circonstances réunies avaient détourné l'attention de ce qui se passait en Amérique. Le roi donna néanmoins à M. de La Pérouse l'ordre de repartir sur-le-champ sur l'*Astrée*, frégate qui était la meilleure voilière de Brest, et de porter en Amérique quinze cent mille livres qui étaient déposées à Brest depuis six mois pour partir avec la seconde division. Il retint le colonel Rochambeau à Versailles jusqu'à ce qu'on eût décidé en conseil sur ce qu'il convenait de faire [1].

Les ministres convinrent qu'en l'état actuel des affaires il n'était pas possible d'envoyer la seconde division de l'armée en Amérique. On fit partir seulement, le 23 mars 1781, un vaisseau, le *Sagittaire*, et six navires de transport sous la conduite du bailli de Suffren. Ils emportaient six cent trente trois recrues du régiment de Dillon, qui devaient compléter les quinze cents hommes de ce régiment, dont l'autre partie était aux Antilles. Il y avait en outre quatre compagnies d'artillerie. Ces navires suivirent la flotte aux ordres du comte de Grasse jusqu'aux Açores.

La frégate la *Concorde*, capitaine Saunauveron [2], partit de Brest trois jours après, à quatre heures du soir, escortée par l'*Émeraude* et la *Bellone* seulement jusqu'au delà des caps : ces deux frégates devaient venir croiser ensuite. La *Concorde* emmenait M. le vicomte de Rochambeau avec des dépêches pour son père ; M. de Barras, qui venait comme chef d'escadre remplacer M. Destouches et prendre la suite des opérations de M. de Ternay ; M. d'Alpheran, capitaine de vaisseau [3], et un aide de camp de M. de Rocham-

---

1. J'ai déjà dit que l'*Astrée* rentra à Boston le 25 janvier, après soixante et un jours de traversée. Elle avait à bord huit millions. — *Mercure de France,* mai 1781, page 31. — Ce chiffre de huit millions est certainement exagéré.

2. Elle portait trente-six canons, vingt-quatre soldats de terre et trente-cinq marins. — *Mercure de France,* avril 1781, page 87.

3. Blanchard.

beau [1]. Enfin elle portait un million deux cent mille livres pour le corps expéditionnaire. Le *Sagittaire* devait apporter pareille somme ; et, pour remplacer le secours promis en hommes, secours que la présence d'une puissante flotte anglaise devant Brest avait empêché de partir, le gouvernement français mettait à la disposition du général Washington une somme de six millions de livres.

Partie le 26 mars de Brest, la *Concorde* arriva à Boston le 6 mai, sans autre incident que la rencontre du *Rover*, pris l'année précédente par la frégate la *Junon*, dont le capitaine était le comte de Kergariou Loc-Maria. Le *Rover* était commandé par M. Dourdon de Pierre-Fiche, et retournait en France donner avis de l'issue du combat naval du 16 mars, livré dans la baie de Chesapeak.

Je reprends ici le cours de mon récit, en laissant la parole, autant que possible, à l'auteur du journal inédit que je possède, passager de la *Concorde*, et aide de camp de Rochambeau, le baron du Bourg.

« La ville de Boston est bâtie comme le sont à peu près toutes les villes anglaises ; des maisons fort petites en briques ou en bois ; les dedans sont extrêmement propres. Les habitants vivent absolument à l'anglaise ; ils ont l'air de bonnes gens et très-affables. J'ai été fort bien reçu dans le peu de visites que j'ai été à même de faire. On y prend beaucoup de thé le matin. Le dîner, qui est assez communément à deux heures, est composé d'une grande quantité de viande ; on y mange fort peu de pain. Sur les cinq heures on prend encore du thé, du vin, du madère, du punch, et cette cérémonie dure jusqu'à dix heures. Alors on se met à table, où l'on fait un souper moins considérable que le dîner. A chaque repas on ôte la nappe au moment du dessert

---

1. J'ai déjà exposé, dans le deuxième chapitre de cet ouvrage, les raisons qui me portaient à croire que l'auteur du journal inédit que je possède, aide de camp de Rochambeau et passager de la *Concorde*, était Cromot baron du Bourg. Depuis que ce livre est en cours de publication, j'ai reçu de M. Camille Rousset, le savant conservateur des archives du ministère de la guerre, et de M. de Varaigne baron du Bourg, petit-fils de Cromot du Bourg et préfet du Palais, des renseignements qui ne me laissent plus aucun doute sur ce point. On trouvera ces renseignements à la notice biographique sur Cromot du Bourg.

et l'on apporte du fruit. Au total, la plus grande partie du temps est consacrée à la table. »

Après avoir dit qu'il fit d'abord une visite au consul de France à Boston, à M. Hancock, gouverneur de cette ville, et au docteur Cooper, il ajoute :

« Pendant la journée du 7 mai j'ai vu la ville autant qu'il m'a été possible; elle est très-considérable et annonce encore qu'avant la guerre ce devait être un séjour charmant. Elle est dans la plus belle position possible, a un port superbe, et, d'un endroit élevé appelé le *Fanal*, on a la plus belle vue du monde. On allume le fanal en cas de surprise, et à ce signal toutes les milices du pays se rassemblent; on le voit d'extrêmement loin. On y voit la position que prit le général Washington lorsqu'il s'empara de la ville et força les Anglais de l'abandonner.

« Je suis parti le 8 de Boston pour me rendre à Newport. J'ai couché à quinze milles de là, et j'ai retrouvé dans l'auberge où je me suis arrêté la même propreté qu'à la ville : c'est un usage qui tient au pays. Notre aubergiste était un capitaine. Les différents grades étant accordés ici à tous les états, ou plutôt l'état militaire n'y étant pas une carrière, il y a des cordonniers colonels, et il arrive souvent aux Américains de demander aux officiers français quelle est leur profession en France [1].

« Le pays que j'ai parcouru dans ces quinze milles ressemble beaucoup à la Normandie entre Pont-d'Ouilly et Condé-sur-Noireau; il est très-couvert, très-montueux et coupé de nombreux ruisseaux. Les terres cultivées que l'on y rencontre sont entourées de murs de pierres que l'on a posées les unes sur les autres, ou de palissades de bois.

« Le 9 au matin je suis parti de mon gîte pour me rendre

---

[1]. On connaît cette anecdote : « Un Américain demandait à un officier supérieur français ce qu'il faisait en France. — Je ne fais rien, dit celui-ci. — Mais votre père? — Il ne fait rien non plus *ou* il est ministre. — Mais ce n'est pas un état! — Mais j'ai un oncle qui est maréchal. — Ah! c'est un très-bon métier. » — L'anecdote est peut-être inventée; les uns l'attribuent à Lauzun, d'autres à de Ségur ou à de Broglie. Mais elle peint bien les mœurs américaines.

à Newport. Le pays m'a paru moins couvert, mais aussi peu cultivé que la veille. Au total, il n'est pas habité. Les villages sont immenses; il y en a qui ont quatre, cinq et même quinze et vingt milles de long, les maisons étant éparses. Je suis passé à Bristol, qui était une ville très-commerçante avant la guerre; mais les Anglais, en se retirant, ont brûlé plus des trois quarts des maisons, qui ne sont pas encore rétablies. J'ai enfin passé le bac de Bristol-Ferry, qui sépare Rhode-Island du continent; le bras de mer a près d'un mille[1].

« Rhode-Island est, dans sa plus grande longueur, tout au plus de quinze milles », et l'endroit le plus large de l'île est de cinq. Ce devait être un des endroits du monde les plus agréables avant la guerre, puisque, malgré ses désastres, quelques maisons détruites et tous ses bois abattus, elle offre encore un charmant séjour. Le terrain est fort coupé, c'est-à-dire que tous les terrains des divers propriétaires sont enclos ou de murs de pierres entassées ou de barrières de bois. Il y a quelques terres défrichées dans lesquelles le seigle et les différents grains viennent à merveille; on y cultive aussi le maïs. Il y a encore, comme en Normandie, des vergers considérales, et les arbres rapportent à peu près les mêmes fruits qu'en France.

« J'ai trouvé l'armée dans le meilleur état possible, fort peu de malades et les troupes bien tenues. L'île m'a paru fortifiée de manière à ne craindre aucun débarquement. La ville de Newport est la seule de l'île; elle n'a que deux rues considérables, mais elle est assez jolie et devait être très-commerçante avant la guerre. Les trois quarts des maisons éparses dans le reste sont de petites fermes. Il y a en avant du port, au sud-ouest de la ville, l'île de Goat, qui est éloignée d'un demi-mille, sur laquelle il y a une batterie de huit pièces de vingt-quatre qui défend l'entrée de la rade. Au sud-ouest de Goat-Island est la batterie de Brenton, de douze pièces de ving-tquatre et de quatre mortiers de douze pouces, dont le feu croise avec celui des vaisseaux en

---

1. Un kilomètre six cent neuf mètres environ.

rade. La batterie de Brenton est à un demi-mille de Goat-Island [1].

« Au nord-ouest de Goat-Island, environ à trois quarts de mille, est la batterie de Rase-Island, composée de vingt pièces de trente-six et de quatre mortiers de douze pouces, à laquelle la droite des vaisseaux est appuyée, et elle défend non-seulement l'entrée de la rade, mais aussi les vaisseaux qui pourraient en sortir..... Il me paraît d'après la position des batteries et le feu de nos vaisseaux qu'il serait de toute impossibilité à l'ennemi d'entrer dans la rade.

« Il y a peu de gibier dans l'île, mais une grande quantité d'animaux domestiques. Les chevaux sont généralement assez bons, quoique sans avoir autant d'espèces que je l'aurais cru, les Anglais ayant apporté leur race dans ce pays ainsi que dans le continent; ils y sont extrêmement chers, et un cheval qui vaut 20 louis en France se paye au moins 40 ou 50. Leur grand talent est de bien sauter, y étant habitués de très-bonne heure. Ils ont tous une allure semblable à celle que nous appelons l'amble et dont on a beaucoup de peine à les déshabituer. »

Le 16, M. le comte de Rochambeau apprit que l'escadre anglaise commandée par Arbuthnot était sortie de New-York. Le 17, elle parut devant la passe à six lieues au large et y mouilla. Elle y resta jusqu'au 26 et laissa passer, le 23, six bâtiments de transport venant de Boston.

Dans la nuit du 28 au 29 mai 1781, un capitaine d'artillerie M. La Barolière, faillit être assassiné par un sergent de sa compagnie, sans qu'on pût savoir la raison de cet attentat. Le meurtrier tenta en vain de se noyer; il fut jugé, eut le poignet coupé et fut pendu. Bien que frappé de plusieurs coups de sabre, M. la Barolière se rétablit.

---

1. Le commissaire Blanchard, visitant peu de jours après son débarquement une école mixte à Newport, remarqua l'écriture d'une jeune fille de neuf à dix ans, et admira la beauté et la modestie de cette enfant, dont il retint le nom : *Abigail Earl*, inscrit dans son journal. « Elle est telle que je désire voir ma fille quand elle aura son âge », dit-il, et il traça sur le cahier, à la suite du nom de la jeune fille, les mots : *very pretty*. « Le maître, ajoute-t-il, n'avait l'air ni d'un pédant, ni d'un missionnaire, mais d'un père de famille. »

M. de Rochambeau reçut confidentiellement de son fils l'avis que le comte de Grasse avait ordre de venir dans les mers d'Amérique en juillet ou août pour dégager l'escadre de M. de Barras. Tout en lui conseillant de mettre en sûreté à Boston cette petite flotte, pendant qu'il ferait telle ou telle expédition qu'on lui désignait, on le laissait libre de combiner avec le général Washington toute entreprise qu'ils jugeraient utile et qui pourrait être protégée par la flotte du comte de Grasse pendant la courte station que cet amiral avait ordre de faire dans ces parages[1]. M. de Rochambeau n'eut en conséquence rien de plus pressé que de demander au général Washington une entrevue qui eut lieu le 20 mai à Westerfield, près de Hartford. Le chevalier de Chastellux accompagnait M. de Rochambeau. Washington avait avec lui le général Knox et le brigadier Du Portail. M. de Barras ne put y venir à cause du blocus de Newport par l'escadre anglaise.

Le général américain pensait qu'il fallait attaquer immédiatement New-York; qu'on porterait ainsi un coup plus décisif à la domination anglaise. Il savait que le général Clinton s'était fort affaibli par les détachements qu'il avait successivement envoyés dans le Sud, et il ne croyait pas que la barre de Sandy-Hook fût aussi difficile à franchir qu'on le disait depuis la tentative faite par d'Estaing deux ans auparavant.

M. de Rochambeau était d'avis, au contraire, qu'il valait mieux opérer dans la baie de Chesapeak, où la flotte française aborderait plus promptement et plus facilement. Aucune des deux opinions ne fut exclue, et l'on décida d'abord de réunir les deux armées sur la rive gauche de l'Hudson, de menacer New-York, et de se tenir prêt, en attendant l'arrivée du comte de Grasse, à qui on expédierait une frégate,

---

1. Il nous paraît certain que ce plan avait été combiné et arrêté à la cour de Versailles, et que c'est à M. de Rochambeau, bien plutôt qu'à M. de Grasse, que l'on doit attribuer le mérite d'avoir concentré, par une habile tactique, tous les efforts des forces alliées sur York. Ce serait donc à lui que reviendrait la plus grande part de gloire dans le succès de cette campagne, qui décida du sort des États-Unis.

soit à pousser sérieusement les attaques contre cette place, soit à marcher vers la baie de Chesapeak.

Après cette conférence, une dépêche du général Washington au général Sullivan, député du Congrès, et une autre lettre de M. de Chastellux au consul de France à Philadelphie, M. de La Luzerne, furent interceptées par des coureurs anglais et remises au général Clinton, tandis qu'une dépêche de lord Germaine à lord Clinton était portée à Washington par un corsaire américain.

Elles servirent mieux la cause des alliés que la plus habile diplomatie.

Washington disait en effet dans sa lettre que l'on allait pousser activement le siége de New-York et que l'on allait écrire à M. de Grasse de venir forcer la barre de *Sandy-Hook*, tandis que le ministre anglais annonçait la résolution de pousser la guerre dans le Sud. Washington comprit alors la justesse des idées de M. de Rochambeau. Quant à M. de Chastellux, il s'exprimait en termes fort peu convenables sur le compte de M. de Rochambeau. Il prétendait l'avoir gagné aux idées du général Washington.

L'officier anglais chargé du service des espions envoya une copie de cette lettre au général français, qui, pour toute punition, fit venir M. de Chastellux, lui montra cette copie et la jeta au feu. Il se garda bien de le détromper et de lui confier ses véritables desseins.

De retour à Newport, M. de Rochambeau trouva que l'escadre se disposait, suivant les instructions données à M. de Barras, à se retirer à Boston pendant que l'armée irait rejoindre le général Washington. Le port de Boston n'était, il est vrai, qu'à trente lieues de Newport, par terre; mais, par mer, il en était à plus de cent, à cause du trajet qu'il fallait faire pour tourner les bancs de Nantucket; d'ailleurs les vents soufflaient plus habituellement du Nord. Il fallait en outre confier à l'escadre toute l'artillerie de siége, que l'armée, déjà chargée de son artillerie de campagne, n'aurait pas pu emmener. La jonction des deux escadres devenait ainsi plus difficile. M. de Rochambeau proposa à M. de Barras de tenir un conseil de guerre pour décider sur cette difficulté. C'est le 26 que ce conseil se réunit, M. de Lauzun était d'avis que la flotte se retirât à Boston; M. de Chastellux voulait qu'on la laissât à Rhode-Island. M. de Lauzun, en parlant de la discussion qui s'ensuivit, trouve dans la contradiction de Chastellux une raison suffisante pour dire qu'il n'avait pas de jugement. M. de la Villebrune déclara que si M. de Grasse devait venir, il fallait rester à Rhode-Island pour faire avec lui une prompte jonction. « Mais s'il n'y vient pas, ajouta-t-il, nous nous écartons des ordres du Conseil de France et nous prenons sur nous de nous exposer à des événements fâcheux. » M. de Barras fit cette déclaration remarquable : « Personne ne s'intéresse plus que moi à l'arrivée de M. de Grasse dans ces mers. Il était mon cadet; il vient d'être fait lieutenant général. Dès que je le saurai à portée d'ici, je mettrai à la voile pour servir sous ses ordres; je ferai encore cette campagne; mais je n'en ferai pas une seconde. » Il opina du reste pour rester à Rhode-Island, et son sentiment prévalut. M. de Lauzun fut chargé de porter la nouvelle de cette décision au général Washington, et il prétend dans ses mémoires que le général fut très-irrité que l'on prît une mesure si contraire à ce qui avait été convenu à Westerfield. Le rapport de Lauzun nous semble suspect, et il pourrait bien ne traduire sur ce point que son propre ressentiment d'avoir vu écarter son avis.

M. de Rochambeau s'empressa alors d'écrire à M. de Grasse pour lui exposer la situation de La Fayette en Virginie et de Washington devant York. Il présenta comme son projet personnel une entreprise contre lord Cornwallis dans la baie de Chesapeak; il la croyait plus praticable et plus inattendue de l'ennemi. Pour atteindre ce but, il lui demanda de requérir avec instance le gouverneur de Saint-Domingue, M. de Bouillé, de lui accorder pour trois mois le corps de troupes qui était aux ordres de M. de Saint-Simon et destiné à agir de concert avec les Espagnols. Il le priait aussi de lui expédier aussi vite que possible, sur la même frégate, avec sa réponse, une somme de 1,200,000 livres qu'il emprunterait aux colonies. Cette lettre partit avec la *Concorde* dans les premiers jours de juin.

Le 9 de ce mois, M. le vicomte de Noailles, qui était allé par curiosité à Boston, en était revenu ce même jour pour annoncer au général l'arrivée en cette ville du *Sagittaire* escortant un convoi de 633 recrues et de quatre compagnies d'artillerie, et portant 1,200,000 livres. Cette flottille était partie trois jours avant la *Concorde*, comme je l'ai dit plus haut. Elle arrivait cependant un mois plus tard. Après avoir suivi jusqu'aux Açores les flottes de MM. de Grasse et de Suffren, cette frégate s'était détachée et avait eu à subir des mauvais temps et la poursuite des ennemis. Il manquait trois navires au convoi : la *Diane*, le *Daswout* et le *Stanislas*. Les deux premiers rentrèrent peu de jours après ; mais le dernier avait été pris par les Anglais.

L'aide de camp de M. de Rochambeau, venu sur la *Concorde*, qui avait laissé ses effets sur le *Louis-Auguste*, de ce convoi, obtint la permission d'aller à Boston prendre ce qui lui était indispensable pour la campagne. Son manuscrit donne d'intéressants détails sur le pays que l'armée dut parcourir. Nous en extrayons les passages suivants :

« De Newport, je fus coucher à *Warren*, petit village assez joli qui n'est qu'à dix-huit milles de Newport dans le continent. On y a construit quelques petits bâtiments marchands avant la guerre, et il y en a encore de commencés qui vont en pourriture. Je fus reçu à mon auberge par le maître, M. Millers, qui est officier au service du Congrès, et par son frère, qui commandait l'année dernière toutes les milices à Rhode-Island. Ils sont tous deux extrêmement gros.

« Le 10 juin, je partis à quatre heures du matin de Warren, bien empressé d'arriver à Boston. Je ne puis dire assez combien je fus étonné du changement que je trouvai dans les endroits où j'étais passé il y avait environ six semaines. La nature s'était renouvelée ; les chemins étaient raccommodés ; je me croyais absolument dans un autre pays.

« Le 12, après avoir été chercher mes effets sur le *Louis-Auguste* dans le port de Boston, j'allai me promener à Cambridge, petite ville à trois milles de là. C'est un des plus jolis endroits qu'il soit possible de voir; il est situé au bord de la rivière de Boston, sur un terrain très-fertile, et les maisons sont très-jolies. A une extrémité de la ville, sur une pelouse verte très-considérable, il y a un collége qui prend le titre d'Université; c'est un des plus beaux de l'Amérique; il compte environ cent cinquante écoliers qui apprennent le latin et le grec. Il y a une bibliothèque considérable, un cabinet de physique rempli des plus beaux et des meilleurs instruments, et un cabinet d'histoire naturelle qui commence à se former.

« Le 13 au matin, avant de partir de Boston, je fus à cinq milles voir la petite ville de *Miltown*, où il y a une papeterie assez considérable et deux moulins à chocolat. La rivière qui les fait mouvoir forme au-dessus une espèce de cascade assez jolie. La vue, du haut de la montagne du même nom, ne laisse pas que d'être belle.

« Le 14, je partis de Boston; mais avant de quitter cette ville, que je ne devais peut-être plus revoir, je voulus faire connaissance avec le beau sexe. Il y a deux fois par semaine une école de danse où les jeunes personnes s'assemblent pour danser depuis midi jusqu'à deux heures. J'y fus passer quelques instants. Je trouvai la salle assez jolie, quoique les Anglais, en abandonnant la ville, eussent cassé ou emporté une vingtaine de glaces. Je trouvai les femmes très-jolies, mais très-gauches en même temps; il est impossible de danser avec plus de mauvaise grâce, ni d'être plus mal habillées bien qu'avec un certain luxe[1].

« Je partis le soir pour Providence et fus coucher à *Deadham*, où je trouvai les sept cents hommes de remplacement qui étaient venus par le convoi et qui allaient joindre l'armée[2]. »

Cependant, le 10, les régiments de Bourbonnais et de Royal-Deux-Ponts partirent de Newport pour se rendre à

---

1. Il est bon de comparer ce jugement à celui que prononça le prince de Broglie deux ans plus tard, à propos d'une fête donnée à Boston. (Voir à la fin de ce travail.)

2. J'ai dit, d'après le *Mercure de France*, que le nombre exact des recrues était de 633.

Providence, où ils arrivèrent à dix heures du soir. La journée était trop avancée pour qu'il fût possible de marquer le camp, de s'y établir et de prendre la paille et le bois nécessaires. Le baron de Vioménil, qui conduisait cette portion de l'armée, obtint pour ce soir-là, des magistrats de la ville, la disposition de quelques maisons vides où l'on coucha les soldats. Le lendemain matin, 11, le régiment de Deux-Ponts alla camper sur la hauteur qui domine Providence, et les brigades de Soissonnais et de Saintonge, qui arrivèrent ce même jour, s'installèrent à sa gauche.

L'escadre restée à Newport n'avait plus pour la protéger que quatre cents hommes des recrues arrivées par le *Sagittaire*, trente hommes de l'artillerie et mille hommes des milices américaines, le tout sous le commandement de M. de Choisy.

« Providence est une assez jolie petite ville, très-commerçante avant la guerre. Il n'y a de remarquable qu'un magnifique hôpital[1]. L'armée y resta campée huit jours. Ce temps lui fut nécessaire pour rassembler les chevaux de l'artillerie, de l'hôpital ambulant, les wagons pour les équipages, les bœufs qui devaient les traîner, et pour recevoir les recrues dont on avait envoyé une partie à M. de Choisy.

« Le 16, le baron de Vioménil passa une revue d'entrée en campagne et l'armée se mit en marche dans l'ordre suivant :

« Le 18 juin, le régiment de Bourbonnais (M. de Rochambeau et M. de Chastellux); le 19, celui de Royal-Deux-Ponts (baron de Vioménil); le 20, le régiment de Soissonnais (le comte de Vioménil); le 21, le régiment de Saintonge (M. de Custine) ont successivement quitté le camp de Providence et, en conservant toujours entre eux la distance d'une journée de marche, ils ont campé, le premier jour à *Waterman's Tavern*, le second à *Plainfield*, le troisième à *Windham*, le quatrième à *Bolton* et le cinquième à *Hartford*. Ces étapes sont distantes de quinze milles. Les chemins étaient très-mauvais et l'artillerie avait peine à suivre; les bagages restèrent en arrière.

---

1. *Journal* de Cromot du Bourg.

« A *Windham*, l'armée campa dans un vallon entouré de bois où le feu prit bientôt, on ne sait par quelle cause ; on employa de suite trois cents hommes à l'éteindre ; mais ils ne purent y parvenir. Le feu ne dévorait du reste que les broussailles et n'attaquait pas les gros arbres. Cet accident, qui serait effrayant et causerait un véritable désastre dans d'autres pays, est vu avec indifférence par les Américains, dont le pays est rempli de forêts. Ils en sont même quelquefois bien aises, car cela leur évite la peine de couper les arbres pour défricher le sol.

« Le 20, il déserta neuf hommes du régiment de Soissonnais et un de Royal-Deux-Ponts.

« L'hôte de M. de Rochambeau à Bolton était un ministre qui avait au moins six pieds trois pouces. Il se nommait Colton, et il offrit à la femme d'un grenadier de Deux-Ponts, à son passage, d'adopter son enfant, de lui assurer sa fortune et de lui donner pour elle une trentaine de louis ; mais elle refusa constamment toutes ses offres[1]. »

Arrivé le 22 juin à Hartford, le régiment de Bourbonnais leva son camp le 25, celui de Deux-Ponts le 26, le régiment de Soissonnais le 27, et celui de Saintonge le 28. Ils allèrent camper le premier jour à *Farmington* (12 milles), le second jour à *Baron's Tavern* (13 milles), le troisième jour à *Break-neck* (13 milles), et le quatrième jour à *Newtown* (13 milles).

La route était meilleure et plus découverte ; les stations étaient très-agréables, sauf *Break-neck*, qui semble fort bien nommé (*casse-cou*), à cause de son accès difficile et de son manque de ressources. L'artillerie ne put y arriver que très-tard. M. de Béville et l'adjudant Dumas marchaient en avant et préparaient les logements.

Pendant que ces mouvements s'opéraient, Lauzun, parti de Lebanon, couvrait la marche de l'armée, qui était à quinze milles environ sur sa droite. La manière dont on établissait les divers camps depuis le départ de Newport

---

1. *Journal* de Cromot du Bourg. — Voir aussi, pour la marche des troupes, la carte que j'ai dressée spécialement pour cette histoire.

n'avait d'autre but que de faire le plus de chemin possible sans trop d'embarras et de fatigue; on était encore trop loin de l'ennemi pour avoir d'autres précautions à prendre que celles qu'exigeaient le service des approvisionnements et la discipline. Mais, une fois qu'on fut à Newtown[1], on eût été coupable de négligence si on avait continué à témoigner la même confiance dans l'impossibilité des tentatives de l'ennemi. M. de Rochambeau voulait masser ses forces à Newtown pour se diriger vers l'Hudson en colonnes plus serrées; mais le 30 au soir, il reçut un courrier du général Washington qui le priait de ne pas séjourner à Newtown comme il en avait l'intention, et de hâter la marche de sa première division et de la légion de Lauzun.

La première division, formée de Bourbonnais et de Deux-Ponts, partit en effet de grand matin de Newtown, le 1er juillet, pour se rendre à Ridgebury; elle ne formait qu'une brigade. La seconde brigade, formée des régiments de Soissonnais et de Saintonge, partit le lendemain pour la même destination. La route, longue de quinze milles, était montueuse et difficile; deux hommes de Bourbonnais désertèrent.

Le 2 au matin, les grenadiers et les chasseurs de Bourbonnais partirent de Ridgebury pour Bedfort, où ils arrivèrent après une marche assez pénible à travers un terrain accidenté. La route parcourue était de quinze milles. A Bedfort, ce détachement se joignit à la légion de Lauzun, qui avait marché jusque-là sur le flanc gauche de l'armée, et qui maintenant prit position en avant de Bedfort dans une forte situation. Il y avait en outre, comme poste avancé, un corps de cent soixante cavaliers américains de la légion de Sheldon que le général Washington avait envoyés pour coopérer avec la légion de Lauzun à une expédition contre les Anglais.

---

1. Assez jolie petite ville habitée par des *tories*. Cromot du Bourg.

XIV

Le général américain avait ouvert la campagne le 26 juin. Combinant ses mouvements avec ceux de l'armée française, il quitta, à cette date, son quartier d'hiver de New Windsor et se porta sur Peakskill, où il devait opérer sa jonction avec M. de Rochambeau. Il apprit alors que le général Clinton avait divisé son armée en plusieurs corps et qu'il la dispersait autour de New-York. Il y avait en particulier un corps anglais qui s'était porté sur Westchester. La veille de l'arrivée des troupes françaises à Bedfort, un parti de dragons anglais de ce corps avait brûlé quelques maisons en avant de ce village. Le général Washington résolut de le faire attaquer; il forma en conséquence une avant-garde de douze cents hommes aux ordres du général Lincoln, et il envoya à M. de Rochambeau le courrier que celui-ci avait reçu le 30 juin et qui avait fait hâter le départ des troupes de Newtown pour Bedfort et de Bedfort pour Northcastle, où elles devaient être prêtes à marcher au premier ordre. La dernière étape n'était que de cinq milles; mais la seconde brigade vint sans s'arrêter de Newtown à Northcastle et fit ainsi, dans la journée du 3 juillet, une marche de vingt milles. Les régiments de Soissonnais et de Saintonge n'avaient donc pas eu un seul jour de repos depuis leur départ de Providence. Il est vrai que MM. de Custine et le vicomte de Noailles prêchèrent d'exemple en marchant à pied à la tête de leur régiment.

Le duc de Lauzun raconte comme il suit la tentative qu'il fit, de concert avec le général Lincoln, pour surprendre le corps anglais qui était le plus voisin[1].

« Le 30 juin, après avoir reçu la lettre du général Washington, qui n'entrait dans aucun détail, M. de Rochambeau m'en-

---

[1]. Ce récit m'a paru le plus véridique et le plus propre à concilier entre elles les diverses relations que l'on a données de cette attaque d'avant-garde.

voya chercher au milieu de la nuit, à quinze milles de Newtown, où il se trouvait[1]. Je me trouvai exactement au lieu prescrit, quoique l'excessive chaleur et de très-mauvais chemins rendissent cette marche très-difficile. Le général Washington s'y trouva fort en avant des deux armées et me dit qu'il me destinait à surprendre un corps de troupes anglaises campées en avant de New-York pour soutenir le fort de Knyphausen, que l'on regardait comme la clé des fortifications de New-York[2]. Je devais marcher toute la nuit pour les attaquer avant le point du jour. Il joignit à mon régiment un régiment de dragons américains (Sheldon), quelques compagnies de chevau-légers et quelques bataillons d'infanterie légère américaine. Il avait envoyé par un autre chemin, à environ six milles sur la droite, le général Lincoln avec un corps de trois mille hommes pour surprendre le fort Knyphausen, que je devais empêcher d'être secouru. Il ne devait se montrer que lorsque mon attaque serait commencée, quand je lui ferais dire de commencer la sienne. Il s'amusa à tirailler avec un petit poste qui ne l'avait pas vu et donna l'éveil au corps que je devais surprendre. Ce corps rentra dans le fort, fit une sortie sur le général Lincoln, qui fut battu et qui allait être perdu et coupé de l'armée si je ne m'étais pas promptement porté à son secours.

« Quoique mes troupes fussent harassées de fatigue, je marchai sur les Anglais ; je chargeai leur cavalerie et mon infanterie tirailla avec la leur. Le général Lincoln en profita pour faire sa retraite en assez mauvais ordre. Il avait deux ou trois cents hommes tués ou pris et beaucoup de blessés[3]. Quand je le vis en sûreté, je commençai la mienne, qui se fit très-heureusement, car je ne perdis presque personne.

« Je rejoignis le général Washington, qui marchait avec

---

1. M. de Lauzun était campé en ce moment à Bridgefield.
2. Ce corps était commandé par Delancey.
3. Guillaume de Deux-Ponts dit dans ses *Mémoires* : quatre-vingts tués ou blessés ; mais il n'y était pas et répète seulement ce qu'on disait. Les chiffres de Lauzun paraissent pourtant exagérés.

un détachement très-considérable de son armée au secours du général Lincoln, dont il était très-inquiet ; mais ses troupes étaient tellement fatiguées qu'elles ne pouvaient aller plus loin. Il montra la plus grande joie de me revoir et voulut profiter de l'occasion pour faire une reconnaissance de très-près sur New-York. Je l'accompagnai avec une centaine de hussards ; nous essuyâmes beaucoup de coups de fusil et de coups de canon, mais nous vîmes tout ce que nous voulions voir. Cette reconnaissance dura trois jours et trois nuits et fut excessivement fatigante, car nous fûmes jour et nuit sur pied et nous n'eûmes rien à manger que les fruits que nous rencontrâmes le long du chemin[1].

Le 5 juillet, le général Washington, de retour de sa reconnaissance sur New-York, vint voir les troupes françaises au camp de Northcastle ; il conféra avec M. de Rochambeau et dîna avec lui et son état-major. Il repartit le soir même.

Le 6 juillet, l'armée française quitta North-Castle pour aller à dix-sept milles de là se joindre à l'armée américaine, campée à Philipsburg. La route était assez belle, mais la chaleur était si excessive qu'elle se fit très-péniblement ; plus de quatre cents soldats tombèrent de fatigue, mais à force de haltes et de soins on arriva à bon port. Deux hommes du régiment de Deux-Ponts désertèrent.

La droite des armées alliées, que formaient les Américains, était postée sur une hauteur très-escarpée qui dominait l'Hudson, appelé en cet endroit *Tappansee*. Entre les deux armées coulait un ruisseau au fond d'un ravin ; enfin les deux brigades de l'armée française formaient la gauche

---

1. Le récit de cette petite affaire, donné par d'autres écrivains, n'est pas tout à fait conforme à celui-ci ; mais nous pensons que personne mieux que Lauzun n'était à même de savoir ce qui s'était passé.

Ainsi, MM. de Fersen et de Vauban, aides de camp de M. de Rochambeau, qui avaient reçu de leur général la permission de suivre la légion de Lauzun dans son expédition, revinrent le 4 au camp de North-Castle et racontèrent ce qui s'était passé. Ils dirent que le corps de Delancey, qu'on espérait surprendre à Morrisania, se trouvait à Williamsbridge, prévenu de l'attaque dont il était menacé. Ils n'évaluaient les pertes du corps de Lincoln qu'à quatre tués et une quinzaine de blessés. (*Journal* de Cromot du Bourg.)

de la ligne, qui était protégée par la légion de Lauzun, campée à quatre milles, dans *White-plains*. Toutes les avenues étaient garnies de postes.

Le 8, le général Washington passa en revue les deux armées. L'armée américaine, qu'il visita la première, était composée de 4,500 hommes au plus, parmi lesquels on comptait de très-jeunes gens et beaucoup de nègres. Ils n'avaient pas d'uniformes et paraissaient assez mal équipés. Ils faisaient sous ce rapport un grand contraste avec l'armée française, dont le général Washington parut très-satisfait. Seul le régiment de Rhode-Island parut aux officiers français d'une belle tenue. Le général américain voulut visiter la tente que Dumas, Charles de Lameth et les deux Berthier avaient installée près du quartier général de M. de Béville, dans une position très-agréable, entre des rochers et sous de magnifiques tulipiers. Ils avaient aussi organisé un joli jardin autour de leur habitation provisoire. Washington trouva sur la table des jeunes officiers le plan de Trenton, celui de Westpoint et quelques autres des principales actions de cette guerre où Washington s'était signalé.

Le 10 juillet au soir, le *Romulus* et trois frégates, aux ordres de M. de Villebrune, partis de Newport, avancèrent dans le Sund jusqu'à la baie de Huntington. Le vaisseau de garde, que l'on estimait de quarante-quatre canons, se retira à leur approche, et les autres petits bâtiments se réfugièrent dans la baie. Les pilotes, peu au fait de leur métier, n'osèrent pas entrer la nuit, ce qui obligea M. d'Angely, commandant deux cent cinquante hommes qui étaient à bord, de remettre au lendemain l'attaque qu'il voulait faire contre le fort Lhoyd's à la pointe d'Oysterbay. Pendant la nuit les Anglais avaient pu prendre des dispositions qui firent échouer l'entreprise; le débarquement eut lieu; mais le fort était mieux gardé qu'on ne s'y attendait. Il y avait quatre cents hommes. M. d'Angely fut obligé de se retirer après une canonnade et un feu de mousqueterie assez vif qui blessa quatre hommes. Il se rembarqua et retourna à Newport.

Le 11, le général Washington visita la légion de Lauzun,

campée à Chatterton-Hill, à deux milles sur la gauche. Les Américains furent très-satisfaits de sa tenue

Le 12, M. de Rochambeau, suivi d'un aide de camp[1], voulut voir les ouvrages que les Américains construisaient à Dobb's-ferry pour défendre le passage de la rivière du Nord. Il trouva une redoute et deux batteries en très-bonne voie, sous la direction de M. Du Portail. Puis, en s'en retournant, il parcourut les postes des deux armées.

Le 14, M. de Rochambeau, à l'issue d'un dîner chez le général Lincoln auquel assistaient le général Washington, MM. de Vioménil, de Chastellux, de Lauzun et Cromot du Bourg, donna à ses troupes l'ordre de se mettre en marche. La 1re brigade (Bourbonnais et Deux-Ponts), la grosse artillerie et la légion de Lauzun se disposèrent à partir. Il faisait un temps affreux. La retraite devait servir de générale; mais à sept heures il y eut contre-ordre sans qu'on pût s'expliquer les causes de cette alerte ni celles du contre-ordre.

Le 15, à neuf heures du soir, on entendit du côté de Tarrytown quelques coups de canon suivis d'une vive fusillade. Aussitôt M. le marquis de Laval fit battre la générale et tirer deux coups de canon d'alarme. En un instant l'armée fut sur pied; mais M. de Rochambeau fit rentrer les soldats au camp. Washington lui demanda, une heure après, deux cents hommes avec six canons et six obusiers; mais au moment où cette artillerie allait partir elle reçut encore contre-ordre. Le lendemain matin, à cinq heures, même alerte suivie d'une nouvelle demande de deux canons de douze et de deux obusiers. Cette fois, G. de Deux-Ponts partit en avant pour Tarrytown, et Cromot du Bourg, qui était de service auprès de M. de Rochambeau, fut chargé de conduire l'artillerie. Il s'acquitta avec empressement de cette mission, car il allait au feu pour la première fois. Les canons arrivèrent à Tarrytown à onze heures. La cause de

---

1. Cromot du Bourg. — C'est d'après son *Journal* que je raconte la plupart des événements qui se passèrent pendant le séjour des armées alliées devant New-York. Les *Souvenirs* de Dumas, *Mes Campagnes en Amérique*, de G. de Deux-Ponts et le *Journal* de Blanchard m'ont servi surtout à contrôler et à compléter ces récits.

toutes ces alertes était deux frégates anglaises et trois schooners qui avaient remonté l'Hudson et essayé de s'emparer des cinq bâtiments chargés de farines que l'on transportait des Jerseys à Tarrytown pour l'approvisionnement de l'armée. Un autre bâtiment avait été déjà pris pendant la nuit, il contenait du pain, pour quatre jours, destiné aux Français. Par suite de cette perte le soldat fut réduit à quatre onces de pain. On lui donna du riz et un supplément de viande, et il soutint cette contrariété passagère avec la gaieté et la constance dont ses officiers lui donnaient l'exemple. Il y avait sur le même bateau enlevé par les Anglais des habillements pour les dragons de Sheldon. Les frégates avaient mis ensuite leur équipage dans des chaloupes pour opérer un débarquement et prendre le reste des approvisionnements à Tarrytown ; mais un sergent de Soissonnais qui gardait ce poste avec douze hommes fit un feu si vif et si à propos que les Anglais durent rester dans leurs chaloupes. Une demi-heure après vinrent les Américains, qui y perdirent un sergent et qui eurent un officier blessé. Les quatre pièces d'artillerie françaises arrivèrent heureusement sur ces entrefaites; on les mit de suite en batterie et elles tirèrent une centaine de coups qui firent éloigner les frégates. Elles restèrent en vue pendant les journées du 17 et du 18. M. de Rochambeau avait chargé pendant ce temps MM. de Neuris et de Verton, officiers d'artillerie, d'établir une petite batterie de deux pièces de canons et deux obusiers à Dobb's ferry, sur le point le plus étroit de la rivière. Les frégates durent passer devant ce poste, le 19, pour retourner à King's Bridge. Elles furent énergiquement reçues. Deux obus portèrent à bord de l'une d'elles et y mirent le feu. Un prisonnier français qui s'y trouvait en profita pour s'échapper; mais bientôt la frayeur poussa sept matelots à se jeter aussi à l'eau. Quelques-uns furent noyés, trois furent faits prisonniers et les autres regagnèrent la frégate sur laquelle le feu était éteint.

Dans la nuit du 17 au 18, un officier de la légion de Lauzun, M. Nortmann, en faisant une patrouille avec six hussards, fut tué dans une rencontre avec quelques dragons de Delancey. Il s'ensuivit une alerte. Les hussards ripostèrent par des coups de pistolets, et l'infanterie s'avançait déjà pour les soutenir lorsque les dragons disparurent à la faveur des bois et de la nuit. Une circonstance singulière contribua dans cette échauffourée à jeter l'alarme dans le camp français. Au moment où M. Nortmann fut tué, son cheval s'en retourna seul, à toute bride, vers le camp de la légion de Lauzun. Le hussard en vedette ne sachant pas ce que c'était, lui cria trois fois, *qui vive*; enfin, voyant qu'il ne recevait pas de réponse, il lui tira un coup de fusil qui étendit raide mort le malheureux cheval.

Le 18, M. de Rochambeau employa Dumas son aide de camp à faire des reconnaissances du terrain et des débouchés en avant du camp vers New-York; il lui ordonna de les pousser aussi loin que possible, jusqu'à la vue des premières redoutes de l'ennemi. Il lui donna, dans ce but, un détachement de lanciers de la légion de Lauzun à la tête duquel était le lieutenant Killemaine[1]. Grâce au courage et à l'intelligence de ce jeune officier, Dumas put s'acquitter parfaitement de sa mission. Après avoir fait replier quelques petits postes de chasseurs hessois, ils arrivèrent jusqu'à une portée de carabine des ouvrages ennemis, et ils rejoignirent en ce point un détachement d'infanterie légère américaine qui avait de même exploré le terrain sur la droite. L'objet de ces reconnaissances était de préparer celle que les généraux en chef se disposaient à faire peu de jours après avec un gros détachement pour fixer plus spécialement l'attention du général Clinton et ne lui laisser aucun doute sur l'intention des généraux alliés.

C'est le 21, à huit heures du soir, que l'on partit pour cette opération[2]. La retraite servit de générale et l'on se mit en marche dans l'ordre qu'on avait pris le 14. La première

---

1. Devenu depuis général. Les plaisants aimaient à rapprocher son nom de celui de Lannes, et disaient : « Voilà Lannes et voici Killemaine (*qui le mène*). » — Voir aux *Notices biographiques*.

2. Les détails qui suivent sont en accord avec ceux que donne le journal de Washington cité par Sparks, VIII, p. 109.

brigade, les grenadiers et les chasseurs des quatre régiments, deux pièces de douze et deux de quatre marchaient au centre sous la conduite de M. de Chastellux. La droite, commandée par le général Heath, était formée par une partie de la division du général Lincoln. La légion de Lauzun protégeait l'armée à gauche. Il y avait en tout environ cinq mille hommes avec deux batteries de campagne. La tête des colonnes arriva le 22, à cinq heures du matin, sur le rideau qui domine King's bridge. Les chemins étaient très-mauvais et l'artillerie avait peine à suivre. Cependant les deux armées marchaient dans un ordre parfait en observant le plus grand silence. Un régiment américain marcha résolûment, sous un feu nourri, pour s'emparer d'une redoute. Un de ses officiers eut la cuisse emportée. Pendant ce temps M. de Rochambeau et le général Washington s'avançaient pour reconnaître les forts. Ils traversèrent ensuite le creek d'Harlem et continuèrent leurs explorations toujours sous le feu des postes ennemis et des forts. Puis, ils repassèrent la rivière, revinrent sur leur route du matin et poussèrent en avant, le long de l'île, jusqu'à la hauteur de New-York. Quelques frégates installées dans la rivière du Nord leur envoyèrent des boulets qui ne firent aucun mal. Ils rabattirent ensuite sur Morrisania, où le feu de l'ennemi fut encore plus vif. Le comte de Damas eut un cheval tué sous lui. Les généraux rentrèrent enfin dans leurs lignes après être restés vingt-quatre heures à cheval.

Pendant ce temps, les aides de camp faisaient chacun de leur côté leurs reconnaissances particulières. La légion de Lauzun forçait à se replier les postes ennemis et leur enlevait un assez grand nombre de prisonniers.

Le 23, on remonta à cheval à cinq heures du matin pour continuer ce travail. On reconnut d'abord la partie de Long-Island qui est séparée du continent par le Sound; on retourna à Morrisania revoir une partie de l'île d'York qui n'avait point été suffisamment examinée la veille ; puis les généraux revinrent vers leurs troupes.

« Nous fîmes dans cette reconnaissance, dit Rochambeau, l'épreuve de la méthode américaine pour faire passer à la nage les rivières aux chevaux en les rassemblant en troupeau à l'instar des chevaux sauvages. Nous avions passé dans une île qui était séparée de l'ennemi, posté à Long-Island, par un bras de mer dont le général Washington voulut faire mesurer la largeur. Pendant que nos ingénieurs faisaient cette opération géométrique, nous nous endormîmes, excédés de fatigue, au pied d'une haie, sous le feu du canon des vaisseaux de l'ennemi, qui voulait troubler ce travail. Réveillé le premier, j'appelai le général Washington et lui fis remarquer que nous avions oublié l'heure de la marée. Nous revînmes vite à la chaussée du moulin sur laquelle nous avions traversé ce petit bras de mer qui nous séparait du continent; elle était couverte d'eau. On nous amena deux petits bateaux dans lesquels nous nous embarquâmes avec les selles et les équipages des chevaux; puis on renvoya deux dragons américains qui tiraient par la bride deux chevaux bons nageurs; ceux-ci furent suivis de tous les autres excités par les coups de fouet de quelques dragons restés sur l'autre bord et à qui nous renvoyâmes les bateaux. Cette manœuvre dura moins d'une heure; mais heureusement notre embarras fut ignoré de l'ennemi. »

L'armée rentra dans son camp à Philipsburg le 23, à onze heures du soir.

« Cette reconnaissance[1] fut faite avec tout le soin imaginable; nous avons essuyé six ou sept cents coups de canon qui ont coûté deux hommes aux Américains. Nous avons fait aux Anglais vingt ou trente prisonniers et tué quatre ou cinq hommes. Il leur a été pris aussi une soixantaine de chevaux. Je ne peux trop répéter combien j'ai été surpris de l'armée américaine; il est inimaginable que des troupes presque nues, mal payées, composées de vieillards, de nègres et d'enfants, marchent aussi bien et en route, et au feu. J'ai partagé cet étonnement avec M. de Rochambeau lui-même, qui n'a cessé de nous en parler pendant la

---

1. *Journal* de Cromot du Bourg.

route en revenant. Je n'ai que faire de parler du sang-froid du général Washington; il est connu; mais ce grand homme est encore mille fois plus noble et plus beau à la tête de son armée que dans tout autre moment. »

Du 23 juillet au 14 août l'armée resta paisible dans son camp de Philipsburg. La légion de Lauzun avait seule un service très-actif et très-pénible.

La célérité de la marche des troupes françaises et leur discipline eurent un grand succès auprès des Américains. La jonction des armées alliées eut tout l'effet qu'on pouvait en attendre. Elle retint à New-York le général Clinton, qui avait l'ordre de s'embarquer avec un corps de troupes pour séparer Washington de La Fayette et réduire le premier à la rive gauche de l'Hudson. Elle contribua à faire rétrograder lord Cornwallis de la pointe qu'il avait faite dans l'intérieur de la Virginie, pour aller à la baie de Chesapeak fixer et fortifier, suivant les mêmes instructions, un poste permanent. C'est peu de jours après la jonction des troupes devant Philipsburg que les généraux français et américains apprirent que Cornwallis se repliait par la rivière James sur Richmond, où La Fayette vint l'assiéger [1].

XV

Le 14 août, M. de Rochambeau reçut de Newport une lettre par laquelle on lui annonçait que la *Concorde* était de retour depuis le 5 de son voyage auprès de l'amiral de Grasse. Elle l'avait rejoint à Saint-Domingue après la prise de Tabago, lui avait communiqué les instructions

---

1. Le général anglais Philips mourut le 13 mai 1781. Il était très-malade dans son lit, à Pétersburg, lorsqu'un boulet de canon parti des batteries de La Fayette traversa sa chambre sans l'atteindre toutefois. Coïncidence bizarre, ce même général commandait à Minden la batterie dont un canon avait tué le père de La Fayette. (*Mémoires* de La Fayette.) *Maryland Papers* 133-143, correspondance entre Philips et Weedon. — Arnold fut accusé dans l'armée anglaise d'avoir empoisonné le général Philips. (*Mercure de France*, sept. 1781, p. 160.) — Voir aussi *The Bland Papers*, par Ch. Campbell, Petersburg, 1848, II, 124.

de M. de Rochambeau et était repartie le 26 juillet. M. de Grasse faisait savoir à M. de Rochambeau qu'il partirait le 3 août avec toute sa flotte, forte de vingt-six vaisseaux, pour se rendre dans la baie de Chesapeak. Il devait emmener trois mille cinq cents hommes de la garnison de Saint-Domingue, où M. de Lillencourt était gouverneur, et emporter les 1,200,000 livres fournies par Don Solano, qui lui avaient été demandées ; mais il ajoutait que ses instructions ne lui permettraient pas de rester au delà du 15 octobre.

On apprit aussi que les troupes anglaises qui étaient entrées quelques jours avant dans New-York n'étaient pas celles de Cornwallis, comme M. de La Fayette l'avait écrit lui-même, mais la garnison de Pensacola dans la Floride que le général espagnol, Don Galvez, avait laissée sortir sans conditions après la prise de cette ville[1]. Le général Clinton avait aussi reçu d'Angleterre un convoi portant trois mille recrues, ce qui montait en tout ses forces à douze mille hommes. Les alliés ne pouvaient lui en opposer que neuf mille.

De Williamsbourg, lord Cornwallis se retira sur Portsmouth, près de l'embouchure du James-River et par conséquent de la baie Chesapeak. La mer était libre pour lui et cette suite de mouvements rétrogrades semblait indiquer le projet d'évacuer la Virginie. La Fayette avait montré la plus grande habileté dans cette campagne, où, avec quinze cents miliciens seulement, il sut forcer à battre en retraite le général Cornwallis qui était à la tête de plus de quatre mille hommes. C'est en évitant d'en venir à une action générale, en trompant constamment l'ennemi sur l'effectif réel de ses forces, en opérant des manœuvres habiles ou prenant des dispositions pleines à la fois d'audace et de prudence, que La Fayette obtint ce résultat inespéré. « L'enfant ne saurait m'échapper, » avait écrit Cornwallis au début de la campagne, en parlant de ce général dont il méprisait la jeunesse et dont il méconnaissait l'ha-

---

1. Le succès des Espagnols à Pensacola fut ainsi plus nuisible qu'utile à la cause des Américains.

bileté. A son tour, il allait tomber dans le piége où le menait peu à peu La Fayette.

Les Anglais s'embarquèrent à Portsmouth et La Fayette crut un instant qu'ils abandonnaient complétement la Virginie pour aller renforcer la garnison de New-York. Il l'écrivit même à Washington. Mais il apprit bientôt que leur seul but était de prendre une forte position à York et à Gloucester pour attendre des renforts qui devaient leur arriver. C'est là que La Fayette voulait les amener. Le 6 août, en annonçant ses succès au général Washington, il lui disait :

« Dans l'état présent des affaires, j'espère, mon cher général, que vous viendrez en Virginie, et que si l'armée française prend aussi cette route, j'aurai la satisfaction de vous voir de mes yeux à la tête des armées combinées ; mais si une flotte française prend possession de la baie et des rivières et que nous ayons formé une force de terre supérieure à celle de l'ennemi, son armée doit tôt ou tard être contrainte à se rendre [1]. »

De son côté, le général Washington écrivait une lettre tout amicale et toute confidentielle à La Fayette pour le féliciter de ses succès antérieurs, et il ajoutait qu'il lui permettait, maintenant qu'il avait sauvé la Virginie, de venir prendre part à l'attaque projetée contre New-York. Il reconnaissait toutefois la nécessité de la présence de La Fayette à la tête de l'armée de Virginie.

Ces deux missives eurent un sort tout différent et, par un de ces hasards dont nous avons eu un précédent exemple après la conférence d'Hartford, la lettre du général Washington fut interceptée par James Moody dans les Jerseys, tandis que celle de La Fayette arrivait à destination. Le général Clinton crut plus que jamais qu'il allait être attaqué. Cette illusion dura encore quelque temps après que les troupes combinées eurent commencé leur marche vers le Sud [2].

Aussitôt que M. de Rochambeau eut reçu les dépêches

1. *Mémoires* de La Fayette.
2. Cette circonstance servit si bien les Américains et trompa si complètement les généraux anglais, que l'on est porté à croire que ce ne fut pas

apportées par la *Concorde,* il se concerta avec le général Washington, qui renonça définitivement au projet qu'il avait toujours formé de faire une attaque générale contre New-York. Les généraux alliés furent d'accord qu'ils devaient diriger leurs forces sur la Virginie, et il ne restait plus qu'à organiser les moyens d'exécution du nouveau plan de campagne. Pendant que M. de Rochambeau envoyait, le 15 août, M. de Fersen auprès du comte de Barras pour lui donner avis de l'expédition projetée, Washington écrivait à La Fayette de garder ses positions devant York et d'attendre l'arrivée de la flotte de M. de Grasse, des troupes qu'il amènerait aux ordres de M. de Saint-Simon et des armées coalisées.

Tous les efforts de La Fayette eurent alors pour but d'empêcher que Cornwallis ne gagnât la Caroline et ne fît ainsi échouer la campagne des alliés. C'est pourquoi il envoya des troupes au sud de James-River, sous prétexte de déloger les Anglais de Portsmouth, ce qui eut encore le bon effet de faire réunir au corps de l'armée les troupes et l'artillerie qui se seraient échappées par Albermale-Sound à l'arrivée du comte de Grasse. C'est dans la même vue qu'il retint d'autres troupes du même côté, sous prétexte de faire passer le général Wayne et ses Pensylvaniens à l'armée du Sud pour renforcer le général Green. En même temps il envoyait auprès de Cornwallis le brave soldat Morgan, qui resta quelque temps comme déserteur au milieu des ennemis, et qui ne voulut accepter, au retour de sa difficile et dangereuse mission, d'autre récompense que la restitution d'un fusil auquel il tenait beaucoup [1].

Sitôt le projet de la campagne arrêté, les généraux alliés

---

tout à fait par un hasard heureux, mais par suite d'une habile manœuvre de Washington, que sa lettre, écrite avec intention, tomba entre les mains de James Moody. Telle était l'opinion de lord Cornwallis, qui ne pouvait se pardonner après sa défaite d'avoir été ainsi joué. (Voir *Mercure de France,* 1781.) — *Sparks,* VIII, 141, raconte aussi comment un faux ordre signé de La Fayette et enjoignant au général Morgan de faire avancer ses troupes fut saisi par Cornwallis sur un vieux nègre envoyé à dessein de son côté, ce qui le détermina à rétrograder.

1. Voir *Mémoires de La Fayette* pour la conduite de Morgan. — *Sparks,* VIII, 152.

le mirent à exécution. De la célérité de leur marche dépendait en grande partie le succès, qui était certain s'ils pouvaient rejoindre La Fayette avant le départ de M. de Grasse. M. de Barras persistait dans sa détermination de se joindre à l'amiral de Grasse, bien qu'il fût autorisé par une lettre particulière du ministre de la marine, M. de Castries, à croiser devant Boston, s'il lui répugnait de servir sous les ordres d'un amiral moins ancien que lui. M. de Rochambeau l'avait donc chargé de transporter dans la baie de Chesapeak toute l'artillerie de siége restée à Newport avec le corps de M. de Choisy. De son côté, le général Washington déterminait 2,000 hommes des États du Nord à le suivre en Virginie pour rejoindre La Fayette. Enfin 100,000 écus qui restaient dans la caisse du corps français furent partagés entre les deux armées.

XVI

Les troupes se mirent en mouvement le 19 août pour aller passer l'Hudson à Kingsferry. Les Américains suivirent la route le long du fleuve, tandis que les Français rétrogradaient sur leurs marches précédentes.

La première journée, de Philipsburg à Northcastle (18 milles), fut très-pénible. Dès quatre heures du matin on battit la générale, et à cinq heures et demie M. de Rochambeau, en visitant le camp, s'aperçut que les voitures de vivres manquaient et qu'il ne restait plus au camp que 500 ou 600 rations. Il en envoya chercher et dut remettre le départ à midi. En attendant il donna le commandement du bataillon des grenadiers et chasseurs de Bourbonnais à M. Guill. de Deux-Ponts; celui du bataillon de Soissonnais à M. de La Valette, lieutenant-colonel de Saintonge, et il les joignit à la légion de Lauzun pour former l'arrière-garde, qui, placée tout entière sous les ordres du *baron* de Vioménil [1],

---

1. G. de Deux-Ponts, dit le *Vicomte;* mais il est probable que ce poste important, qui donnait la supériorité sur de Lauzun, ne pouvait être confié qu'à un général tel que celui que l'on nomme le baron. — Son frère avait pourtant rang de maréchal de camp.

fut chargée de garder les avenues pendant qu'on faisait partir l'artillerie et les bagages. Il ne leva ses postes qu'à deux heures. Mais les équipages étaient trop chargés, et les routes accidentées ou défoncées par les pluies. Les fourgons se brisaient ou s'embourbaient, de telle sorte qu'à huit heures du soir on n'avait encore fait que quatre milles et que les régiments ne purent arriver à Northcastle que le 20, à quatre heures du matin. M. de Custine avait été obligé de laisser le vicomte de Rochambeau avec toute l'artillerie et 200 hommes à 12 milles de Northcastle. Dans ces conditions, qui auraient été désastreuses pour l'armée si la garnison de New-York eût fait une sortie, l'arrière-garde ne pouvait ni ne devait avancer beaucoup. Le baron de Vioménil s'arrêta à la maison d'*Alexander Lark*, où il bivouaqua et où lui et ses officiers purent se sécher et se reposer. Il reçut ordre de se rendre directement à King's-ferry en passant par *Leguid's Tavern*, où il arriva le 20, à onze heures du soir, et par *Pensbridge*, sur le *Croton*, où il rejoignit le gros de l'armée.

Celle-ci avait quitté Northcastle le 21, de grand matin. A deux milles de là elle passa la petite rivière qui porte ce nom ; puis, deux milles plus loin, le *Croton-river* à Pensbridge, où il y avait un pont de bois. Le *Croton* n'est pas navigable, mais n'est pourtant guéable qu'à certaines époques. Le soir les troupes campèrent à *Hun's Tavern*, qui forme un faubourg de *Crampond*. Dès ce moment, la légion de Lauzun marcha à l'avant-garde, tandis que le bataillon des grenadiers et chasseurs de Bourbonnais formait l'arrière-garde immédiate de l'armée et que celui de Soissonnais restait sur les bords du Croton jusqu'à ce que tous les équipages fussent passés.

Le 22 août, l'armée quitta Hun's Tavern et passa, après une marche de neuf milles, à Peckskill, village qui comptait à peine une vingtaine de maisons et qui est situé sur la rivière du Nord. Enfin elle arriva, quatre milles plus loin, à *King's Ferry*, et prit position sur le rideau qui domine la rivière du Nord. Comme il n'y avait en cet endroit que la maison de l'homme à qui appartenait le bac, le quartier général resta établi à Peekskill. M. de Rochambeau ne voulut pas passer si près de West-Point sans aller visiter cette place forte. Il y employa la journée du 23 et s'y rendit en bateau avec le général Washington et plusieurs officiers. A son retour il reçut des lettres de M. de Choisy qui lui annonçait qu'il s'était embarqué le 21 sur l'escadre de M. de Barras avec toute l'artillerie et les cinq cents hommes de troupes françaises dont il avait le commandement. Il en laissait cent à Providence, sous le commandement de M. Desprez, major de Deux-Ponts, pour la garde des magasins et de l'hôpital.

Pendant cette même journée les équipages et la légion de Lauzun traversèrent l'Hudson et vinrent s'établir à *Haverstraw*, près de la maison de Smith, dans laquelle Arnold avait eu sa dernière conférence avec le major André. D'un autre côté, Guill. de Deux-Ponts protégeait l'embarquement avec la brigade de Bourbonnais qu'il avait fait avancer jusqu'à Verplank's-Point. Cette brigade passa à son tour le 24, et le reste de l'armée le 25.

Tous les officiers supérieurs de l'armée s'accordent à dire que le général anglais fit preuve pendant tous ces mouvements d'une maladresse singulière, et ils ne peuvent s'expliquer son inaction. Il n'est pas douteux que les nombreuses démonstrations faites devant New-York et surtout les lettres interceptées, comme nous l'avons dit, ne l'aient complétement trompé sur les intentions véritables des généraux alliés. Du reste, le plus grand secret fut gardé sur le but des mouvements des armées, au point que les généraux ignoraient, aussi bien que les colonels et les aides de camp, le point sur lequel on voulait diriger une attaque. L'opinion générale était, là comme dans le camp anglais, que l'on voulait tourner la place et attaquer New-York par *Paulus-Hook* ou *Staten-Island*.

Lorsque toute l'armée eut franchi l'Hudson, le général Washington organisa comme il suit la marche de ses troupes. Il se tenait en avant à une journée de distance, à la tête de trois mille hommes; la légion de Lauzun et la brigade de Bourbonnais suivaient le lendemain; enfin, le troisième jour, la brigade de Soissonnais venait occuper les campements abandonnés par la précédente. Avant de partir, le général Washington laissa au camp de Verplank's-Point un corps de trois mille miliciens, sous le commandement du général Heath, pour défendre l'État de New-York et le cours de la rivière du Nord.

Le 25, la première brigade (Deux-Ponts et Bourbonnais) se rendit à *Suffren's* en passant par *Hackensack*, au milieu d'une magnifique vallée. La route fut de quinze milles.

Le 26 on alla de *Suffren's* à *Pompton*. La route, longue de quinze milles, était superbe; le pays, découvert et bien cultivé, était habité par des Hollandais généralement fort riches. La petite rivière de Pompton, que l'armée dut traverser trois fois à quatre milles de distance de la ville du même nom, était munie de ponts à chaque passage. Quand les troupes furent installées dans leur camp, plusieurs généraux et officiers profitèrent du voisinage de *Totohaw Fall* pour aller voir cette curieuse cataracte que M. de Chastellux décrit dans ses *Voyages*.

A Pompton, le corps du général Washington se dirigea vers Staten-Island. En même temps M. de Rochambeau envoyait en avant de Chatham le commissaire des guerres, de Villemanzy, pour établir des fours et faire des démonstrations d'approvisionnements qui devaient entretenir les ennemis dans l'idée qu'on allait faire une attaque de ce côté. M de Villemanzy s'acquitta heureusement de cette commission [1].

Le 27, après seize milles de marche, l'armée vint camper à *Hanover* ou *Vibani*, entre *Wipanny* et *Morristown*. La première division séjourna à ce camp le 28, pendant que la seconde la rejoignait.

C'est à ce moment que les généraux alliés cessèrent toute feinte vis-à-vis de leurs aides de camp et de leurs officiers généraux. Ils partirent en avant pour Philadelphie et firent brusquement tourner leurs troupes sur le revers des montagnes qui séparent l'intérieur de l'État de Jersey de ses

---

[1]. Il mourut pair de France sous Charles X.

districts, situés sur les bords de la mer. M. de Rochambeau emmenait avec lui de Fersen, de Vauban et de Closen comme aides de camp.

Le 29, la première brigade, aux ordres du baron de Vioménil, se rendit, après seize milles de marche, à *Bullion's Tavern*. Elle dut traverser Morristown, ville assez jolie dans laquelle on comptait de soixante à quatre-vingts maisons bien bâties. L'armée américaine y avait campé en 1776 et 1779. On sait que, à la première date, le général Lee, qui s'était imprudemment séparé de son armée, fut enlevé par un corps anglais, mais que la seconde fois le général Washington avait pris une belle position sur la hauteur entre *Menden* et *Baskeridge* pour garder le passage de la Delaware. Il y conserva ainsi la tête de toutes les routes par lesquelles l'ennemi pouvait passer.

Le 30, on fut à *Sommerset Court-House*, après douze milles de marche; le 31, à *Princeton* (dix milles), le 1er septembre à *Trenton* sur la Delaware (douze milles). La rivière était guéable. Les équipages la franchirent de suite; mais les troupes s'arrêtèrent et ne la franchirent à leur tour que le lendemain, pour aller camper à *Red Lion's Tavern*, à dix huit milles du camp précédent qui était *Sommerset Court-House*.

La légion de Lauzun veillait toujours avec un zèle infatigable au salut de l'armée, soit pour éclairer la route, soit pour protéger les flancs, soit à l'arrière-garde. Lorsque les généraux firent faire à l'armée une brusque conversion pour la diriger sur la Delaware, M. le baron de Vioménil reçut avis que mille hommes de la garnison de New-York avaient eu ordre de se tenir prêts à marcher et que les troupes légères n'étaient pas à plus d'un mille. Ce général, qu'un coup de pied de cheval obligeait d'aller en voiture, ne savait quel parti prendre : il était, en effet, presque sans ressources s'il eût été attaqué. Lauzun quitta alors son campement de Sommerset et marcha au-devant de l'ennemi, le plus loin possible, afin de donner à M. de Vioménil le temps de se retirer dans les bois. Il envoya de fortes patrouilles sur tous les chemins par où les Anglais pouvaient arriver. Il se mit lui-même à la tête de cinquante hussards bien montés, et il s'avança à plus de dix milles sur le chemin de Brunswick, par lequel les ennemis devaient le plus probablement s'avancer. Il rencontra trois fortes patrouilles de troupes légères qui se retirèrent après un échange de quelques coups de pistolet, et, convaincu que les troupes anglaises ne s'avançaient pas, il retourna rassurer le baron de Vioménil.

L'armée marcha, le 3 septembre, de *Red-lion's Tavern* à *Philadelphie*, où la première division pénétra en grande tenue à onze heures du matin.

Le 4, la seconde brigade arriva à peu près à la même heure que la première la veille, et elle ne produisit pas moins d'effet. « Le régiment de Soissonnais, qui a des parements couleur de rose, avait en outre ses bonnets de grenadiers, avec la plume blanche et rose, ce qui frappa d'étonnement les beautés de la ville[1]. » M. de Rochambeau alla au-devant avec son état-major ; et cette brigade défila devant le Congrès aux acclamations de la population, qui était charmée de sa belle tenue.

Au moment où les troupes défilèrent devant le Congrès, ayant à leur tête leurs officiers généraux respectifs, le président demanda à M. de Rochambeau s'il devait saluer ou non ; le général lui répondit que quand les troupes défilaient devant le Roi, Sa Majesté daignait les saluer avec bonté. Comme on rendit au Congrès les mêmes honneurs qu'au Roi, « les treize membres qui le composaient ont ôté leurs treize chapeaux à chaque salut de drapeau et d'officier[2]. » Cromot du Bourg, que j'ai cité plusieurs fois, plus jeune et plus instruit que Guillaume de Deux-Ponts, quoique soldat moins aguerri, découvrit à Philadelphie bien des choses *honnêtes et remarquables*[3]. Sur le premier point, il vante l'accueil généreux et bienveillant

---

1. Cromot du Bourg.
2. Deux-Ponts.
3. Voir aussi, pour ce même sujet, les *Voyages* de Chastellux, les *Mémoires* de Pontgibaud et la partie des *Mémoires* du prince de Broglie que j'ai insérée dans l'Appendice.

qu'il reçut chez le ministre de France, M. de la Luzerne, dont tous les écrivains de cette époque citent l'affabilité et le mérite. Il rappelle, dans son journal, le dîner anglais qu'il prit avec les généraux français et leur famille (c'est ainsi que les Américains nommaient les aides de camp) chez le président des États.

« Il y avait, dit-il, une tortue que je trouvai parfaite et qui pouvait peser de 60 à 80 livres. On porta au dessert toutes les santés possibles. » Il cite aussi M. Benezet[1] comme le quaker le plus zélé de Philadelphie. « Je causai avec lui quelque temps ; il me parut pénétré de l'excellence de sa morale ; il est petit, vieux et laid, mais c'est réellement un galant homme, et sa figure porte l'empreinte d'une âme tranquille et d'une conscience calme. »

En fait de choses remarquables, Cromot du Bourg note d'abord la ville elle-même : « Elle est grande et assez bien bâtie ; les rues sont fort larges et tirées au cordeau ; elles ont des deux côtés des trottoirs pour les piétons ; il y a un grand nombre de boutiques richement garnies et la ville est fort vivante, car il y au moins quarante mille habitants. On trouve dans la rue du Marché deux halles immenses bâties en briques, dont une est consacrée à la boucherie. Je ne leur ai trouvé d'autre défaut que d'être au milieu d'une rue superbe qu'elles déparent tout à fait. Le port peut avoir deux milles de long. C'est tout simplement un quai qui n'a de beau que sa longueur. Il y a plusieurs temples fort beaux et un collége considérable qui a le titre d'Université. »

Cet aide de camp de M. de Rochambeau fit, comme Chastellux et bien d'autres, une visite au cabinet de curiosités de M. Cimetierre, le Génevois, et à celui d'histoire naturelle du savant docteur Chauvel[2]. Dans le premier, il fut étonné d'apercevoir au milieu d'une foule de choses intéressantes une mauvaise paire de bottes fortes, et il ne put s'empêcher de demander en riant à M. Cimetierre si c'était là un objet de curiosité. Celui-ci lui répondit qu'elles

---

1. On a une *Vie* de cet éminent philanthrope qui éleva le premier la voix contre la traite des nègres, Watson, *Annals*, II, 209.
2. Watson, *Annals*.

avaient toujours fixé l'attention des Américains parce qu'ils n'avaient encore jamais vu que celles-là et que, vu leur étonnement, il s'était permis de les faire passer pour les bottes de Charles XII. Mais il est probable qu'après le passage de l'armée française les bottes fortes cessèrent d'être un objet extraordinaire pour les Américains. »

Ce fut à Philadelphie que les généraux alliés apprirent que l'amiral anglais Hood était arrivé devant New-York, où il s'était réuni à l'amiral Graves, et que leurs flottes combinées faisaient force de voiles vers la baie de Chesapeak. Cette nouvelle les inquiéta pendant deux jours, car ils n'avaient encore rien appris des mouvements du comte de Grasse[1]. Les troupes n'en continuaient pas moins leur marche. Du camp, sur les bords de la Schuylkill, à un mille de Philadelphie, qu'elles avaient occupé le 3 et le 4, elles se portèrent le 5 sur *Chester*, à seize milles de là. La seconde division ne quitta pourtant Philadelphie que le 6. Le général Washington suivit la route de terre; mais M. de Rochambeau voulut visiter les défenses de Philadelphie sur la Delaware, et il monta sur un bateau avec MM. de Mauduit-Duplessis et un aide de camp[2]. Ils abordèrent d'abord à *Mud-Island*, où était le fort inachevé de *Miflin*; ils passèrent ensuite sur la rive gauche, à *Redbank*, où M. de Mauduit ne trouva plus que les ruines du fort qu'il avait si vaillamment défendu le 22 octobre 1777 contre la troupe de Hessois du colonel Donop. Ils arrivèrent enfin à *Billing's Fort*, qui avait été construit pour soutenir les chevaux de frise qui sont plantés dans la rivière et défendent le passage contre les vaisseaux ennemis qui tenteraient de la remonter. Ce dernier seul était en bon état et pourvu d'une batterie très-bien placée et très-solidement construite.

En arrivant à *Chester*, M. de Rochambeau aperçut sur le rivage le général Washington qui agitait son chapeau avec des démonstrations de la joie la plus vive. Il dit qu'il ve-

---

1. M. Laurens revint au commencement de septembre 1781 sur la frégate *la Résolue,* qui apportait de l'argent pour les Français et pour les Américains. (*Journal de Blanchard.*)

2. Cromot du Bourg.

nait d'apprendre de Baltimore que M. de Grasse était arrivé à la baie de Chesapeak avec vingt-huit vaisseaux de ligne et trois mille hommes qu'il avait déjà mis à terre et qui étaient allés joindre M. de La Fayette. « J'ai été aussi surpris que j'ai été touché, dit Guillaume de Deux-Ponts, de la joie bien vraie et bien pure du général Washington. D'un naturel froid et d'un abord grave et noble qui chez lui n'est que véritable dignité et qui sied si bien au chef de toute une nation, ses traits, sa physionomie, son maintien, tout a changé en un instant; il s'est dépouillé de sa qualité d'arbitre de l'Amérique septentrionale et s'est contenté pendant un moment de celle du citoyen heureux du bonheur de son pays. Un enfant dont tous les vœux eussent été comblés n'eût pas éprouvé une sensation plus vive, et je crois faire honneur aux sentiments de cet homme rare en cherchant à en exprimer toute la vivacité. »

La joie ne fut pas moindre à Philadelphie quand on apprit cette nouvelle. M. de Damas, qui y était resté après le départ des troupes, raconta à son retour qu'il était difficile d'imaginer l'effet qu'elle y avait produit. L'enthousiasme était tel que la population s'était portée à l'hôtel du ministre de France et que M. de la Luzerne avait été obligé de se montrer à son balcon aux acclamations de la foule.

XVII

Au moment où le comte de Grasse arriva dans la baie de Chesapeak La Fayette marcha rapidement sur Williamsburg, se fit joindre par le corps du marquis de Saint-Simon, fort de trois mille deux cents hommes et d'un corps de hussards d'environ trois cents hommes. Dès qu'il fut débarqué à Jamestown, il fit repasser la rivière au corps du général Wayne et le réunit au sien; puis il plaça un corps de milices de l'autre côté de York-River, en face de Glocester. L'armée anglaise se trouva ainsi serrée à la fois de tous les côtés, et lord Cornwallis n'eut plus de salut possible que dans une entreprise très-hasardeuse. Il reconnut cependant la position de Williamsburg avec dessein de l'attaquer ; mais cette position était solidement établie. Deux criques se jetant, l'une dans James, l'autre dans York-River, resserrent beaucoup la péninsule en cet endroit. Il eût fallu forcer ces deux passages bien défendus. Deux maisons et deux bâtiments publics de Williamsburg, en pierres, étaient bien placés pour défendre le front. Il y avait cinq mille hommes de troupes américaines et françaises, un gros corps de milices et une artillerie de campagne bien servie. Lord Cornwallis ne crut pas devoir risquer l'attaque. Il aurait pu passer à Gloucester ou remonter York-River, le comte de Grasse ayant négligé d'envoyer des vaisseaux au-dessus ; mais il eût fallu abandonner artillerie, magasins et malades. La Fayette avait du reste pris des mesures pour lui couper la retraite en quelques marches. Il se décida donc à attendre l'attaque. Il aurait pu trouver encore une chance de salut dans une attaque précipitée, si La Fayette eût cédé à une sollicitation bien tentante. Le comte de Grasse était pressé de s'en retourner ; l'idée d'attendre les généraux et les troupes du Nord le contrariait beaucoup. Il pressait vivement La Fayette d'attaquer l'armée anglaise avec les troupes américaines et françaises à ses ordres, lui offrant pour ce coup de main non-seulement les détachements qui formaient la garnison des vaisseaux, mais autant de matelots qu'il en demanderait. Le marquis de Saint-Simon, qui, quoique subordonné à La Fayette par la date de sa commission, était bien plus ancien que lui d'âge et de service, réunit ses instances à celles de l'amiral. Il représenta que les ouvrages de lord Cornwallis n'étant pas achevés, une attaque de forces supérieures enlèverait suivant toute apparence York-Town, ensuite Glocester. La tentation était grande pour le jeune général de l'armée combinée, qui avait à peine vingt-quatre ans Il avait un prétexte irrécusable pour faire cette attaque, dans la déclaration que lui faisait M. de Grasse qu'il ne pouvait attendre les généraux et les forces venant du Nord. Mais il pensa que si cette attaque pouvait avoir un succès brillant et glorieux pour lui, elle coûterait nécessairement beaucoup de sang. Il ne voulut pas sacrifier à sa gloire personnelle, les soldats qui lui étaient confiés. Non-seulement il refusa de suivre les conseils du comte de Grasse, mais il chercha à lui persuader d'attendre l'arrivée des généraux Washington, Rochambeau et Lincoln, tous ses chefs ou ses anciens. Il y perdrait le commandement en chef, mais la réduction de Cornwallis deviendrait une opération certaine et peu coûteuse. L'amiral de Grasse se rendit quoique à regret à ces raisons.

De leur côté, les généraux Washington et Rochambeau hâtèrent la marche de leurs troupes.

Le 6 elles partirent de Chester pour Wilmington (11 milles), où elles arrivèrent après avoir laissé à leur droite le champ de bataille de *Brandywine*. Le 7 au soir elles étaient à *Elk-Town*, où les attendait un officier porteur des dépêches de M. de Grasse. Le 8 on s'occupait de trouver des bâtiments de transport pour en embarquer le plus possible. On était encore en effet à plus de cent lieues du point où l'on devait se réunir à M. de La Fayette, et il était important de ne pas le laisser dans une position critique. Or, la plus courte voie en même temps que la moins fatigante pour les troupes était la mer. Mais les Anglais dans leurs différentes incursions avaient tellement détruit toutes les barques américaines qu'il fut impossible d'en rassembler assez pour embarquer plus de deux mille hommes. C'était à peine suffisant pour convoyer les deux avant-gardes des deux armées. On les fit monter sur toutes sortes de bateaux. M. de Custine eut le commandement de l'avant-garde française, qui se composait des grenadiers, des chasseurs et de l'infanterie de Lauzun, en tout douze cents hommes. Le général Lincoln suivait à petite distance avec les huit cents hommes de son avant-garde[1]. Le duc de

---

[1]. Toutes les provisions que l'on put se procurer à grande peine dans ce pays, qui ressemble plutôt à un désert qu'à une contrée faite pour l'habitation de l'homme, furent quelques bœufs dont on fit cuire la moitié et saler le reste ; il y en avait pour quatre jours. Pour suppléer aux vivres du reste de cette traversée, il fut donné à chaque homme, officier comme soldat, une livre de fromage ; cela était accompagné d'un peu de rhum et de biscuits pour dix-sept jours. (*Mercure de France*, sept. 1781.)

Lauzun, qui était impatient d'arriver des premiers sur le champ de bataille, demanda à partir avec son infanterie, et il laissa sa cavalerie suivre la voie de terre avec l'artillerie et le gros de l'armée aux ordres des deux Vioménil. Le même jour les généraux Washington et Rochambeau prirent les devants pour rejoindre La Fayette par terre. Ils n'emmenèrent chacun que deux aides de camp. Ceux du général français étaient MM. de Damas et Fersen. M. de Rochambeau permit du reste aux autres de prendre la voie qu'ils voudraient. MM. de Vauban et Lauberdières s'embarquèrent avec M. de Custine, tandis que Closen et du Bourg prenaient des chemins de traverse avec la cavalerie de Lauzun et que Dumas continuait les fonctions d'aide-major auprès de l'armée.

Le 9, tandis que les avant-gardes embarquées quittaient par mer Head-of-Elk, les troupes restées à terre se remettaient en marche. La colonne des équipages dut être séparée de celle des troupes, à cause de la difficulté du passage du *Ferry* de la *Susquhanna*. Dumas, était chargé de diriger ce passage. Ayant appris par les gens du pays que cette large rivière était guéable dans la belle saison un peu au-dessous des chutes, il remonta à sept milles au-dessus de *Lower-Ferry*, où les bacs transportaient lentement les hommes et les chevaux, et, ayant sondé le fond de la rivière avec beaucoup de précaution, il n'hésita pas à conseiller aux généraux d'y faire passer les chariots et l'artillerie, ce qui s'exécuta sans trop de pertes. Les soldats, privés de leurs bagages pendant plusieurs jours par suite de cette séparation, durent se passer de tentes et acceptèrent gaiement leur situation provisoire.

Le 10 septembre on campa à *Burch Hartford* ou *Burch-Tavern* et le 11 à *Whitemarsh*, où les chariots et les tentes rejoignirent l'armée. Le 12 on était à Baltimore.

Le baron de Vioménil chargea aussitôt le colonel de Deux-Ponts et le comte de Laval de vérifier et de faire l'estimation exacte des hommes que chacun des bateaux mis à sa disposition pouvait contenir. On reconnut bien vite que l'embarquement de toute l'armée était impossible. On fit même un essai le 13 septembre, et les généraux se convainquirent qu'ils ne pouvaient pas exposer les troupes à la position gênante et périlleuse dans laquelle elles seraient obligées de se tenir pendant plusieurs jours sur de petits bateaux très-mal équipés. Le baron de Vioménil se détermina donc à reprendre sa marche par terre.

Le 13 seulement, les équipages, partis avec Dumas au passage de la Schuylkill, rejoignirent cette division. Le 15 on apprit que les grenadiers et les chasseurs embarqués à Head-of-Elk avaient été forcés par le mauvais temps de relâcher à Annapolis après un voyage de trois jours M. de Custine, pressé d'arriver le premier, prit un sloop bon voilier et navigua sans s'arrêter jusqu'à la rivière de James. Il laissait ainsi sans direction le convoi dont il avait le commandement. Il est vrai que le duc de Lauzun pouvait l'y suppléer; mais rien n'avait été convenu entre ces officiers, et Lauzun se trouvait sans ordres ni instructions. Les bateaux étaient en si mauvais état que deux ou trois chavirèrent et qu'il y eut sept ou huit hommes de noyés. Néanmoins tout ce convoi allait remettre à la voile lorsque M. de Lauzun reçut un courrier du général Washington qui lui recommandait de faire débarquer les troupes et de ne repartir que sur de nouveaux ordres. C'est que l'escadre anglaise avait paru devant la baie de Chesapeak le 5 septembre et que le comte de Grasse, parti pour la combattre, n'était pas encore rentré.

Bien que l'amiral français eût détaché à ce moment quinze cents de ses matelots pour le débarquement des troupes de M. de Saint-Simon dans la rivière James, il n'hésita pas à couper ses câbles et à s'avancer au-devant de la flotte anglaise avec vingt-quatre vaisseaux. L'amiral anglais s'élevant au vent, l'avant-garde française, commandée par de Bougainville, atteignit l'ennemi, qui fut très-maltraité. M. de Grasse le poursuivit au large pendant trois jours sans l'atteindre et trouva, en rentrant dans la baie, l'escadre de M. de Barras qui, à la faveur de cet engagement, avait gagné le mouillage, après avoir habilement convoyé les dix bâtiments qui portaient l'artillerie de siége.

M. de Barras avait même poursuivi et capturé, à l'entrée de la baie, deux frégates anglaises, l'*Isis* et le *Richmond*, et quelques petits bâtiments qui furent immédiatement envoyés à Annapolis avec les transports venus de Rhode-Island [1].

XVIII

Aussitôt après la réception de la nouvelle du succès de M. de Grasse, Lauzun fit remonter ses troupes sur leurs bâtiments et continua sa route. Les vents lui furent peu favorables et il ne fut pas moins de dix jours à se rendre à l'entrée de la rivière James.

Quant au corps resté à terre aux ordres de MM. de Vioménil, il repartit de Baltimore le 16 septembre et alla camper à *Spurer's Tavern* [2]. Là, M. de Vioménil reçut une lettre de M. de la Villebrune, capitaine du *Romulus*, qui lui annonçait son arrivée à Annapolis avec les moyens nécessaires au transport de l'armée. En conséquence, le 17 septembre, on prit la route d'Annapolis et on vint camper à *Scots Plantation*. Pendant les journées du 18, du 19 et du 20, que l'on passa à Annapolis, on opéra l'embarquement du matériel de guerre et des troupes. La petite escadre que dirigeait M. de la Villebrune se composait du vaisseau le *Romulus* et des frégates la *Gentille*, la *Diligente*, l'*Aigrette*, l'*Iris* et le *Richmond*. Il y avait, en outre, neuf bâtiments de transport. Sur la *Diligente*, où monta Guill. de Deux-Ponts, se trouvaient prisonniers lord Rawdon, le colonel anglais Doyle et le lieutenant de vaisseau Clark, ces deux

1. Il me semble résulter de divers documents que je possède, que l'amiral anglais fut dérouté par l'apparition de l'escadre aux ordres de M. de Barras. Je reviendrai sur ce sujet. Voir *Not. biog.* de Grasse, de Bougainville, de Barras.

2. Quiconque voyagerait dans ce pays dans dix ans, dit Cromot du Bourg, ou même dans un an, et voudrait se servir de mon journal pour se guider, serait fort étonné de ne point trouver le même nom aux tavernes et aux ferries; c'est la chose la plus commune dans ce pays que le changement à cet égard, car ces endroits prennent toujours le nom du propriétaire.

derniers avec leurs femmes. Ils avaient été pris par M. de Barras sur la frégate le *Richmond*, et on n'avait pas eu le temps de les mettre à terre avant de quitter le cap Charles. Cette escadre fut plus heureuse que le convoi du duc de Lauzun, car elle partit le 21 septembre au soir et entra dans le James-River le 23, à cinq heures du matin.

Les équipages qui ne purent être embarqués et tout ce qui tenait à l'administration continua de suivre la route de terre et fit un grand détour pour arriver à Williamsburg.

La navigation dans la rivière James était très-pénible, et l'on ne pouvait la remonter que la sonde à la main; encore plusieurs bâtiments échouèrent-ils et ne purent-ils être relevés que par le flot.

Ce corps d'armée débarqua le 24 au soir à *Hog's-Ferry* et alla camper le 26 à Williamsbourg. Washington et Rochambeau, accompagnés de M. de Chastellux et de deux aides de camp chacun, étaient arrivés dans cette ville depuis le 14 septembre, après des marches forcées de soixante milles par jour. Quant à l'infanterie de Lauzun, elle était débarquée depuis le 23. La cavalerie avait suivi la voie de terre et était depuis plusieurs jours à Williamsbourg.

En arrivant, le duc de Lauzun trouva M. de Custine qui aurait dû diriger ce convoi au lieu de prendre les devants. Pendant qu'il lui rendait compte de ce qui s'était passé, les généraux Washington et Rochambeau, qui étaient à peu de distance sur une corvette, lui firent dire d'aller à leur bord. Le général Washington dit alors au duc que lord Cornwallis avait envoyé toute sa cavalerie et un corps de troupes assez considérable à Glocester. Il craignait qu'il ne fît de ce côté une tentative de fuite et, pour prévenir cette retraite qui aurait fait perdre le fruit de toute la campagne, il y avait posté, pour observer les Anglais, un corps de trois mille miliciens commandés par le brigadier-général Weedon. Ce général était un ancien aubergiste que les événements avaient rapidement fait parvenir à son grade; mais, s'il faut en croire Lauzun, c'était un excellent homme, qui n'aimait pas la guerre. « La manière « dont il bloquait Glocester était bizarre. Il s'était placé

« à plus de quinze milles des ennemis et n'osait pas envoyer
« une patrouille à plus d'un demi-mille du camp. » Le général Washington, qui savait à quoi s'en tenir sous ce rapport, aurait voulu que Lauzun, dont il estimait le mérite et appréciait le courage, prît le commandement des milices réunies à sa légion de ce côté. Il offrit au duc d'écrire à Weedon pour qu'il ne se mêlât plus de rien, tout en conservant son rang aux yeux de l'armée. M. de Lauzun ne voulut pas accepter cette situation équivoque, et, le 25, il se rendit par terre avec son infanterie auprès du général Weedon pour servir sous ses ordres. Sa cavalerie, envoyée par M. de Rochambeau, était déjà devant Glocester.

M. de Lauzun proposa à Weedon de se rapprocher de Glocester et d'aller le lendemain faire une reconnaissance près des postes anglais. Ils partirent en effet avec cinquante hussards. Lauzun s'approcha suffisamment pour prendre une idée juste de la position des ennemis, mais le général Weedon, tout en le suivant, ne cessait de répéter qu'il n'irait plus avec lui.

Lauzun rendit aussitôt compte à M. de Rochambeau de ce qu'il avait vu. Il lui fit savoir qu'il ne devait pas compter sur la milice américaine et qu'il était indispensable d'envoyer au moins deux bataillons d'infanterie française de plus. Il lui demanda en outre de l'artillerie, de la poudre et des vivres, dont il manquait absolument [1].

Sans plus tarder, M. de Rochambeau fit passer, le 27, du côté de Glocester de l'artillerie et huit cents hommes tirés de la garnison des vaisseaux, sous le commandement de M. de Choisy. Celui-ci, par son ancienneté de grade, commandait le général Weedon et Lauzun.

Ainsi, le 28, tandis que les amiraux de Grasse et de

---

[1]. Ni Lauzun, ni Choisy, ne rendirent justice au général Weedon, que son inexpérience des choses de la guerre fit tourner en ridicule par les officiers français. On peut trouver dans les *Maryland Papers* quelques lettres de Weedon à La Fayette, au général anglais Philips et à d'autres, qui témoignent de l'honorabilité de son caractère et de sa dignité. La conduite des milices à Camden, où elles abandonnèrent de Kalb et les troupes régulières ou *Maryland Line*, inspira aux Français ce mépris qu'ils exprimaient en toute occasion.

Barras bloquaient la baie de Chesapeak, M. de Choisy prenait du côté de Glocester d'énergiques dispositions offensives, et l'armée combinée des Américains et des Français était massée à Williamsbourg.

Cette dernière ville, capitale de la Virginie, avait eu une grande importance avant la guerre. Elle se composait de deux grandes rues parallèles coupées par trois ou quatre autres. Le collége, le gouvernement et le capitole étaient encore de beaux édifices, quoiqu'ils fussent dégradés depuis qu'ils étaient en partie abandonnés. Les temples n'y servaient plus que de magasins et d'hôpitaux. Les habitants avaient déserté la ville. La campagne avait été dévastée par les Anglais au point qu'on ne trouvait plus ni foin ni avoine pour les chevaux et qu'on était obligé de les laisser paître dans les champs.

XIX

Le 28 septembre, toute l'armée combinée se mit en mouvement de bonne heure pour faire l'investissement d'York. Elle marcha sur une seule colonne jusqu'à cinq milles de Williamsbourg, où se trouve un embranchement de deux routes. L'armée américaine prit celle de droite, tandis que l'armée française s'avançait par l'autre. Celle-ci était composée : 1° des volontaires, aux ordres du baron de Saint-Simon, frère du général[1] ; 2° des grenadiers et chasseurs des sept régiments de l'armée, sous les ordres du baron de Vioménil ; 3° des brigades d'Agénais, de Soissonnais et de Bourbonnais. A un mille de la place, les trois brigades se séparèrent et s'avancèrent jusqu'à portée de pistolet en profitant des rideaux des bois et des criques marécageuses pour former une enceinte continue depuis la rivière d'York,

---

1. Au retour de cette campagne, il fut nommé colonel en France ; il n'avait que vingt-trois ans. Mais il donna sa démission et se livra à des études économiques. C'est le chef de la fameuse école Saint-Simonienne. Voir *Notices biographiques*.

à gauche, jusqu'au marais, près de la maison du gouverneur Nelson.

A peine la brigade de Bourbonnais était-elle arrivée à la place qu'elle devait occuper qu'on donna avis de l'approche d'un corps ennemi. M. le comte de Rochambeau envoya aussitôt l'ordre à Mr de Laval de prendre les piquets de l'artillerie de la brigade pour les chasser. Cinq ou six coups de canon suffirent pour disperser cette troupe.

Soit que lord Cornwallis ne s'attendît pas à un mouvement si prompt, soit qu'il eût jugé inutile de pousser des postes en avant des redoutes qui formaient son camp retranché, les avant-gardes ne rencontrèrent que ce faible obstacle. Les bois favorisaient du reste leur approche. Ce déploiement successif des colonnes pour occuper le terrain inégal et coupé par des haies se fit avec la plus grande célérité.

De son côté, le général Washington, à la tête du corps américain, était obligé de s'arrêter devant des marais dont tous les ponts étaient rompus. Tout le jour et une partie de la nuit furent employés à les rétablir.

Le 29, les troupes américaines purent avancer sur les ponts rétablis. Les Anglais qui leur faisaient face se replièrent de leur côté, mais non sans tirer quelques coups de canon qui tuèrent trois soldats et en blessèrent trois autres. Du côté des Français on fit quelques reconnaissances qui furent peu inquiétées par les ennemis. Un seul homme fut blessé.

Dans la nuit du 29 au 30, les Anglais, dont les postes avancés touchaient à ceux des Français, évacuèrent deux redoutes de leur côté et une du côté des Américains, ainsi que toutes les petites batteries qu'ils avaient établies pour la défense d'une crique à la droite de ces ouvrages. Ils jugèrent sans doute que cette ligne de défense était beaucoup trop étendue. Il n'en est pas moins vrai qu'en livrant aux alliés, sans coup férir, ces importantes positions, ils leur facilitèrent le succès en leur évitant bien des hésitations et des embarras. M. de Rochambeau envoya de suite, le 30 au matin, ses aides de camp Charles de Lameth et Dumas, à la tête de cent grenadiers et chasseurs de Bourbonnais, pour occuper la plus forte de ces redoutes, nommée *Pigeon-Hill*. Le guide qui conduisait ces officiers les assurait qu'ils n'étaient pas à une demi-portée de fusil de la redoute, et ceux-ci ne la voyaient pas encore. Cela tenait à sa position au milieu des bois. On s'attendait au moins à des combats partiels très-vifs. Le terrain aurait été très-favorable à cette sorte de défense. Mais la place était tout à fait déserte, et l'on n'eut qu'à s'y établir.

M. de Rochambeau fit alors une reconnaissance de la ligne abandonnée. Il était accompagné de Guillaume de Deux-Ponts. A trois cents pas des redoutes, vers la ville, ils virent un ravin profond de vingt-cinq pieds qui n'était plus défendu, bien qu'il formât autour de la ville une circonvallation naturelle. Cinquante chasseurs du régiment de Deux-Ponts vinrent occuper la seconde redoute, tandis que les Américains s'établissaient dans la troisième et la fortifiaient. Ils en construisirent même une quatrième pour relier cette dernière aux deux autres. Pendant qu'ils exécutaient ce travail, le canon de l'ennemi leur tua quatre ou cinq hommes.

Dans la même matinée du 30, le baron de Vioménil, voulant reconnaître les ouvrages ennemis qui étaient à la gauche des Français, fit avancer les volontaires de Saint-Simon. Ils se rendirent aisément maîtres du bois placé devant eux. Pourtant les postes qu'ils avaient forcés à se replier sur une redoute firent diriger contre eux un feu assez vif de boulets et de mitraille qui tua un hussard, cassa le bras à un autre et brisa la cuisse à M. de Bouillet, officier d'Agenais. A la suite de cette reconnaissance, M. de Rochambeau fit avancer d'un demi-mille le camp occupé par la brigade de Bourbonnais.

Le 1er octobre, les deux redoutes auxquelles les Américains travaillaient n'étant point encore finies, les ennemis ne cessèrent de les canonner. Ils ne tuèrent que deux hommes et ne purent interrompre le travail, qui ne fut achevé que le 5. Les Américains n'éprouvèrent plus que des pertes insignifiantes, le feu des ennemis s'étant très-ralenti pendant les deux derniers jours. Je dois mentionner comme un fait bizarre la destruction d'une patrouille de quatre soldats américains, dans la journée du 2, par un seul boulet. Trois de ces hommes furent tués sur le coup, et le quatrième gravement blessé [1].

Les Français ne restaient pas non plus inactifs. Guillaume de Deux-Ponts faisait des reconnaissances sur tout le front des troupes et s'assurait que la droite des fortifications de l'ennemi était la partie la meilleure de leurs défenses.

M. de Choisy avait eu de son côté, le 3, un brillant engagement. Voici comment Lauzun en parle dans ses *Mémoires* :

« M. de Choisy commença dès son arrivée par envoyer promener le général Weedon et toute la milice, en leur disant qu'ils étaient des poltrons [2], et en cinq minutes il leur fit presque autant de peur que les Anglais, et assurément c'était beaucoup dire. Il voulut dès le lendemain aller occuper le camp que j'avais reconnu. Un moment avant d'entrer dans la plaine de Glocester, des dragons de l'État de Virginie vinrent très-effrayés nous dire qu'ils avaient vu des dragons anglais dehors et que, crainte d'accident, ils étaient venus à toutes jambes, sans examiner. Je me portai en avant pour tâcher d'en savoir davantage. J'aperçus une fort jolie femme à la porte d'une petite maison, sur le grand chemin ; je fus la questionner ; elle me dit que dans l'instant même le colonel Tarleton sortait de chez elle ; qu'elle ne savait pas s'il était sorti beaucoup de troupes de Glocester; que le colonel Tarleton désirait beaucoup *presser la main du duc français (to shake hands with the french duke)*. Je l'assurai que j'arrivais exprès pour lui donner cette satisfaction. Elle me plaignit beaucoup, pensant, je crois par expérience, qu'il était impossible de résister à Tarleton ; les troupes américaines étaient dans le même cas ?

« Je n'étais pas à cent pas de là que j'entendis mon avant-garde tirer des coups de pistolet. J'avançai au grand

---

1. Cr. du Bourg.
2. Voir *ante* page 164, note, aussi p. 169.

galop pour trouver un terrain sur lequel je pusse me mettre en bataille. J'aperçus en arrivant la cavalerie anglaise, trois fois plus nombreuse que la mienne[1]. Je la chargeai sans m'arrêter. Tarleton me distingua et vint à moi le pistolet haut. Nous allions nous battre entre les deux troupes, lorsque son cheval fut renversé par un de ses dragons poursuivi par un de mes lanciers. Je courus sur lui pour le prendre[2]; une troupe de dragons anglais se jeta entre nous deux et protégea sa retraite ; son cheval me resta. Il me chargea une deuxième fois sans me rompre ; je le chargeai une troisième, culbutai une partie de sa cavalerie et le poursuivis jusque sous les retranchements de Glocester. Il perdit un officier, une cinquantaine d'hommes, et je fis un assez grand nombre de prisonniers. »

Dans cette brillante affaire, pendant laquelle M. de Choisy resta en arrière avec un corps de la milice[3] pour soutenir la légion de Lauzun, le commandant de l'infanterie anglaise fut tué et Tarleton lui-même fut grièvement blessé. La perte des Français fut très-faible : trois hussards furent tués et onze blessés. MM. Billy, Dillon et Dutertre, capitaines de la légion, furent blessés légèrement; MM. Robert-Dillon, Sheldon, Beffroy et Monthurel s'y distinguèrent. Comme conséquence immédiate de ce succès, M. de Choisy put porter ses postes avancés à un mille de Glocester. Dans cette nouvelle position les patrouilles se fusillaient continuellement, et M. de Lauzun dit qu'il ne put dormir pendant le reste du temps que dura le siége.

M. de Lauzun ne raconte pas dans ses mémoires le trait suivant recueilli par un autre officier[4] et qui lui fait honneur. Comme il s'en revenait avec sa troupe, il aperçut un des lanciers de sa légion qui se défendait à quelque dis-

---

1. Elle comptait quatre cents chevaux et était soutenue par deux cents fantassins qui faisaient un fourrage.
2. On remarquera ce trait qui est dans le caractère de Lauzun ; son adversaire étant démonté pendant cette sorte de duel, il court sur lui, non pour le tuer, mais pour le prendre.
3. Cette conduite de Choisy n'est-elle pas la justification de celle de Weedon qui ne voulait pas exposer imprudemment ses milices? V. page 164.
4. Cr. du Bourg.

tance contre deux lanciers de Tarleton. Sans rien dire à personne, il lâcha la bride à son cheval et alla le délivrer.

XX

La nuit suivante (du 4 au 5 octobre), le baron de Vioménil, officier général de jour, ordonna aux patrouilles de s'avancer jusque sous les retranchements des ennemis, ce qu'elles exécutèrent avec succès. Toutes eurent l'occasion de tirer leurs coups de fusil, et l'ennemi, très-inquiété, ne cessa de tirer le canon sans produire toutefois aucun mal.

Le 6 octobre, l'artillerie de siége était presque toute arrivée, les fascines, les gabions, les claies, préparés, l'emplacement de la tranchée parfaitement reconnu. Le comte de Rochambeau donna l'ordre de l'ouvrir le soir même[1].

Furent commandés pour ce service :

Maréchal de camp : M. le baron de Vioménil.
Brigadier : le comte de Custine.
Bourbonnais : deux bataillons.
Soissonnais :   id.
Travailleurs de nuit : mille hommes.

Ces mille hommes étaient composés avec deux cent cinquante pris dans chacun des quatre régiments qui n'étaient pas de tranchée, non compris celui de Touraine, chargé d'un travail spécial que j'indique plus loin.

M. de Vioménil disposa dès cinq heures du soir les régiments dans la place qu'ils devaient couvrir. Les officiers du génie (de Querenet pour les Français et du Portail pour les Américains) installèrent à la nuit close, environ vers huit heures, les travailleurs, qui se mirent de suite à l'œuvre dans le plus grand silence. Ils ne furent pas inquiétés

1. J'ai trouvé les détails du service pendant le siége dans le Journal de M. de Ménonville.

par les Anglais, qui portaient toute leur attention et dirigèrent tout leur feu sur le régiment de Touraine. Celui-ci était chargé, à l'extrême gauche de la ligne française, de construire une batterie de huit pièces de canon et dix obusiers pour servir de fausse attaque. Pendant cette nuit et de ce côté seulement, un grenadier fut tué, six autres blessés et un capitaine d'artillerie, M. de La Loge, eut une cuisse emportée par un boulet. Il mourut quelques heures après.

La gauche de l'attaque commençait à la rivière d'York, à environ deux cents toises de la place, et la parallèle s'étendait vers la droite en s'éloignant de cinquante à soixante toises jusque près de la nouvelle redoute construite par les Américains. En cet endroit elle se reliait à la tranchée ouverte en même temps par ces derniers.

Le 7 octobre, le service fut ainsi organisé :
Maréchal de camp : M. de Chastellux.
Agenais : deux bataillons.
Saintonge : id.
Travailleurs de nuit : neuf cents hommes.

Au point du jour, les travaux de la grande attaque se trouvèrent en état de recevoir les troupes. On s'occupa d'établir des batteries ainsi que des communications entre ces batteries et les tranchées ouvertes. Il y eut trois hommes de blessés.

Le 8, maréchal de camp : le marquis de Saint-Simon.
Brigadier : de Custine.
Gâtinais : deux bataillons.
Royal Deux-Ponts : deux bataillons.
Auxiliaires : les grenadiers de Soissonnais et de Saintonge.
Travailleurs de nuit : huit cents hommes.

La batterie du régiment de Touraine fut terminée ainsi qu'une autre construite par les Américains ; mais on avait donné l'ordre de ne pas tirer encore. Les ennemis, au contraire, ne cessaient de canonner. Ils ne tuèrent cette nuit qu'un homme et en blessèrent un autre.

Le 9, maréchal de camp : le comte de Vioménil.

Bourbonnais : deux bataillons.
Soissonnais : id.
Auxiliaires : chasseurs d'Agenais et de Gâtinais.
Travailleurs de nuit : sept cents hommes.

Une frégate ennemie, la *Guadeloupe*, de vingt-six canons, ayant tenté de remonter la rivière, la batterie de Touraine tira sur elle à boulets rouges. La frégate se mit à couvert sous le feu de la ville; mais le *Charon*, vaisseau ennemi de cinquante, fut atteint et brûla [1]. Le soir, la batterie américaine commença aussi un feu soutenu. Les déserteurs apprirent que lord Cornwallis avait été surpris de cette attaque de l'artillerie. Ses troupes en étaient décontenancées, car leur général leur avait assuré que les assiégeants n'étaient pas à craindre malgré leur nombre, puisqu'ils n'avaient pas de canons. Il y eut ce jour deux blessés.

Le 10, au matin, huit bateaux plats des ennemis chargés de troupes remontèrent la rivière à environ un mille et tentèrent de débarquer du côté de M. de Choisy. Celui-ci, instruit de leur projet, les reçut à coups de canon et les força à s'en retourner. Le même jour, les Français démasquèrent une forte batterie sur le milieu de leur front. Son tir parut faire beaucoup de dégâts au milieu des batteries ennemies, qui ralentirent leur feu.

Maréchal de camp : le baron de Vioménil.
Brigadier : M. de Custine.
Agenais et Saintonge : deux bataillons chacun.
Travailleurs de nuit : trois cents hommes.
Il y eut un soldat tué et trois blessés.

Le 11, M. de Chastellux étant maréchal de camp, huit cents travailleurs, sous la protection de deux bataillons de Gâtinais et de deux bataillons de Deux-Ponts, commencèrent la construction de la seconde parallèle à environ cent

---

1. Jamais spectacle plus horrible et plus beau n'a pu s'offrir à l'œil. Dans une nuit obscure, tous ses sabords ouverts jetant des gerbes de feu, les coups de canon qui en partaient, l'aspect de toute la rade, les vaisseaux sous leurs huniers fuyant les vaisseaux enflammés, tout cela faisait un spectacle terrible et grandiose. (*Mercure de France*, novembre 1781 ; rapport d'un officier général français.)

quarante toises en avant de la première et à petite portée de fusil de la place. On s'attendait à une vigoureuse sortie et l'on avait renforcé les quatre bataillons de service ordinaire de quelques compagnies auxiliaires de grenadiers de Saintonge et de chasseurs de Bourbonnais Mais on n'eut qu'à échanger quelques coups de fusil avec de faibles patrouilles anglaises qui ne s'attendaient pas sans doute à trouver les assiégeants si près. Il y eut quatre hommes blessés à la grande attaque et trois à l'attaque de Touraine. Les Américains maintenaient leurs travaux à la hauteur de ceux des Français.

Le 12, maréchal de camp : M. de Saint-Simon.
Brigadier : M. de Custine.
Bourbonnais : deux bataillons.
Soissonnais : id.
Auxiliaires : grenadiers d'Agenais et de Gâtinais.

On occupa six cents travailleurs à achever la seconde parallèle et à construire des batteries. L'ennemi dirigea sur ce point un feu assez nourri, qui tua six hommes et en blessa onze. Deux officiers de Soissonnais, MM. de Miollis et Dursne, furent blessés.

Le 13 se passa en travaux exécutés sur les mêmes points par six cents hommes, protégés par quatre bataillons d'Agenais et de Saintonge, sous les ordres de M. le vicomte de Vioménil, maréchal de camp. On échangea beaucoup de bombes et de boulets de canon. Aussi y eut-il un homme tué et vingt-huit blessés.

Pour que cette seconde parallèle pût comme la première s'allonger vers la droite jusqu'à la rivière d'York, il fallait nécessairement s'emparer de deux redoutes ennemies qui se trouvaient sur son trajet. L'une de ces redoutes était à l'extrême droite sur le bord du fleuve en avant des troupes américaines ; l'autre, qui n'en était pas éloignée de plus de cent toises, était à la jonction de la parallèle des Américains avec celle des Français, à la droite de ceux-ci. La prise de ces redoutes était devenue indispensable.

XXI

Le 12, les généraux accompagnés de quelques officiers de leur état-major, au nombre desquels était Dumas, s'étaient rendus, à l'attaque des Français, dans une batterie fort bien placée en deçà d'un ravin qui la séparait de la redoute la plus éloignée du fleuve. Le baron de Vioménil témoignait une grande impatience. Il soutenait que les canons de la batterie dans laquelle on se trouvait avaient suffisamment endommagé la redoute et qu'on retardait inutilement l'attaque, puisque le feu de l'ennemi paraissait éteint. « Vous vous trompez, lui dit M. de Rochambeau ; mais en reconnaissant l'ouvrage de plus près on pourra s'en assurer. » Il ordonna de cesser le feu, défendit à ses aides de camp de le suivre et n'y autorisa que son fils, le vicomte de Rochambeau. Il sortit de la tranchée, descendit lentement dans le ravin en faisant un détour, et, remontant ensuite l'escarpement opposé, il s'approcha de la redoute jusqu'aux abatis qui l'entouraient. Après l'avoir bien observée, il revint à la batterie sans que l'ennemi l'eût dérangé par le moindre coup de feu. « Eh bien, dit-il, les abatis et les palissades sont encore en bon état. Il faut redoubler notre feu pour les briser et écrêter le parapet ; nous verrons demain si la poire est mûre. » Cet acte de sang-froid et de courage modéra l'ardeur du baron de Vioménil [1].

L'attaque des redoutes fut décidée pour le 14 au soir. Le

---

1. Le 12 octobre 1781, il y avait à l'hôpital de Williamsbourg quatre cents malades ou blessés et treize officiers, avec défaut complet de moyens. Il fallait, non-seulement des secours pour l'ambulance, mais aussi pour M. de Choisy du côté de Glocester. M. Blanchard déploya dans son service la plus grande activité et le zèle le plus louable ; mais il avoua que si le nombre des blessés avait été plus grand, il aurait été dans l'impossibilité de leur faire donner les soins nécessaires.

Gravé par Anna M. Lea de Philadelphie.   Imp. Geny-Gros Paris

ROCHAMBEAU

Gravé d'après un croquis du temps, attribué

baron de Vioménil était maréchal de camp de service et M. de Custine brigadier. Il y avait à la tranchée deux bataillons de Gâtinais, deux autres de Deux-Ponts, et, en outre, des auxiliaires tirés des grenadiers de Saintonge, des chasseurs de Bourbonnais, d'Agenais et de Soissonnais.

Dès le matin, M. de Vioménil sépara les grenadiers et les chasseurs des deux régiments de tranchée et en forma un bataillon dont il donna le commandement à Guillaume de Deux-Ponts en lui disant qu'il croyait par là lui donner une preuve de sa confiance. Ces paroles remplirent de joie M. de Deux-Ponts, qui se douta bien de ce qu'on attendait de lui. Dans l'après-midi, M. de Vioménil vint prendre cet officier et l'emmena avec le baron de l'Estrade, lieutenant-colonel de Gâtinais, qu'il lui donna pour second, et deux sergents des grenadiers et chasseurs du même régiment, Le Cornet et Foret. Ceux-ci, aussi braves qu'intelligents au rapport de Guill. de Deux-Ponts, étaient spécialement chargés de reconnaître avec la dernière exactitude le chemin que l'on devrait suivre pendant la nuit. Ils devaient marcher à la tête des porte-haches. M. de Deux-Ponts revint ensuite former son bataillon et le conduisit à l'endroit de la tranchée le plus voisin de celui d'où on devait déboucher.

A ce moment M. de Rochambeau vint dans la tranchée et, s'adressant aux soldats du régiment de Gâtinais, il leur dit : « Mes enfants, si j'ai besoin de vous cette nuit, j'espère que vous n'avez pas oublié que nous avons servi ensemble dans ce brave régiment d'*Auvergne sans tache*, surnom honorable qu'il a mérité depuis sa création. » Ils lui répondirent que, si on leur promettait de leur rendre leur nom, ils allaient se faire tuer jusqu'au dernier. M. de Rochambeau le leur promit, et ils tinrent parole comme on le verra. Le roi, sur le rapport que lui fit M. de Rochambeau de cette affaire, écrivit de sa main : *bon pour Royal-Auvergne.*

M. le baron de Vioménil dirigeait l'attaque; mais le commandement immédiat en était donné à Guillaume de Deux-Ponts. Les chasseurs de Gâtinais, commandés par le baron de l'Estrade, avaient la tête de la colonne. Ils étaient par pelotons. Au premier rang se trouvaient les deux sergents Foret et Le Cornet, avec huit charpentiers précédant cent hommes portant les uns des fascines et les autres des échelles ou des haches. M. Charles de Lameth, qui venait de remettre le service de tranchée à Dumas, s'était joint à cette première troupe ainsi que M. de Damas. Venaient ensuite les grenadiers de Gâtinais rangés par files, sous le commandement de M. de l'Estrade, puis les grenadiers et chasseurs de Deux-Ponts en colonne par sections. Les chasseurs des régiments de Bourbonnais et d'Agenais suivaient à cent pas en arrière de ce bataillon, commandé par Guill. de Deux-Ponts [1]. Le second bataillon du régiment de Gâtinais, commandé par le comte de Rostaing, terminait la réserve. M. de Vauban, qui avait été chargé par M. de Rochambeau de lui rendre compte de ce qui se serait passé, se tenait auprès de M. de Deux-Ponts. Celui-ci donna l'ordre de ne tirer que lorsqu'on serait arrivé sur le parapet, et défendit que personne sautât dans les retranchements avant d'en avoir reçu l'ordre. Après ces dernières instructions, on attendit le signal convenu pour se mettre en marche.

L'attaque des troupes françaises sur la redoute de gauche était combinée avec celle des troupes américaines aux ordres de La Fayette et Steuben sur la redoute de droite. Elles devaient se faire toutes les deux au même signal. Le régiment de Touraine devait simultanément les soutenir par une fausse attaque, et M. de Choisy, par une démonstration du côté de Glocester.

Les six bombes qui devaient donner le signal furent tirées vers onze heures, et les quatre cents hommes que commandait Guillaume de Deux-Ponts se mirent en marche dans le plus profond silence. A cent vingt pas environ de la redoute, ils furent aperçus par une sentinelle hessoise

---

1. Il est à remarquer que Guillaume de Deux-Ponts, bien qu'il ne fût que lieutenant-colonel, fut toujours chargé de postes plus importants que le marquis son frère, qui était colonel du même régiment.

qui, du haut du parapet, cria en allemand *Wer da?* (Qui vive?). On ne répondit rien, mais on doubla le pas. Immédiatement l'ennemi fit feu. On ne lui répondit pas davantage, et les charpentiers qui marchaient en tête attaquèrent les abatis à coups de hache. Ils étaient encore bien forts et bien conservés, malgré le feu continu des jours précédents. Ils arrêtèrent quelques instants la colonne d'attaque, qui, se trouvant encore à vingt-cinq pas de la redoute, aurait été fort exposée si l'obscurité n'avait enlevé au tir de l'ennemi toute précision. Une fois les abatis et les palissades franchis avec résolution, les fascines furent jetées dans le fossé, et tous luttèrent d'ardeur et d'activité pour se faire jour au travers des fraises ou monter à l'assaut.

Charles de Lameth parvint le premier sur le parapet et il reçut à bout portant la première décharge de l'infanterie hessoise. Une balle lui fracassa le genou droit, une autre lui traversa la cuisse gauche. M. de l'Estrade, malgré son âge, escaladait le parapet après lui. Mais telle était l'ardeur des soldats que l'un d'eux ne reconnaissant pas son chef, se suspendit à son habit pour s'aider à monter et le précipita dans le fossé où plus de deux cents hommes passèrent nécessairement sur son corps. Bien qu'il fût tout meurtri, M. de l'Estrade se releva et remonta à l'assaut. M. de Deux-Ponts retomba aussi dans le fossé après une première tentative. M. de Sillègue, jeune officier des chasseurs de Gâtinais, qui était un peu plus en avant, vit son embarras et lui offrit son bras pour l'aider à monter. Au même instant il reçut un coup de fusil dans la cuisse. Un petit nombre d'hommes étant enfin parvenus sur le parapet, M. de Deux-Ponts ordonna de tirer. L'ennemi faisait un feu très-vif et chargeait à coups de baïonnette, mais sans faire reculer personne. Les charpentiers avaient fini par faire dans les palissades une large brèche qui permit au gros de la troupe d'arriver sur le parapet. Il se garnissait rapidement et le feu des assaillants devenait très-vif à son tour, tandis que l'ennemi s'était placé derrière une sorte de retranchement de tonneaux qui ne le protégeait guère.

Le moment était venu du reste de sauter dans la redoute et M. de Deux-Ponts se disposait à faire avancer à la baïonnette, quand les Anglais mirent bas les armes. Un cri général de *Vive le roi* fut poussé par les Français qui venaient d'emporter la place. Ce cri eut un écho parmi les troupes de la tranchée. Mais les Anglais y répondirent des autres postes par une salve d'artillerie et de mousqueterie. « Jamais je ne vis un spectacle plus majestueux. Je ne m'y arrêtai pas longtemps ; j'avais mes soins à donner aux blessés, l'ordre à faire observer parmi les prisonniers, et des dispositions à prendre pour garder le poste que je venais de conquérir [1]. »

L'ennemi se contenta d'envoyer quelques boulets sur la redoute, mais ne fit pas de tentative sérieuse pour la reprendre. Comme une sentinelle vint avertir M. de Deux-Ponts que l'ennemi paraissait, il avança la tête hors du parapet pour regarder : au même instant un boulet vint frapper le parapet tout près de sa tête et ricocha en lui criblant la figure de sable et de gravier. Cette blessure était peu grave, mais elle ne le força pas moins à quitter son poste pour aller à l'ambulance.

Dans les sept minutes qui suffirent pour emporter cette redoute, les Français perdirent quarante-six hommes tués et soixante-deux blessés, parmi lesquels six officiers : MM. Charles de Lameth, Guillaume de Deux-Ponts, de Sireuil, capitaine de Gâtinais, de Sillègue et de Lutzon. M. de Berthelot, capitaine en second de Gâtinais, fut tué.

Dès que Dumas fut informé de la blessure de son ami Charles de Lameth, il accourut auprès de lui à l'ambulance. Les chirurgiens déclarèrent d'abord qu'il ne pourrait être sauvé que par l'amputation des deux cuisses, mais le chirurgien en chef, M. Robillard, plutôt que de réduire à l'état de cul-de-jatte un jeune officier de cette espérance, ne voulut pas faire les amputations et s'en remit à la nature pour la guérison de blessures aussi graves. Le succès couronna sa confiance. Charles de Lameth se

---

1. Deux-Ponts.

remit promptement et revint en France deux mois après.

M. de Sireuil mourut de sa blessure quarante jours après.

Les ennemis perdirent aussi beaucoup de monde. On compta de leur côté dix-huit morts restés dans la redoute. On fit aussi quarante soldats prisonniers et trois officiers. Les cent soixante-dix hommes restants s'échappèrent, emportant leurs blessés.

La redoute du côté des Américains fut enlevée avec une rapidité plus grande encore, et l'on peut dire à ce propos que les troupes alliées rivalisèrent d'ardeur. Cette rivalité de la part des chefs causa même un commencement de jalousie. M. le baron de Vioménil ne se gêna pas la veille de l'attaque pour manifester à M. de La Fayette le peu de confiance qu'il avait dans les troupes américaines pour le coup de main projeté, et fit trop paraître son dédain pour ces milices peu aguerries. La Fayette, un peu piqué, lui dit : « Nous sommes de jeunes soldats, il est vrai; mais notre tactique, en pareil cas, est de décharger nos fusils et d'entrer tout droit à la baïonnette. » Il le fit comme il le dit. Il donna le commandement des troupes américaines au colonel Hamilton, prit sous ses ordres les colonels Laurens et de Gimat. L'ardeur des troupes fut telle qu'elles ne laissèrent pas aux sapeurs le temps de frayer la voie en coupant les abatis. Le bataillon du colonel Barber, qui était le premier dans la colonne destinée à soutenir l'attaque, ayant été détaché au secours de l'avant-garde, arriva au moment où l'on commençait à s'emparer des ouvrages. Au rapport de La Fayette lui-même, pas un coup de fusil ne fut tiré par les Américains, qui n'employèrent que la baïonnette. M. de Gimat fut blessé à ses côtés. Le reste de la colonne, sous les généraux Muhlenberg et Hazen, s'avançait avec une discipline et une fermeté admirables. Le bataillon du colonel Vose se déployait à la gauche. Le reste de la division et l'arrière-garde prenaient successivement leurs positions, sous le feu de l'ennemi, sans lui répondre, dans un ordre et un silence parfaits [1].

1. *Mém.* de La Fayette.

La redoute fut emportée immédiatement. Elle n'était défendue que par quarante hommes, tandis qu'il y en avait cent cinquante à l'autre redoute. Comme le feu des Français durait encore, La Fayette, trouvant le moment favorable pour donner une leçon de modestie au baron de Vioménil, envoya auprès de lui le colonel Barber, son aide de camp, pour lui demander s'il avait besoin d'un secours américain. Cette démarche était en réalité inutile, car les Français ne furent de leur côté que sept minutes à se rendre maîtres de la position qu'ils avaient attaquée. Ils avaient aussi rencontré de plus sérieux obstacles et une résistance plus énergique. Mais le colonel Barber fit preuve en cette circonstance d'un sang-froid qui étonna les officiers français. Il fut blessé dans le trajet par le vent d'un boulet ennemi qui lui fit une contusion au côté. Il ne voulut pourtant pas se laisser panser avant de s'être acquitté de sa commission, qui resta d'ailleurs sans réponse.

Dans le courant de la nuit et du jour suivant, on s'occupa de continuer la seconde parallèle à travers la redoute prise par les Français jusqu'à celle des Américains; puis on installa dans cette parallèle une batterie de canons qui commença aussitôt son feu.

Pendant que Français et Américains rivalisaient de courage, deux fausses attaques tenaient en échec une partie des forces dont pouvait disposer lord Cornwallis. C'étaient d'abord, à la gauche des lignes françaises, sur le bord de la rivière d'York, les batteries dressées par le régiment de Touraine qui ouvrirent un feu très-vif sur les ouvrages ennemis. Les Français ne perdirent aucun homme sur ce point [1].

Du côté de Glocester, M. de Choisy reçut l'ordre de faire aussi une fausse attaque. Emporté par sa bravoure, il résolut de la faire aussi sérieuse que possible et d'emporter, l'épée à la main, les retranchements ennemis. Dans ce but, il fit distribuer des haches à la milice américaine pour cou-

---

1. Après la nuit de la grande attaque (du 14 au 15 octobre 1781), le nombre des malades à l'ambulance était d'environ cinq cents dont vingt officiers. (*Blanchard.*)

per les palissades. Mais au premier coup de feu, beaucoup de miliciens jetèrent les haches et les fusils et prirent la fuite. Ainsi abandonné avec quelques compagnies seulement d'infanterie française, M. de Choisy dut se replier sur la cavalerie de Lauzun après avoir perdu une douzaine d'hommes. Furieux de son échec, il se disposait deux jours plus tard à renouveler sa tentative, lorsqu'il en fut empêché par les préliminaires de la capitulation.

XXII

Cependant le succès remporté par les troupes alliées dans la nuit du 14 au 15 octobre avait inspiré trop de confiance aux soldats d'Agenais et de Soissonnais qui étaient de tranchée la nuit suivante avec M. de Chastellux pour maréchal de camp. Ils n'exercèrent point une surveillance suffisante, placèrent peu de sentinelles et s'endormirent pour la plupart en ne laissant personne à la garde des batteries. Les Anglais envoyèrent, à cinq heures du matin, un corps de six cents hommes d'élite contre les postes avancés des Français et des Américains. Ils surprirent ces postes, enclouèrent du côté des Français une batterie de sept canons, tuèrent un homme et en blessèrent trente-sept autres, ainsi que plusieurs officiers : MM. Marin, capitaine de Soissonnais; de Bargues, lieutenant de Bourbonnais; d'Houdetot, lieutenant d'Agenais; de Léaumont, sous-lieutenant d'Agenais, et de Pusignan, lieutenant d'artillerie. M. de Beurguissont, capitaine d'Agenais, qui avait été chargé de la garde et de la défense de la redoute prise dans la nuit précédente, fut lui-même blessé et fait prisonnier. Les Anglais ne se retirèrent que devant M. de Chastellux, qui arrivait bien tardivement avec sa réserve. Ce général mit tous ses soins à réparer le mal causé par l'ennemi dans son heureuse sortie. Il poussa vivement la construction de nouvelles batteries, et, grâce au zèle du commandant de l'artillerie, M. d'Aboville, les pièces, mal enclouées, purent recommencer leur feu six heures après ce petit échec.

Dès le matin du 16, d'autres batteries étaient prêtes et commencèrent à prendre à ricochet le couronnement des défenses de l'ennemi. En plusieurs endroits les fraises furent détruites et des brèches pratiquées. L'ennemi ne laissa pas que de répondre encore à cette attaque, et les Français eurent deux hommes tués et dix blessés. Le marquis de Saint-Simon, qui était de service comme maréchal de camp avec M. de Custine comme brigadier, fut légèrement blessé. Mais il ne voulut quitter la tranchée qu'après ses vingt-quatre heures de service écoulées, lorsque le comte de Vioménil vint le remplacer avec deux bataillons de Bourbonnais et deux autres de Royal-Deux-Ponts. Un officier d'artillerie, M. de Bellenger, fut aussi tué dans cette journée.

Cependant la position de lord Cornwallis n'était plus tenable. Il avait résisté jusqu'à la dernière extrémité et le quart de son armée était dans les hôpitaux. Il avait en vain attendu des secours de New-York et il se trouvait privé de vivres et de munitions. Déjà, dès le 17, à dix heures du matin, il avait envoyé un parlementaire au camp des alliés pour demander une suspension d'armes de vingt-quatre heures. Mais le général Washington n'ayant pas trouvé sa demande assez explicite avait ordonné de continuer le feu. On continua en effet à tirer jusqu'à quatre heures : à ce moment vint un nouveau parlementaire qui soumit au généralissime de nouvelles conditions. L'attaque fut suspendue et la journée du 18 se passa tout entière en négociations. Le vicomte de Noailles au nom de l'armée française, le colonel Laurens pour l'armée américaine et M. de Granchain pour la flotte, avaient été nommés par leurs généraux respectifs pour dresser les articles de la capitulation, conjointement avec des officiers de l'armée de lord Cornwallis. Celui-ci demanda à sortir tambours battants et enseignes déployées, suivant la coutume adoptée quand on obtient les *honneurs de la guerre*. Le comte de Rochambeau et les officiers français, qui n'avaient aucun grief particulier contre le général anglais, étaient d'avis de les lui accorder. Les généraux américains n'étaient même pas contraires à cette opinion. Mais La Fayette, se rappelant que les mêmes ennemis avaient forcé, lors de la capitulation de Charleston, le général Lincoln à tenir ployés les drapeaux américains et à ne pas jouer une marche nationale, insista pour qu'on usât de représailles à leur égard et obtint que la capitulation se fît dans ces deux mêmes conditions, ce qui fut adopté.

La capitulation fut signée le 19, à midi. A une heure, les alliés prirent possession des ouvrages anglais, et, à deux heures, la garnison défila entre les deux haies formées par les Américains et les Français, et déposa ses armes, sur les ordres du général Lincoln, dans une plaine à la gauche des lignes françaises. La garnison de Glocester défila de son côté devant M. de Choisy; puis l'armée prisonnière rentra dans York et y resta jusqu'au 21. On la divisa en plusieurs corps qui furent conduits dans différentes parties de la Virginie, du Maryland ou de la Pensylvanie.

Lord Cornwallis prétexta une indisposition pour ne pas sortir à la tête de ses troupes. Elles furent commandées par le général O'Hara. L'adjudant général Dumas fut chargé d'aller au devant de ces troupes et de diriger la colonne. Il se plaça à la gauche du général O'Hara, et comme celui-ci lui demanda où se tenait le général Rochambeau : « A notre gauche, répondit Dumas; à la tête de la ligne française; » et aussitôt le général O'Hara pressa le pas de son cheval pour présenter son épée au général français. Dumas devinant son intention partit au galop pour se placer entre le général anglais et M. de Rochambeau. Celui-ci lui indiquait en même temps d'un geste le général Washington placé en face de lui à la tête de l'armée américaine. « Vous vous trompez, lui dit alors Dumas, le général en chef de notre armée est à la droite; puis il le conduisit. Au moment où le général O'Hara levait son épée pour la remettre, le général Washington l'arrêta en lui disant : *Never from such good a hand* jamais d'une aussi bonne main).

Les généraux et les officiers anglais semblaient du reste très-affectés de leur défaite et faisaient paraître surtout leur mécontentement d'avoir dû céder devant des révoltés pour lesquels ils avaient professé publiquement jusque-là le plus grand dédain et même un mépris qui était souvent allé jusqu'à l'oubli des lois les plus ordinaires de l'humanité [1].

Dumas, en signalant ce dépit des officiers anglais, qu'il était bien à même de remarquer, puisqu'il dirigeait la co-

[1]. Les troupes anglaises commirent pendant la guerre de l'Indépendance, et sur tous les points du globe où elles eurent à combattre, les actes de barbarie les plus révoltants et les plus contraires non-seulement aux lois de l'humanité, mais même à celles que l'usage a consacrées dans les guerres entre peuples civilisés. Les généraux, plus encore que leurs soldats, sont responsables devant la postérité des violences de toute espèce qu'ils ordonnaient de sang-froid et à l'exécution desquelles ils présidaient avec impassibilité.

Dès 1775, tandis qu'on parlait de paix dans le Parlement, l'on donnait des ordres pour mettre tout à feu et à sang dans les provinces américaines. Ces ordres barbares trouvaient des exécuteurs ardents à remplir les vues du ministère. Le général Gage, enfermé dans Boston, se vengeait de son inaction forcée en maltraitant les prisonniers américains, ce qui lui attirait de la part de Washington de justes reproches et des menaces de représailles qui ne furent jamais mises à exécution. En Virginie, lord Dunmore exerçait des ravages qui lui valurent le surnom de tyran de cette province et dont les déprédations du traître Arnold furent seules capables de faire oublier le souvenir. En même temps Guy Carleton régnait en despote sanguinaire sur les malheureux habitants du Canada.

Tous les moyens de nuire leur paraissaient légitimes. En 1776, ils contrefirent une telle quantité de papier monnaie qu'ils discréditèrent ces valeurs fictives, dont le Congrès dut ordonner le cours forcé. Tandis que les révoltés se bornaient à employer les sauvages contre les tribus ennemies et les opposaient ainsi à eux-mêmes, les Anglais promettaient aux Indiens une récompense pour chaque chevelure d'Américain qu'ils rapporteraient.

Après la victoire de Saratoga, le général Gates trouva la ville d'Œsopus sur l'Hudson ainsi que les villages des environs réduits en cendres par les ordres des généraux Vaughan et Wallace. Les habitants s'étaient réfugiés dans les forêts et préféraient s'exposer au tourment de la faim que de subir les outrages qu'un vainqueur féroce exerçait contre les malades, les femmes, les vieillards et les enfants.

Au commencement de mai 1778, pendant une expédition aux environs de Philadelphie, le colonel Mawhood ne craignit pas de publier l'avis suivant : « Le colonel réduira les rebelles, leurs femmes et leurs enfants à la mendicité et à la détresse, et il a annexé ici les noms de ceux qui seront les premiers objets de sa vengeance. » (Ramsay, I, p. 335.)

Le 17 juin 1779, les habitants de Fairfield, près de New-York, subirent encore les derniers excès de cette férocité tant de fois reprochée aux troupes britanniques. Leurs excursions dans la baie de Chesapeak furent marquées par ces mêmes atrocités que la plume se refuse à décrire.

Il serait trop long aussi de rappeler les honteux exploits de Butler, d'Arnold, de Rodney. Mais il est un fait moins connu que je ne puis passer sous silence.

Pour arrêter la marche des troupes alliées devant York, lord Cornwallis, au lieu de les attaquer en soldat, recourut à des ruses que les Indiens seuls auraient été capables d'employer. Il fit jeter dans tous les puits des têtes de bœufs, des chevaux morts, et même des cadavres de nègres. L'armée fran-

lonne prisonnière, raconte que le colonel Abercromby, des gardes anglaises, au moment où sa troupe mettait bas les armes, s'éloigna rapidement, se couvrant le visage et mordant son épée.

On se traita de part et d'autre avec la plus grande cour-

çaise souffrit à la vérité de la disette d'eau, mais elle pouvait être inquiétée d'une manière plus brave et plus digne. C'est du reste avec les mêmes armes qu'il avait cherché auparavant à détruire la petite armée de La Fayette. Il faisait inoculer tous les nègres qui désertaient leurs plantations ou qu'il pouvait enlever, et les forçait ensuite à rétrograder et à aller porter la contagion dans le camp américain. La vigilance de La Fayette mit en défaut cette ruse barbare. (*Mercure de France*, décembre 1781, p. 109.)

Il ne faudrait pas croire pourtant que ces actes de barbarie fussent spécialement réservés à l'Amérique et exercés seulement contre les colons révoltés. Il semble qu'à cette époque ils étaient tout à fait dans les mœurs anglaises et que le gouvernement de la Grande-Bretagne ne reconnaissait pas plus les lois de l'humanité que celles du droit des gens. J'emprunte au *Mercure de France*, mai 1781, p. 174, le récit suivant.

« Le chevalier Hector Monro a fait, devant la Chambre des communes, en 1764, la déposition suivante. En arrivant à Calcutta, je trouvai l'armée, tant des Européens que des Cipayes, mutinée, désertant chez l'ennemi et désobéissant à tout ordre. Je pris la ferme résolution de dompter en elle cette mutinerie avant d'entreprendre de dompter l'ennemi. En conséquence, je me fis accompagner d'un détachement des troupes du Roi et des Européens de la Compagnie, je pris quatre pièces d'artillerie et j'allai de Patna à Chippera. Le jour même que j'y arrivai un détachement de cipayes me quitta pour passer à l'ennemi. Je détachai aussitôt une centaine d'Européens et un bataillon de cipayes pour me les ramener. Ce détachement les rejoignit dans la nuit, les trouva endormis, les fit prisonniers et les ramena à Chippera, où j'étais prêt à les recevoir. A l'instant j'ordonnai aux officiers de me choisir cinquante hommes des plus mutins et de ceux qu'ils croyaient avoir engagé le bataillon à déserter. Quand ils me les eurent présentés, je leur ordonnai de me choisir vingt-quatre hommes des plus mauvais sujets sur ces cinquante, et, sur-le-champ, je fis tenir un conseil de guerre par leurs officiers noirs et leur enjoignis de m'apporter sur l'heure même leur sentence. Ce conseil de guerre les reconnut coupables de mutinerie et de désertion, les condamna à mort et me laissa le maître de décider du genre de supplice.

« J'ordonnai aussitôt que quatre des vingt-quatre hommes fussent attachés à des canons, et aux officiers d'artillerie de se préparer à les faire sauter en l'air. Il se passa alors quelque chose de remarquable : quatre grenadiers représentèrent que comme ils avaient toujours eu les postes d'honneur, ils croyaient avoir le droit de mourir les premiers. Quatre hommes du bataillon furent donc détachés des canons et on y attacha les quatre grenadiers qui furent emportés avec les boulets. Sur quoi les officiers européens qui étaient alors sur le lieu vinrent me dire que les cipayes ne voulaient pas souffrir qu'on fît mourir de cette manière aucun des autres coupables.

« A l'instant j'ordonnai que seize autres hommes des vingt-quatre fussent attachés par force aux canons et sautassent en l'air comme les premiers, ce qui fut fait. Je voulus ensuite que les quatre restants fussent conduits à un quartier où quelque temps auparavant il y avait eu une désertion de cipayes, avec des ordres positifs à l'officier commandant de ce quartier de les faire

toisie, on se rendit des visites. Mais au milieu de ces démonstrations de politesse perçait, du côté des vaincus, un sentiment d'amertume qui se traduisait en paroles satiriques ou dédaigneuses pour les Américains, auxquels les Anglais ne voulaient pas reconnaître qu'ils avaient été obligés de se rendre. Ainsi les généraux Washington, Rochambeau et La Fayette, envoyèrent chacun un aide de camp complimenter lord Cornwallis, qui retint celui de La Fayette, le major Washington, parent du général. Il lui dit qu'il mettait du prix à ce que le général contre lequel il avait fait cette campagne fût persuadé qu'il ne s'était rendu que par l'impossibilité de se défendre plus longtemps [1].

Le même général O'Hara qui voulait rendre son épée à M. de Rochambeau plutôt qu'au général Washington, se trouvant un jour à la table des généraux français, fit semblant de ne pas vouloir être entendu de M. de La Fayette et dit qu'il s'estimait heureux de n'avoir pas été pris par les Américains seuls : « C'est apparemment, lui répliqua aussitôt La Fayette, que le général O'Hara n'aime pas les répétitions. » Il lui rappelait ainsi que les Américains seuls l'avaient déjà fait prisonnier une première fois avec Burgoyne. Les Français seuls le firent prisonnier quelques années après, pour la troisième fois, à Toulon.

La garnison prisonnière se montait à 6,198 hommes, plus 1,500 matelots et 68 hommes pris pendant le siége. Mais il y en avait 1,875 dans les hôpitaux d'York. Ces troupes étaient composées du 1er bataillon des gardes du roi d'Angleterre, des 17e, 23e, 33e et 45e régiments d'infanterie, des 71e, 76e

---

exécuter de la même manière. Ce qui eut lieu et mit fin à la mutinerie et à la désertion. »

On sait que ce mode d'exécution, dû à l'esprit inventif du chevalier Munro, est encore en honneur dans l'armée anglaise de l'Inde, et qu'il fut pratiqué contre les cipayes prisonniers dans la révolte de 1854. Voir aussi le *Message* du Président Madison, nov. 4, 1812, au Congress des États-Unis.

1. Lord Cornwallis donna à dîner le 21 au duc de Lauzun, qui, revenant de Glocester, passait au parc; ce général était assez gai et on le trouva fort aimable. Le lendemain, le vicomte de Damas alla l'inviter à dîner de la part de M. de Rochambeau. Ce jour-là il parut plus triste que de coutume. Il n'avait rien à se reprocher, mais se plaignait de Clinton.

et 80⁰ régiments des montagnards écossais, des régiments hessois du prince héréditaire et de Boos, et des régiments allemands d'Anspach et de Bayreuth, de la *light infantery* de la British legion et des *queen's rangers* [1].

On trouva en outre 214 bouches à feu de tous calibres, 7,320 petites armes, 22 drapeaux, 457 chevaux. Les Anglais perdirent aussi 64 bâtiments dont ils coulèrent une vingtaine. Mais les 40 qui restaient étaient en bon état, 5 étaient armés, et la frégate *la Guadeloupe* de 24 canons qui avait été coulée put être relevée.

Les Français avaient eu pendant le siége 253 hommes tués ou blessés, parmi lesquels 18 officiers. Un seul de ceux-ci avait été tué le dernier jour du siége, c'était M. de Bellanger, lieutenant d'artillerie.

Quoique les troupes françaises fussent traitées sous tous les rapports comme des auxiliaires et que, comme nous l'avons vu, les généraux français eussent toujours reconnu la suprématie des généraux américains, ceux-ci s'empressèrent de leur accorder la préférence pour la nourriture et pour tous les soins qui dépendaient d'eux. C'est ainsi que quand les troupes du marquis de Saint-Simon joignirent celles de La Fayette, le jeune général prit sur lui d'ordonner que l'on ne délivrât de farines aux troupes américaines que lorsque les Français auraient reçu des provisions pour trois jours. Aussi les Américains n'avaient-ils presque jamais que de la farine de maïs. Il fit prendre les chevaux des *gentlemen* du pays pour monter les hussards français, et les officiers supérieurs eux-mêmes cédèrent leurs propres chevaux dans le même but. Cependant il ne s'éleva pas la moindre plainte au sujet de ces préférences que les soldats américains reconnaissaient devoir être accordées à des étrangers qui venaient de loin combattre pour leur cause.

Le général Nelson, gouverneur de la Virginie, fit preuve

---

[1]. Les troupes d'Anspach, deux jours après la capitulation, offrirent, officiers et soldats, au duc de Lauzun de servir dans sa légion. M. de Lauzun leur répondit qu'ils appartenaient aux Américains et qu'il ne pouvait les prendre au service du roi de France sans l'agrément du roi et du Congrès.

pendant cette campagne d'un dévouement, d'un courage, d'une abnégation et d'un respect pour les lois qui sont restés célèbres et que je ne puis passer sous silence. Il déploya une bravoure et un zèle peu communs, à la tête de ses milices. Il les paya de ses deniers en hypothéquant ses propriétés. En outre, après avoir fait camper l'armée alliée au milieu de ses récoltes et après avoir dirigé le tir de l'artillerie sur les maisons d'York dont les plus belles, derrière les ouvrages de l'ennemi, appartenaient à lui et à sa famille, il ne prétendit à aucun dédommagement pour les pertes qu'il avait éprouvées. Bien plus, comme il avait besoin de quelques moyens de transport pour faire arriver plus promptement les vivres et l'artillerie de siége, il mit en réquisition quelques voitures et quelques chevaux du pays, mais ce furent ceux de ses fermiers et ses plus beaux attelages personnels qu'il prit tout d'abord. On lui fit pourtant un crime de cet acte, que l'on qualifiait d'arbitraire, et il fut cité devant l'Assemblée législative. Il n'hésita pas à se démettre de ses fonctions de gouverneur pour venir se disculper devant ses concitoyens, et tout en rendant compte de sa conduite, il put justement défier qui que ce fût d'avoir plus contribué que lui, de ses biens et de sa fortune, au succès de cette importante campagne. Il fut acquitté avec éloges; mais il ne voulut pas reprendre son gouvernement, qu'il laissa à M. Harrison. L'amitié de Washington et les témoignages d'estime que de Rochambeau vint lui donner dans sa retraite durent le consoler un peu de l'ingratitude de ses concitoyens.

XXIII

Aussitôt que la capitulation fut signée, M. de Rochambeau fit venir auprès de lui M. de Lauzun et lui dit qu'il le destinait à porter cette grande nouvelle en France. Lauzun s'en défendit et lui conseilla d'envoyer de préférence M. de

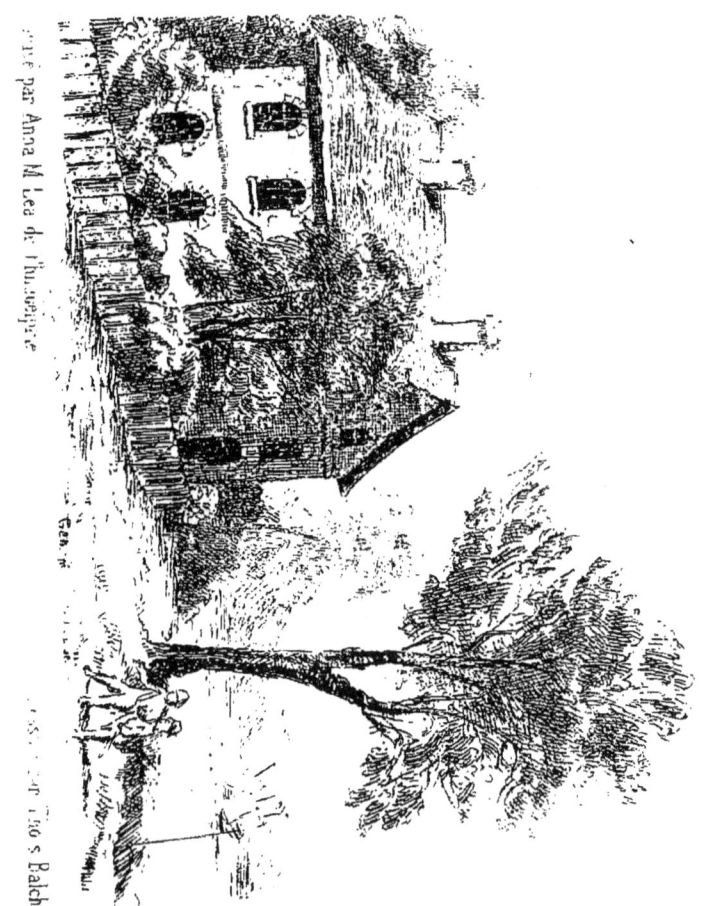

MAISON DU GOUVERNEUR NELSON A YORKTOWN

Charlus, qui y trouverait l'occasion de rentrer dans les bonnes grâces du duc de Castries, son père. Mais M. de Rochambeau lui répliqua que, puisqu'il avait commandé la première affaire, c'était à lui à porter le premier la nouvelle du succès, et que le comte Guillaume de Deux-Ponts ayant engagé la seconde action partirait sur une autre frégate pour porter les détails. M. de Lauzun dit dans ses mémoires que de Charlus ne pardonna jamais à M. de Rochambeau ni à lui-même de n'avoir pas été chargé de cette commission. Pourtant ce dernier partit aussi peu de jours après avec Guillaume de Deux-Ponts.

Lauzun s'embarqua le 24, sur la frégate *la Surveillante*, et parvint à Brest après vingt-deux jours de traversée. En même temps, le général Washington dépêchait son aide de camp, Tighlman, au Congrès. La nouvelle de la prise d'York, qui se répandit aussitôt dans Philadelphie, y causa une joie inexprimable [1]. Le Congrès se rassembla le 29 et prit une résolution pour faire ériger une colonne de marbre à York, ornée d'emblèmes rappelant l'alliance entre les États-Unis et la France avec un récit succinct de la reddition de l'armée et de lord Cornwallis aux généraux Washington, Rochambeau et de Grasse [2]. Il décida également qu'il offrirait deux drapeaux au général Washington et quatre pièces de canon anglaises au comte de Rochambeau et au comte de Grasse, avec une inscription qui leur marquât la reconnaissance du Congrès des États-Unis pour la part glorieuse qu'ils avaient prise à cette brillante expédition [3].

Le 26, le comte Guillaume de Deux-Ponts, chargé des détails du siége et de la capitulation que lui avait donnés par écrit M. de Rochambeau ainsi que du rapport qu'il avait été chercher auprès du comte de Grasse à bord de *la Ville*

---

1. « Plusieurs particuliers témoignèrent leur satisfaction par des illuminations (Cr. du Bourg), et cet événement a fourni matière aux gazetiers de se distinguer, chose que les Américains ne négligent pas plus que les Anglais. Trop heureux quand leurs papiers publics ne sont pas remplis de faussetés. » Nous pouvons conclure de ce passage que les *canards* ne sont pas d'invention récente.
2. Ce monument n'est pas encore construit.
3. Un de ces canons est aujourd'hui au musée d'artillerie de Paris.

de Paris, s'embarqua sur l'*Andromaque*, capitaine M. de Ravenel, avec MM. de Damas, de Laval et de Charlus, qui avaient obtenu l'autorisation de revenir en France. Les vents furent contraires jusqu'au 27 après midi. Vers deux heures on appareilla. L'*Andromaque* avait passé les bancs de Middle-Ground, elle se trouvait à la hauteur du cap Henry, lorsque des signaux faits par la *Concorde*, en répétition de ceux de l'*Hermione* qui croisait entre les caps Charles et Henry, annoncèrent la présence d'une flotte anglaise. Elle était forte de vingt-sept vaisseaux et avait à bord le prince William-Henry, avec un corps de troupes de six mille hommes, venu de New-York, aux ordres du général Clinton.

L'*Andromaque* fut obligée de rentrer dans le James-River et d'attendre jusqu'au 1er novembre, sous la protection de l'escadre française, que la flotte anglaise eût tout à fait disparu. Elle put enfin sortir ce même jour, vers onze heures, sous la protection de l'*Hermione*, qui l'escorta jusqu'à la nuit. Le 20 novembre, l'*Andromaque* abordait à Brest sans avoir couru aucun danger sérieux, et, le 24, le comte de Deux-Ponts s'acquittait à la cour de la commission dont il était chargé.

Le roi accueillit avec la plus grande satisfaction MM. de Lauzun et de Deux-Ponts, et leur fit les plus belles promesses pour l'armée expéditionnaire et pour eux-mêmes; mais son premier ministre M. de Maurepas mourut sur ces entrefaites, et MM. de Castries et de Ségur en profitèrent pour ne pas tenir les promesses royales à l'égard de Lauzun et pour n'accorder de grâces ni à lui-même, ni aux officiers de son corps qui s'étaient le plus brillamment conduits. M. de Castries enleva même à ce colonel les quatre cents hommes de sa légion qui étaient restés à Brest pour les envoyer au Sénégal tenir garnison jusqu'à la fin de la guerre dans un pays célèbre par son insalubrité.

Tandis que la nouvelle de la capitulation d'York était à Versailles l'occasion de nouvelles fêtes, à Londres elle déterminait la chute du ministère North. On sentit, comme dans toute l'Europe, que cet échec avait décidé du sort de la querelle entre l'Angleterre et les États-Unis, et il ne fut plus question dès lors que de reconnaître l'indépendance de ces derniers à des conditions avantageuses pour la Grande-Bretagne. Le général Washington et La Fayette auraient voulu profiter de la supériorité des forces du comte de Grasse pour attaquer Charleston et ce qui restait d'Anglais dans les États du Sud. La Fayette devait prendre son infanterie légère, les grenadiers et les chasseurs français, ainsi que le corps de Saint-Simon, et aller débarquer du côté de Charleston, pour coopérer avec le général Green, qui tenait dans la Caroline. On dit même que lord Cornwallis, instruit de ce projet et voyant La Fayette monter sur un canot pour se rendre à la flotte du comte de Grasse, dit à quelques officiers anglais : « Il va décider de la perte de Charleston. » Il manifesta la même crainte quand il vit revenir La Fayette à York. Mais le comte de Grasse se refusa obstinément à toute opération nouvelle sur les côtes de l'Amérique septentrionale. Il voulait retourner, comme ses instructions le lui recommandaient du reste, à la défense des Antilles.

Lorsque le général Clinton eut appris la prise d'York, il se retira avec la flotte, se contenta de jeter trois régiments dans Charleston et rentra à New-York. Mais sa présence donna lieu de soupçonner à M. de Rochambeau que les Anglais pourraient tenter de débarquer en dehors de la baie, entre le cap Henry et le grand marais appelé *Dismal-Swamp*, pour se jeter dans Portsmouth, sur la rivière d'Élisabeth. Ce poste, où s'était d'abord réfugié Arnold, avait été bien retranché, et lord Cornwallis, qui l'avait occupé avant de lui préférer Yorktown, en avait étendu et perfectionné les fortifications. L'adjudant général Dumas fut chargé de détruire ces ouvrages le plus rapidement possible ; on mit sous ses ordres, dans ce but, un bataillon de milices américaines. Dumas trouva ces retranchements dans un très-bon état. Il profita d'un vent d'ouest très-violent pour incendier les fascinages, les palissades et les abatis ; mais il fut obligé d'employer ensuite plus de huit jours, avec l'aide de tous les miliciens et de tous les ouvriers qu'il

put rassembler, pour en achever la destruction complète
Le comte de Grasse, aussitôt après la capitulation, avai[t] fait ses préparatifs de départ. Pendant les journées des 1, [2] et 3 novembre, il fit embarquer sur ses vaisseaux les soldat[s] de Saint-Simon, prit des approvisionnements, et le 4 il fi[t] voile pour les Antilles, ne laissant dans la baie de Chesa[-]peak qu'une petite escadre composée du *Romulus*, au[x] ordres de M. de La Villebrune, et de trois frégates. Le mêm[e] jour, les bâtiments promis aux Anglais pour les transporte[r] à New-York ou en Angleterre furent mis à leur disposition. Lord Cornwallis s'embarqua pour New-York. Les premiers succès de ce général avaient fait espérer aux Anglai[s] qu'il allait devenir le conquérant des colonies révoltées e[t] leur *punisseur*[1]. Lui-même avait longtemps compté sur l[e] succès.

XXIV

Les troupes se dispersèrent pour aller prendre leurs quar[-]tiers d'hiver. Le 5 novembre, la milice de Virginie quitta son camp pour se porter dans le Sud, sous les ordres du général Green. Le 6, en même temps que Dumas détruisait les fortifications de Portsmouth, les ingénieurs faisaient dé[-]

---

1. Vieux mot dont Corneille, qui en sentait la valeur, s'est servi pour la dernière fois et qui mérite d'être réhabilité.
Pendant toute la campagne de 1781, il ne cessait d'écrire à son gouvernement qu'il avait définitivement conquis les Carolines; et comme cette conquête était toujours à refaire, on assimila plaisamment en Angleterre le succès de ce général à la capture qu'avait faite un soldat écossais d'un milicien américain. Il écrit à son capitaine : J'ai fait un prisonnier.—Eh bien ! il faut l'amener. — Mais il ne veut pas. — Reviens toi-même alors. — Mais c'est qu'il ne veut pas me laisser aller.
Pourtant Cornwallis ne garda pas trop longtemps ses illusions. Six mois avant la chute d'York, comme on lui avait offert le titre de marquis, voici ce qu'il écrivit au lord Germaine : « Je vous supplie de faire mes plus humbles remercîments à Sa Majesté pour ses bonnes intentions et de lui représenter en même temps tous les dangers de ma position. Avec le peu de troupes que j'ai, trois victoires de plus achèveront de me ruiner si le renfort que je demande n'arrive pas. Jusqu'à ce que j'en aie reçu un qui me donne quelque espoir de terminer heureusement mon expédition, je vous prie de ne me parler ni d'honneurs ni de récompenses. »

truire les parallèles tracées par les alliés devant York, et rétablissaient les défenses extérieures de la place en les rapprochant de son enceinte continue.

Le général Washington, qui avait fait partir dans le Sud les milices de la Virginie, détacha encore de son armée le général La Fayette avec les troupes de Maryland et de Pensylvanie pour aller aussi renforcer l'armée du général Green. Il s'embarqua lui-même à York et ramena tout le reste des troupes américaines à Head-of-Elk, pour se diriger de là vers la rivière Hudson.

Le baron de Vioménil obtint de retourner en France, où des affaires personnelles exigeaient sa présence. Son frère, le vicomte de Vioménil, le remplaça dans son commandement.

Du 15 au 18, les Français entrèrent dans leurs quartiers d'hiver et prirent les positions suivantes :

La légion de Lauzun, commandée par M. de Choisy, à Hampton.

Le régiment de Soissonnais à York, avec les grenadiers et chasseurs de Saintonge ; le régiment de Saintonge entre York et Hampton, à *Half-Way-House ;* une compagnie d'artillerie et un détachement de cinquante hommes à Glocester ; le tout commandé par le vicomte de Vioménil.

Le quartier général de M. de Rochambeau, où se trouvait aussi M. de Chastellux, était à Williamsbourg Le régiment complet de Bourbonnais et celui de Deux-Ponts y avaient aussi leurs cantonnements.

Trois compagnies de Deux-Ponts furent détachées à James-Town sous les ordres d'un capitaine, et l'artillerie de siège fut placée à West-Point, en Virginie, sous le commandement d'un officier de cette arme.

De cette position intermédiaire entre l'armée du Nord et celle du Sud, M. de Rochambeau était en mesure de porter du secours aux provinces qui seraient le plus menacées par l'ennemi. Mais le coup décisif était frappé, puisqu'il ne restait plus aux Anglais que la ville de New-York et les places de Savannah et de Charleston.

Pendant que La Fayette accourait à marches forcées pour se joindre à l'armée de Green, celui-ci, craignant que le renfort arrivé à Charleston et celui de quatre mille hommes qu'on y attendait d'Irlande ne missent les Anglais en état de reprendre l'offensive, sollicita vivement de M. de Rochambeau de lui envoyer un fort détachement de troupes françaises. Mais le général français, estimant que le général Green se laissait influencer par les faux bruits que l'ennemi faisait répandre, ne changea rien à ses dispositions. Il laissa son infanterie dans ses quartiers d'hiver et se borna à étendre ceux de la légion de Lauzun, commandée par M. de Choisy, jusqu'aux frontières de la Caroline du Nord. Il chargea cependant l'adjudant général Dumas de pousser des reconnaissances bien au delà et de préparer des ouvertures de marche dans le cas où des circonstances qu'il ne prévoyait pas exigeraient qu'il fît avancer une partie de son armée. Dumas resta occupé de ces fonctions pendant tout l'hiver, ne revenant à Williamsbourg que rarement, pour rendre compte au général de ses opérations et pour soigner son ami Charles de Lameth, toujours très-souffrant de ses blessures, et qui retourna en France aussitôt qu'il fut en état de supporter la mer.

La Fayette partit aussi de Boston pour la France, sur l'*Alliance*, le 23 décembre 1781. Il arriva en vingt-trois jours dans sa patrie, où il se consacra encore au service de la cause des Américains, en y employant la faveur dont il jouissait à la cour et les sympathies que sa conduite lui avait acquises dans l'opinion publique.

XXV

Il y eut ainsi comme un armistice sur le continent pendant cet hiver. On apprenait pourtant par des frégates venues de France[1] que l'on y préparait un grand convoi et des renforts pour les Antilles, afin de mettre le comte de Grasse en état de soutenir la lutte contre la flotte anglaise,

---

1. Le 7 janvier 1782, arriva dans la baie de Chesapeak une frégate française, la *Sibylle*, portant deux millions pour l'armée.

sous les ordres de l'amiral Rodney. Déjà dans la seconde moitié de janvier on avait appris la prise de Saint-Eustache et de Saint-Christophe par M. de Bouillé, et celle de l'île Minorque par M. de Crillon. Mais les faveurs de la fortune allaient avoir un terme fatal pour M. de Grasse. Le grand convoi parti de France sous l'escorte de M. de Guichen fut dispersé par la tempête. Les Anglais réunirent toutes leurs forces navales aux îles du Vent, et le comte de Grasse, malgré l'infériorité de sa flotte, se hasarda de mettre à la voile pour convoyer les troupes de M. de Bouillé qui devaient se réunir, à Saint-Domingue, à celles que commandait le général espagnol don Galvez. L'amiral Rodney, manœuvrant pour couper la flotte française de son convoi, ne put atteindre que le vaisseau le *Zélé*, le plus mauvais marcheur de l'arrière-garde. Le comte de Grasse voulut le sauver et engagea son avant-garde sous le commandement de M. de Vaudreuil. Les Français eurent l'avantage dans ce premier combat, livré le 9 avril 1782. L'amiral Rodney les suivit, et, ayant gagné le vent, engagea le 12 une action générale dont le résultat fut désastreux pour la flotte française. Le vaisseau amiral la *Ville de Paris* et six autres furent désemparés et pris après la plus glorieuse résistance. M. de Grasse n'obtint sa liberté qu'à la paix. Le pont de son vaisseau avait été complétement rasé par les boulets ennemis, et l'amiral avec deux officiers restaient seuls debout et sans blessure quand il se rendit[1].

L'amiral Rodney ne put garder aucun des quatre vaisseaux dont il s'était emparé, parce qu'ils étaient trop endommagés.

En outre, le *César* prit feu et périt avec environ quatre cents Anglais qui en avaient pris possession.

Quand cette nouvelle parvint aux États-Unis, le Congrès venait précisément de recevoir du général Carleton, qui avait remplacé Clinton dans le commandement de l'armée anglaise, la proposition du gouvernement anglais de reconnaître sans restriction l'indépendance des États-Unis,

1. V. *Not. biog.* DE GRASSE.

sous la condition de renoncer à l'alliance avec la France. Le Congrès ne se laissa pas influencer par la nouvelle du désastre éprouvé par les Français dans les eaux des Antilles. Il ne montra que de l'indignation et refusa d'admettre le négociateur qui en était chargé. Les États déclarèrent unanimement qu'ils considéreraient comme haute trahison toute proposition tendant à faire une paix séparée. Ces ouvertures, ainsi que l'armistice qui fut à la même époque demandé par le commandant de Charleston et refusé par le général Green, prouvaient assez que, malgré leur dernier succès dans les Antilles, les Anglais renonçaient enfin à soumettre leurs anciennes colonies. Les Américains désiraient certainement la paix, mais ils montrèrent la plus grande fermeté et ils prouvèrent leur reconnaissance envers la France en se disposant à de nouveaux sacrifices afin d'obtenir cette paix à des conditions aussi honorables pour les alliés que pour eux-mêmes. De son côté le gouvernement français ne discontinuait d'envoyer des secours autant que le lui permettait le mauvais état de ses finances. Deux frégates, la *Gloire* et l'*Aigle*, sous le commandement de M. de La Touche-Tréville, furent expédiées de Brest, le 19 mai 1782. Je reviendrai bientôt sur la traversée de ces deux frégates qui portaient en Amérique, outre des secours en argent, la fleur de la noblesse française [1].

Je reviens aux mouvements que dut exécuter l'armée française après les récents événements des Antilles.

Après le combat du 12 avril, où le comte de Grassse fut fait prisonnier, le marquis de Vaudreuil, qui avait pris le commandement de la flotte, reçut l'ordre de venir à Boston pour y réparer son escadre. Sur l'avis qu'il en donna au ministre français, M. de la Luzerne, M. de Rochambeau sentit la nécessité de se rapprocher avec son armée des provinces du Nord. Les chaleurs excessives du climat de la Virginie avaient causé beaucoup de maladies.

1. La relation inédite de M. de Broglie que je possède m'aidera à compléter, sur le récit de cette nouvelle expédition, la narration que M. de Ségur nous en a donnée dans ses Mémoires. Les Mss. de du Petit Thouars donnent aussi des détails nombreux sur ce sujet.

D'ailleurs les préparatifs que faisaient les Anglais pour évacuer Charleston rendaient superflu un plus long séjour des troupes françaises dans les États du Sud. M. de Rochambeau apprenait en même temps qu'il se préparait à New-York un embarquement de troupes destinées à aller attaquer quelques-unes des colonies françaises. Il se détermina donc à mettre ses troupes en mouvement pour les rapprocher de New York et à demander au général Washington une entrevue à Philadelphie. Cette conférence eut lieu, et il y fut décidé que les deux armées reprendraient leurs anciennes positions sur la rivière d'Hudson et s'approcheraient le plus possible de New-York pour menacer cette place et l'empêcher d'envoyer aucun détachement au dehors.

XXVI

Aussitôt commença le mouvement rétrograde de l'armée française. Il s'opéra lentement, le soldat marchant la nuit et se reposant le jour. Rochambeau avait pris les devants pour conférer avec Washington, et il avait laissé au chevalier de Chastellux et au comte de Vioménil le soin de conduire les troupes d'après les sages instructions qu'il leur avait données. On accorda aux troupes un mois de repos à Baltimore, d'où elles partirent par bataillons pour éviter l'encombrement au passage de la Susquehanna, que Dumas fut encore chargé de surveiller [1].

---

1. L'armée mit près d'un mois à se rendre de Williamsbourg à Baltimore, bien que la distance de ces deux villes ne soit que de 226 milles. L'avant-garde partit le 1er juillet et arriva le 24, tandis que l'arrière-garde, comprenant les équipages et l'ambulance, ne parvint à Baltimore que le 27. Celle-ci s'était mise en mouvement dès le 21 juin. D'ailleurs on reprit la route que l'on avait suivie l'année précédente. Les principales stations furent encore : Drinkingspring, Birdstavern, Newcastle, Port-Royal, Hanovertown, Brunk'sbridge, Bowlingreen, Fredericksburg, Stratford, Dumfries, Colchester, Alexandrie, Georgetown, Bladensburg, Brimburg, Elkridge. (Voir la carte jointe à cet ouvrage et le *Journal* de Blanchard.)

Les généraux réunis à Philadelphie apprirent à cette époque que Savannah avait été évacuée, et que la garnison avait été en partie laissée à Charleston et en partie transportée à New-York. Le général Carleton, qui avait toujours le projet d'évacuer New-York pour se porter sur quelque point des Antilles, fit répandre la nouvelle de la reconnaissance de l'indépendance américaine par les deux chambres du Parlement et tenta de nouveau par cette manœuvre de diviser les alliés et de négocier avec le Congrès seul. Il n'eut pas plus de succès que précédemment, et M. de Rochambeau accéléra la marche de ses troupes. Elles traversèrent Philadelphie, puis la Delaware et les Jerseys. La cavalerie de la légion de Lauzun, commandée par le comte Robert Dillon, éclairait le flanc droit sur le revers des hauteurs que l'armée côtoyait. Elle traversa ensuite l'Hudson à Kingsferry, comme à l'ouverture de la campagne précédente; et la jonction des deux armées s'opéra sur ce point. Les Français défilèrent entre deux haies de l'armée américaine, qui était en grande tenue pour la première fois depuis son organisation. Ses armes venaient en partie de France et les uniformes des magasins d'York. Cette journée fut une vraie fête de famille.

L'armée américaine resta campée à Kingsferry ayant une arrière-garde à l'embouchure du Croton dans la rivière d'Hudson. L'armée française prit, en avant de Crampond, une forte position dans la montagne. Le corps de Lauzun était en avant-garde sur la hauteur qui borde le Croton, et dans cette position les deux armées pouvaient, en une seule journée de marche, se porter sur New-York et sur Staten-Island.

XXVII

J'ai dit que le gouvernement français projetait d'envoyer de nouveaux secours en Amérique. Dès les premiers jours d'avril 1782, il avait en effet réuni dans le port de Brest plusieurs frégates et un convoi nombreux de vaisseaux marchands et de bâtiments de transport, ainsi que deux bataillons de recrues destinées à renforcer l'armée de Rochambeau. M. le comte de Ségur, fils du ministre de la guerre, qui avait obtenu la place de colonel en second de Soissonnais à la place de M. de Noailles, reçut l'ordre d'en prendre le commandement, de les inspecter et de les instruire jusqu'au moment du départ. Mais une escadre anglaise, informée de ces préparatifs et favorisée par les vents, qui étaient contraires aux Français, vint croiser devant la rade, de sorte que le départ dut être différé de six semaines et qu'au bout de ce temps la frégate la *Gloire* reçut l'ordre de partir seule, emportant une somme de deux millions destinée à l'armée de Rochambeau, et un grand nombre d'officiers au nombre desquels se trouvaient : le duc de Lauzun, le comte de Ségur, le prince de Broglie, fils du maréchal; M. de Montesquieu, le petit-fils de l'auteur de l'*Esprit des Lois;* de Vioménil fils, de Laval, le comte de Loménie, de Sheldon, officier d'origine anglaise ; un gentilhomme polonais, Polleresky; un aide de camp du roi de Suède, M. de Ligliorn ; le chevalier Alexandre de Lameth, qui allait prendre la place de son frère Charles ; le vicomte de Vaudreuil, fils du capitaine de vaisseau de ce nom ; en outre, MM. de Brentano, de Ricci, de Montmort, de Tisseul et d'autres.

Cette frégate de trente-deux canons de douze était commandée par M. de Valongne, vieux marin qui malgré son mérite n'était encore que lieutenant de vaisseau. Elle mit à la voile le 19 mai 1782, par une brise assez fraîche pour que l'on pût espérer d'échapper à la vigilance de la flotte anglaise; mais à peine était-elle à trois lieues en mer qu'une tempête violente la jeta vers la côte. L'arrivée des vingt-deux croiseurs anglais l'obligea à suivre longtemps encore ces parages dangereux. Lorsque le calme revint, un mât de la *Gloire* était cassé ; elle dut rentrer dans la Loire et relâcher à Paimbœuf pour se réparer. Jusqu'au 15 juillet, elle resta ainsi sur les côtes de France, recevant tantôt l'ordre de mettre à la voile, tantôt l'injonction d'attendre, et se promenant de Brest à Nantes, de Nantes à Lorient, puis de Lorient à Rochefort. Dans ce dernier port, elle rencontra l'*Aigle*, autre frégate plus forte, de quarante canons de vingt-quatre, qui devait se rendre en Amérique de conserve avec la *Gloire*. Elle était commandée par M. de La Touche, homme brave et instruit qui avait le défaut d'être trop récemment entré dans la marine et de devoir son rapide avancement à l'appui de nombreux amis et en particulier du duc d'Orléans. Comme il était capitaine de vaisseau, il eut aussitôt le pas sur M. de Valongne, qui ne se soumit pas sans murmurer de se voir ainsi contraint de servir sous un officier moins ancien que lui. Les passagers de l'*Aigle* n'étaient pas de moindre condition que ceux de la *Gloire* : c'était M. le baron de Vioménil, qui allait reprendre son commandement avec le titre de maréchal de camp; MM. de Vauban, de Melfort, Bozon de Talleyrand, de Champcenetz, de Fleury, de Laval, de Chabannes, et d'autres.

M. de La Touche était sans doute trop peu habitué à la sévérité des règlements de la marine pour les accepter dans toute leur rigueur. Une femme dont il était violemment épris l'avait suivi de Paris à la Rochelle, et comme il ne devait pas l'embarquer sur sa frégate, il eut la singulière idée de la mettre sur un bâtiment marchand et de faire remorquer celui-ci par l'*Aigle*. La marche des frégates en fut nécessairement beaucoup retardée. Leur sûreté même fut compromise; mais heureusement cette manière de concilier l'amour et le devoir ne fut fatale qu'à ceux qui l'avaient imaginée.

On mit trois semaines à arriver aux Açores, et comme il y avait des malades à bord et qu'on manquait d'eau, M. de La Touche prit la résolution de relâcher dans quelque port de ce petit archipel. Le vent s'opposa à ce que les frégates entrassent dans le port de Fayal. Comme celui de Terceyre n'était pas sûr, on dut se résigner à les faire croiser devant l'île pendant qu'on allait chercher sur des embarcations les approvisionnements nécessaires. Les jeunes et brillants passagers des deux frégates descendirent à terre et visitèrent pendant les quelques jours qu'ils y restèrent tout ce que ces îles fortunées pouvaient contenir de personnages ou de choses curieuses. Je ne redirai pas les réceptions qui leur furent faites par le consul de France et par le gouverneur portugais. Je ne parlerai pas davantage de ce singulier agent, à la fois consul de deux nations ennemies, l'Angleterre et l'Espagne, familier de l'inquisition et danseur de *fandango*; et je ne citerai que pour qu'on en retrouve les détails dans les mémoires déjà cités [1], les entrevues galantes que son hôte ménagea aux officiers français dans un couvent de jeunes Portugaises, sous les yeux de leur abbesse complaisante.

La troupe joyeuse serait encore restée bien longtemps dans ce séjour qui semblait enchanteur, si le devoir ne l'avait appelée ailleurs. M. de La Touche remit à la voile le 5 août et se dirigea d'abord vers le nord-ouest pour prendre connaissance des dépêches qu'il ne devait ouvrir qu'à cette hauteur, avant de continuer sa route. Or ces dépêches lui enjoignaient de faire la plus grande diligence, d'éviter tout combat, et de remettre avec la plus grande célérité possible au comte de Rochambeau et au marquis de Vaudreuil le plan d'une nouvelle campagne. Il se repentit, mais trop tard, du temps qu'il avait perdu, laissa aller le vaisseau marchand par la voie ordinaire, et voulut prendre au plus court en dirigeant les frégates directement vers l'ouest. Il se trompait dans ses prévisions, car des calmes fréquents lui firent perdre plus de quinze jours, en sorte que le vaisseau marchand qu'il avait laissé aller seul, et qui était poussé par les vents alisés, arriva en même temps que lui à l'entrée de la Delaware.

Les deux frégates se trouvaient du 4 au 5 septembre à la hauteur des Bermudes, lorsqu'on signala un homme à la mer. C'était un matelot de l'*Aigle*, que l'on parvint à sauver en allumant des fanaux et en lançant un canot à la mer. On éteignit aussitôt les feux, comme on le faisait toujours dans a nuit. Mais cet instant avait suffi pour appeler sur les

---

1. Ségur. *Relation* de Broglie. Mss. du Petit Thouars.

frégates l'attention d'un vaisseau anglais, qui commença immédiatement l'attaque. C'était l'*Hector*, de soixante-quatorze canons, récemment pris sur le comte de Grasse, et qui emmenait un convoi de prisonniers français. La *Gloire* supporta seule pendant trois quarts d'heure le feu de l'ennemi et lui résista héroïquement puis l'*Aigle* vint à son tour soutenir la lutte jusqu'au jour. Malgré la supériorité de son armement, le vaisseau anglais aurait été pris si l'on n'avait aperçu au loin une flotte nombreuse dont on redoutait les atteintes. On apprit plus tard que l'*Hector* avait été tellement maltraité qu'il avait coulé à trois cents lieues de la côte. Un bâtiment américain qui se trouva dans ces parages sauva le capitaine et une partie de l'équipage.

Cette brillante affaire valut les plus grands éloges à M. de La Touche, et à M. de Valongne le grade de capitaine de vaisseau.

La perte des deux frégates était d'environ trente ou quarante tués et cent blessés. La *Gloire* était aussi fort endommagée et faisait eau de toutes parts. On parvint pourtant à réparer assez bien ses avaries. La terre n'était pas éloignée. On l'aperçut le 11 septembre. Le 12, on reconnut l'entrée de la Delaware, et l'on se préparait à mouiller contre le cap May lorsque le vent contraire s'y opposa. Au même moment, une corvette anglaise vint se placer étourdiment entre les deux frégates françaises, qu'elle croyait de sa nation. Elle fut prise après un échange de quelques coups de canon. Son amarinage, par la grosse mer qu'il faisait, prit un temps très-long. M. de La Touche fut forcé de mouiller le long de la côte pendant qu'il envoyait un canot chercher des pilotes pour entrer dans la Delaware. Le vent brisa ce canot contre la côte; l'officier[1] et deux matelots seulement purent se sauver à la nage. Je laisse pour le reste de ce récit la parole au prince de Broglie.

1. M. Gandeau, capitaine marchand qui servit de second à M. de Valongne pendant la traversée. Il s'était distingué dans le combat contre l'*Hector* et avait peut-être sauvé l'*Aigle* par une habile manœuvre.

XXVIII

« Le lendemain, à la pointe du jour, une flotille anglaise, composée d'un vaisseau de soixante-quatre, d'un de cinquante, de deux frégates et de deux autres bâtiments légers, parut à deux portées de canon et au vent; elle était commandée par le capitaine Elphinston et portait sur un de ses vaisseaux le prince William-Henry. L'apparition d'une aussi nombreuse compagnie força M. de La Touche à appareiller au plus vite avec la *Gloire* et à pénétrer sans délai dans la Delaware, bien qu'il n'eût pas de pilote. La navigation est fort dangereuse dans ce fleuve, à cause des bancs de sable mouvant qui encombrent son lit; nous prîmes en outre le mauvais chenal; l'*Aigle* toucha deux fois, et la route que nous suivions parut si dangereuse à l'ennemi même qu'il prit le parti de mouiller à deux grandes portées de canon de nous. M. de La Touche en fit autant, et il nous arriva enfin des pilotes.

« Il se tint un conseil de guerre à bord de l'*Aigle*, dans lequel, vu l'extrême danger de la position, M. le baron de Vioménil prit le parti d'ordonner à tous les officiers passagers sur les deux frégates de s'embarquer sur-le-champ dans des canots et de le suivre à terre. Il ordonna en même temps que les chaloupes fussent employées à porter à terre les 2,500,000 livres dont les frégates étaient chargées. Le premier de ces ordres fut exécuté sans délai, et nous arrivâmes sur la côte d'Amérique le 13, environ à six heures du soir, sans valets, sans chemises, et avec l'équipage du monde le plus leste. Nous nous arrêtâmes d'abord chez un gentleman nommé Mandlau[1], qui nous donna à manger: après quoi M. de Vioménil, qui se décida à passer la nuit dans ce lieu, envoya tous les jeunes gens dans le pays, les uns pour faire rassembler quelque milice, les

---

1. Mes recherches pour vérifier ce nom sont restées infructueuses.

autres pour trouver des chariots et des bœufs ou des bateaux, afin de transporter le lendemain l'argent que les chaloupes devaient apporter pendant la nuit. Nous partîmes, le comte de Ségur, Lameth et moi, pour remplir cet objet, sous la conduite d'un nègre, et nous fîmes pendant la nuit environ douze milles à pied, pour arriver à une espèce d'auberge assez mal pourvue nommée Onthstavern, appartenant à un Américain nommé Pedikies. Je trouvai le moyen d'y rassembler trois chariots attelés de quatre bœufs, et le lendemain, à quatre heures du matin, je grimpai sur un cheval que l'on me donna à l'essai, pour amener mon convoi d'équipage au général.

« Je n'étais plus qu'à une lieue du bord de la mer, lorsque je rencontrai M. de Lauzun qui me dit que l'argent était arrivé à trois heures du matin et qu'on en avait déjà déposé sur la plage environ la moitié, lorsque deux chaloupes armées, qu'on soupçonnait pleines de réfugiés, avaient paru ; qu'elles s'étaient avancées avec résolution vers le lieu où nos bâtiments chargés de nos richesses étaient mouillés ; que M. de Vioménil, n'ayant avec lui que trois ou quatre fusiliers, ne s'était pas avec raison cru en état de défense ; qu'il avait fait jeter à la mer environ douze cent mille livres qu'on n'avait pas encore eu le temps de débarquer, et que ce général, muni du reste du trésor, l'avait d'abord placé sur quelques chevaux, ensuite sur un chariot, et se sauvait avec vers Douvres, où lui, Lauzun, allait le devancer.

« Cette information m'engagea à changer de route ; je résolus d'aller avertir mes compagnons de ce qui se passait ; je payai les conducteurs de chariots, et je commençais à galoper de leur côté, lorsque j'entendis des cris dans le bois à côté de moi. J'arrêtai et je vis des matelots et deux ou trois valets qui, se croyant poursuivis par l'ennemi, fuyaient à pied de leur mieux. Ils s'étaient crus coupés en m'entendant galoper devant eux ; je les rassurai et j'appris d'eux que M. le marquis de Laval, M. de Langeron, Bozon et quelques autres menaient aussi dans le bois une vie errante et inquiète. Je quittai ces effarouchés en croyant apercevoir un chariot que je pouvais imaginer être celui du baron de Vioménil... Je rejoignis enfin mes compagnons, auxquels j'appris la suite de mes aventures, et ils se décidèrent aussitôt à gagner Douvres, qui paraissait le rendez-vous.

« Nous partîmes de suite pour nous rendre à cette ville, qui est éloignée de dix-sept milles. J'avais pour tout équipage un portefeuille assez gros qui m'incommodait beaucoup à porter, lorsque je rencontrai un matelot de la *Gloire* qui, effrayé ainsi que les autres, s'était enfui et mourait de faim. Comme le besoin rend tendre, il se jeta à mes genoux ou plutôt à ceux de mon cheval pour me demander d'avoir soin de lui ; je l'accueillis en bon prince ; je lui donnai d'abord à manger, puis, considérant que j'étais absolument dénué de serviteur, je jugeai convenable de faire de ce malôtru complétement goudronné le compagnon intime de mes infortunes. En conséquence, je louai un cheval pour mon écuyer ; il s'amarra dessus de son mieux ; je lui confiai mon portefeuille, et je commençai à me prévaloir, vis-à-vis de mes camarades, de l'avantage que mon nouveau confident me donnait sur eux.

« Nous étions à moitié chemin de Douvres, lorsque nous rencontrâmes un aide de camp de M. de Vioménil qui nous dit que ce général venait de recevoir avis que les ennemis et la marée s'étant retirés en même temps, il était possible d'essayer de repêcher les barriques d'argent qu'on avait jetées à la mer, et que le général retournait au lieu du débarquement pour présider à ce travail. L'aide de camp ajouta que M. de Vioménil nous chargeait de conduire à Douvres le premier convoi d'argent, qu'il abandonnait à nos soins. Ce convoi nous joignit quelques moments après. Il était d'environ quinze cent mille livres nous le fîmes répartir sur trois chariots expédiés par M. de Lauzun, et nous arrivâmes ainsi fort doucement mais très-sûrement à Douvres, où le général ne nous joignit qu'à onze heures du soir ; il était parvenu à sauver le reste de ses millions.

«Nous séjournâmes ce jour-là à Douvres, petite ville assez jolie, qui compte environ quinze cents habitants. J'y fis mon entrée dans la société anglo-américaine sous les auspices de M. de Lauzun. Je ne savais encore dire que quelques mots anglais, mais je savais fort bien prendre du thé excellent avec de la meilleure crème ; je savais dire à une demoiselle qu'elle était *pretty* et à un gentleman qu'il était *sensible*, ce qui signifie à la fois bon, honnête, aimable : au moyen de quoi j'avais les éléments nécessaires pour réussir.

« Nous ne savions pas encore ce qui était advenu de nos frégates ; leur sort nous inquiétait, et je résolus d'aller en reconnaissance sur le bord de la mer avec ma lunette. En arrivant sur une espèce de morne, j'eus la douleur de voir l'*Aigle* rasée comme un ponton, échouée sur un banc et encore entourée d'embarcations anglaises, qui étaient venues pour l'amariner et la piller. La *Gloire*, plus heureuse et plus légère, avait touché mais s'était échappée. Je la revis trois jours après à Philadelphie [1], où M. de Vioménil me dépêcha pour porter des lettres à M. de Lauzun et avertir sur la route les commandants des milices provinciales de fournir des détachements pour l'escorte et pour la sûreté du convoi d'argent.

« Je marchai assez vivement pendant deux jours pour me rendre à Philadelphie. Il faisait fort chaud ; mais la beauté des chemins, l'agrément du pays que je parcourais, la majesté imposante des forêts que je traversais, l'air d'abondance répandue de toutes parts, la blancheur et la gentillesse des femmes, tout contribuait à me dédommager par des sensations délicieuses des fatigues que j'éprouvais en trottant continûment sur un mauvais cheval. Enfin, le 13 août, j'arrivai à Philadelphie, cette capitale déjà célèbre d'un pays tout nouveau. M. de La Luzerne me mena prendre le thé chez Mme Morris, femme du contrôleur général des États-Unis. Sa maison est simple, mais régulière et propre ; les portes et les tables, d'un bois d'acajou

---

[1]. M. de La Touche fut fait prisonnier en défendant l'*Aigle*, qu'il avait fait échouer ; il avait appris aussi que le bâtiment marchand qui portait la dame de ses pensées était tombé entre les mains des Anglais à l'entrée de la Delaware.

superbe et bien entretenu ; les serrures et les chenets de cuivre, d'une propreté charmante ; les tasses rangées avec symétrie ; la maîtresse de la maison d'assez bonne mine et très-blanchement atournée ; tout me parut charmant. Je pris du thé excellent, et j'en prendrais, je crois, encore, si l'ambassadeur[1] ne m'avait pas averti charitablement, à la douzième tasse, qu'il fallait mettre ma cuillère en travers sur ma tasse quand je voudrais que cette espèce de question d'eau chaude prît fin ; « attendu, me dit-il, qu'il est « presque aussi malhonnête de refuser une tasse de thé « quand on vous la propose, qu'il serait indiscret au maître « de la maison de vous en proposer de nouveau quand la « cérémonie de la cuillère a marqué quelles sont vos intentions sur ce point. »

« M. Morris est un gros homme qui passe pour avoir beaucoup d'honnêteté et d'intelligence. Il est au moins certain qu'il a beaucoup de crédit et qu'il a eu l'adresse, en paraissant se mettre souvent en avance de ses propres fonds pour le service de la république, de faire une grande fortune et de gagner plusieurs millions depuis la révolution. M. Morris paraît avoir beaucoup de sens ; il parle bien, autant que j'ai pu en juger, et sa grosse tête semble, comme celle de M. Guillaume[2], tout aussi bien faite qu'une autre pour gouverner un empire.

« M. Lincoln, ministre de la guerre, est aussi fort bien nourri ; il a fait preuve de courage, d'activité et de zèle en plusieurs circonstances de la guerre, et surtout devant York-Town. Son travail n'est pas immense, car tous les points importants sont décidés par le Congrès. Cependant M Lincoln passe pour peu expéditif en fait d'écritures, et il m'a paru qu'on avait déjà songé à lui donner un successeur.

« M. Livingston, ministre des affaires étrangères, est aussi maigre que les deux personnages ci-dessus sont étoffés. Il a trente-cinq ans ; sa figure est fine et on lui ac-

---

1. M. de la Luzerne.
2. Le roi d'Angleterre.

corde beaucoup d'esprit. Son département sera plus étendu et plus intéressant au moment de la paix, lorsque les États-Unis prendront un rang dans le monde ; mais comme toutes les décisions importantes émaneront toujours du Congrès, le ministre des affaires étrangères demeurera, ainsi que ses collègues, un agent secondaire, une espèce de premier commis.

« Le président du Congrès de cette année paraît un homme sage, mais peu lumineux ; de l'avis unanime des gens qui méritent quelque confiance, le Congrès est aussi composé de personnes fort ordinaires ; cela tient à plusieurs causes : 1° à ce que si dans le début de la révolution, les têtes les plus vives et les caractères les plus vigoureux eussent fait partie de l'assemblée générale, ils y eussent primé les autres et fait valoir leurs seuls avis ; 2° que les gens de mérite ont trouvé le secret de se faire confier les places, les gouvernements et les postes les plus importants, et qu'ils ont ainsi déserté le Congrès. — Les assemblées particulières semblent éviter d'envoyer au Congrès les gens les plus distingués par leurs talents. Elles préfèrent le bon sens et la sagesse, qui en effet valent, je crois, mieux au bout de l'année.

« Un des hommes qui m'ont paru avoir beaucoup d'esprit et de nerf parmi ceux que j'ai rencontrés à Philadelphie est un M. Morris, surnommé *governor*. Il est instruit et parle assez bien le français ; je crois cependant que sa supériorité, qu'il n'a pas cachée avec assez de soin, l'empêchera d'occuper jamais de place importante [1].

« Les dames de Philadelphie, quoique assez magnifiques dans leurs habillements, ne sont pas généralement mises avec beaucoup de goût ; elles ont dans leur coiffure et dans leurs têtes moins de légèreté et d'agréments que nos Françaises. Quoiqu'elles soient bien faites, elles manquent de grâce et font assez mal la révérence ; elles n'excellent pas non plus dans la danse. Mais elles savent bien faire le thé ;

---

1. Il s'agit ici de *Gouverneur* Morris, dont j'ai déjà cité les Mémoires, *ante*, p. 68. Il fut plus tard ambassadeur en France.

elles élèvent leurs enfants avec soin ; elles se piquent d'une fidélité scrupuleuse pour leurs maris, et plusieurs ont beaucoup d'esprit naturel. »

XXIX

MM. de Lauzun, de Broglie, de Ségur, vinrent rejoindre l'armée française à Crampond, à quelques jours de distance, ainsi que tous leurs compagnons de voyage. Leur grande préoccupation dès ce moment fut de savoir si l'on ne terminerait pas la campagne par une entreprise quelconque contre l'ennemi. Mais les ordres de la cour, remis par M. de Ségur, étaient formels. Si les Anglais évacuaient New-York et Charleston, ou seulement l'une de ces places, le comte de Rochambeau devait embarquer l'armée sur la flotte française, pour la conduire à Saint-Domingue, sous les ordres du général espagnol don Galvez. Or on annonçait alors l'évacuation de Charleston. Le comte de Rochambeau avertit donc M. de Vaudreuil qu'il eût à se mettre à sa disposition pour embarquer l'armée à Boston. Elle partit en effet le 12 octobre de ses cantonnements de Crampond. Sept jours après elle était à Hartford, où l'on séjourna quatre ou cinq jours. Là, M. de Rochambeau rendit publique sa résolution de retourner en France avec M. de Chastellux et la plus grande partie de son état-major.

Mais M. de Vaudreuil n'était pas prêt[1]. Il déclara même qu'il ne le serait qu'à la fin de novembre, et qu'il ne pourrait embarquer que quatre mille hommes, y compris leurs officiers et leur suite. Le comte de Rochambeau proposa alors au baron de Vioménil et à son frère de se mettre à la tête des deux brigades d'infanterie et d'une partie de l'artillerie pour les conduire aux Antilles. Il laissa le corps de Lauzun avec l'artillerie de siége, qui était restée détachée à Baltimore, au fond de la baie de Chesapeak, sous les ordres de M. de La Valette ; et il chargea le duc de Lauzun du commandement des troupes de terre qui resteraient en Amérique aux ordres du général Washington.

Le 4 novembre l'armée se porta de Hartford à Providence, où elle prit ses quartiers d'hiver, et le 1er décembre le baron de Vioménil, resté seul chef de l'armée, fit lever le camp de Providence pour se rendre à Boston. Le 24 décembre, il mit à la voile, et la flotte, après avoir couru bien des dangers, vint aborder le 10 février 1783 à Porto-Cabello, sur la côte de Caracas, où elle devait se joindre au comte d'Estaing et à l'amiral don Solano[1].

De son côté, le comte de Rochambeau, après avoir dit adieu à ses troupes, retourna à New-Windsor voir une dernière fois le général Washington, et alla s'embarquer sur une frégate qui l'attendait dans la baie de Chesapeak. Les Anglais, qui étaient prévenus de son embarquement, envoyèrent quelques vaisseaux de New-York pour arrêter la frégate qui le portait; mais le capitaine, M. de Quénai, sut déjouer ces tentatives, et Rochambeau arriva à Nantes sans difficulté.

Aussitôt après son arrivée en France, le général de Rochambeau se rendit à Versailles, où le roi le reçut avec beaucoup de distinction. Il lui dit que c'était à lui et à la prise de l'armée de Cornwallis qu'il devait la paix qui venait d'être signée. Le général lui demanda la permission de partager cet éloge avec un homme dont les malheurs récents ne lui avaient été appris que par les papiers publics, mais qu'il n'oublierait jamais et priait Sa Majesté de ne point oublier que M. de Grasse était arrivé, sur sa simple réquisition, avec tous les secours qu'il lui avait demandés, et que, sans son concours, les alliés n'auraient pas pris l'armée de Cornwallis. Le roi lui répliqua sur-le-champ qu'il se souvenait très-bien de toutes ses dépêches; qu'il n'oublierait jamais les services que M. de Grasse y avait

---

1. « Lorsque l'armée partit, à la fin de 1782, dit Blanchard, après deux ans et demi de séjour en Amérique, nous n'avions pas dix malades sur cinq mille hommes. Ce nombre, inférieur à celui des soldats qui sont ordinairement à l'hôpital en France, indique combien le climat des États-Unis est sain. »

rendus concurremment avec lui ; que ce qui lui était arrivé depuis était une affaire qui restait à juger. Il donna le lendemain au comte de Rochambeau les entrées de sa chambre ; peu de temps après, le cordon bleu de ses ordres au lieu du cordon rouge, et le commandement de Picardie qui devint vacant un an après.

Les officiers généraux, les officiers subalternes et les soldats du corps expéditionnaire reçurent aussi des titres, des pensions, de l'avancement ou des honneurs[1]. Par une inexplicable exception, dont M. de Lauzun se plaint amèrement dans ses *Mémoires*, sa légion seule n'obtint aucune faveur. La disgrâce dont fut frappé ce brave colonel après la mort de son protecteur, M. de Maurepas, n'était que la conséquence forcée d'un de ces revirements si communs à la cour à cette époque. M. de Lauzun n'en parut du reste pas trop surpris. Mais en étendant indistinctement à tous les officiers et soldats de la légion l'injustice commise envers son chef, le gouvernement français donna une preuve nouvelle de l'influence que pouvaient avoir sur ses décisions la jalousie et l'intrigue. Peut-être pourrait-on faire remonter au mécontentement de Lauzun en cette circonstance, mécontentement qui trouvait un aliment dans les idées libérales qu'il venait de puiser en Amérique, la cause du peu de soutien qu'il prêta à l'autorité royale lorsque, dix ans plus tard, elle était battue en brèche. On sait que Lauzun, devenu duc de Gontaut-Biron, fut général en chef d'une armée républicaine destinée à combattre les Vendéens. On sait aussi que la sincère ardeur avec laquelle il accepta les réformes nouvelles ne le sauva pas de l'échafaud.

Parmi les principaux officiers récompensés, le baron de Vioménil fut fait lieutenant général. MM. de La Fayette, de Choisy, de Béville, le comte de Custine, de Rostaing, d'Autichamp, furent faits maréchaux de camp. MM. d'Aboville, Desandroin, de La Valette, de l'Estrade, du Portail, du Muy

---

1. Voir la deuxième partie de cet ouvrage.

de Saint-Mesme et le marquis de Deux-Ponts furent faits brigadiers. Tous les colonels en second eurent des régiments; le vicomte de Rochambeau en particulier fut fait chevalier de Saint-Louis et obtint d'abord le régiment de Saintonge, puis celui de Royal-Auvergne, dont son père avait aussi été colonel.

La prise d'York-Town fut décisive pour la cause de l'indépendance américaine. Les Anglais, qui occupaient encore New-York, Savannah et Charleston, se tinrent sur la défensive.

Sur d'autres points, le duc de Crillon prenait Minorque. Le bailli de Suffren, envoyé aux Indes orientales pour sauver les colonies hollandaises, gagnait sur les Anglais quatre batailles navales, de février à septembre 1782.

Dans les Antilles, les Anglais ne conservaient d'autre île importante que la Jamaïque. De Grasse voulut la leur enlever, comme je l'ai dit. Mais attaqué près des Saintes par des forces supérieures commandées par Rodney, il fut battu et fait prisonnier le 12 avril 1782.

La défense de Gibraltar fut un dernier succès pour les Anglais. Un frère de Louis XVI, le comte d'Artois, s'y était porté avec 20,000 hommes et 40 vaisseaux. 200 canons du côté de la terre et 10 batteries flottantes ouvrirent le 13 septembre un feu terrible contre la citadelle, admirablement défendue par sa redoutable position et par le courage du gouverneur Elliot. La place allait être obligée de céder lorsqu'un boulet rouge fit sauter l'une des batteries flottantes. L'incendie gagna les batteries voisines et les Espagnols détruisirent les autres pour ne pas les laisser aux ennemis. Gibraltar resta aux Anglais.

Cependant la dette de l'Angleterre était considérablement accrue. Lord North dut quitter la direction des affaires pour céder la place à un ministère whig qui demanda la paix au cabinet de Versailles. La France, qui n'était pas moins épuisée, accepta ces propositions. Les préliminaires furent arrêtés à Paris, le 30 novembre 1782, entre les plénipotentiaires des puissances belligérantes, au nombre desquels étaient pour les États-Unis Franklin, John Adams,

John Jay, et Henry Laurens. Le traité définitif fut signé le 3 février 1783.

Cette nouvelle fut rapidement portée en Amérique. Le 11 mars 1783, de Lauzun partit de Wilmington pour ramener dans leur patrie les derniers soldats français. Ainsi l'indépendance des États-Unis était fondée, et le monde comptait une grande nation de plus.

XXX

La France, en aidant l'Amérique à secouer le joug de l'Angleterre, avait fait un acte de haute politique. Mais ce qu'il y eut de plus remarquable à l'époque où elle intervint dans la guerre, c'est que, à la cour comme à la ville, chez les grands comme chez les bourgeois, parmi les militaires comme parmi les financiers, tout le monde fixait une sympathique attention sur la cause des Américains insurgés. C'était une singulière époque que celle qui présentait de pareils contrastes dans les opinions, dans les goûts et dans les mœurs. On voyait alors des abbés écrire des contes licencieux, des prélats briguer des ministères, des officiers s'occuper de philosophie et de littérature. On parlait de morale dans les boudoirs, de démocratie chez les nobles, d'indépendance dans les camps. La cour applaudissait les maximes républicaines du *Brutus* de Voltaire, et le monarque absolu qui y régnait embrassait enfin la cause d'un peuple révolté contre son roi. Ce désordre dans les idées et dans les mœurs, cette désorganisation sociale, étaient les signes précurseurs d'une transformation à laquelle les Américains devaient donner une impulsion vigoureuse.

J'ai dit comment quelques Français, entraînés par le goût des aventures ou par leur enthousiasme, devancèrent la déclaration de guerre, trop lente à venir à leur gré;

comment partit le corps expéditionnaire aux ordres de M. de Rochambeau; comment enfin la bravoure des troupes alliées, ainsi que la bonne entente et l'habileté des chefs, amenèrent pour l'Angleterre des revers irréparables. La moindre conséquence du succès des armes françaises aux États-Unis fut l'affaiblissement de son ennemie séculaire. Un grand nombre des officiers qui, par l'ordre d'un gouvernement absolu ou entraînés par leur engouement des idées nouvelles, avaient été défendre en Amérique les droits méconnus des citoyens, revinrent avec une vive passion pour la liberté et pour l'indépendance.

Le fils d'un ministre, M. de Ségur, écrivait le 10 mai 1782 :

« Quoique jeune, j'ai déjà passé par beaucoup d'épreuves et je suis revenu de beaucoup d'erreurs. *Le pouvoir arbitraire me pèse. La liberté pour laquelle je vais combattre m'inspire un vif enthousiasme*, et je voudrais que mon pays pût jouir de celle qui est compatible avec notre monarchie, notre position et nos mœurs. »

Ces derniers mots indiquent toutes les difficultés que devait rencontrer la réalisation du rêve qui tourmentait l'esprit, non-seulement de M. de Ségur, mais de toute la jeune génération française. Comment concevoir une liberté compatible avec une monarchie absolue dans son essence, avec une position politique toujours menacée par des voisins jaloux et ombrageux, et avec des mœurs imbues de l'esprit de féodalité ?

Parmi les officiers qui combattirent à côté des Américains, un très-grand nombre, à la vérité, furent plus tard hostiles à toute idée de réforme en France et ne craignirent même pas de porter les armes contre leur patrie pour combattre la Révolution. C'est qu'ils n'avaient pas prévu tout d'abord les conséquences de leurs actes, et cette contradiction dans leur conduite est une nouvelle preuve de la puissance des idées répandues en France et sous l'impulsion desquelles ils avaient pris les armes, quinze ans avant, en faveur de la liberté.

Dès les débuts de l'insurrection des colonies, Voltaire et

Franklin s'étaient rencontrés à Paris. Le vieux philosophe français avait béni le fils du sage et docte Américain. Tous deux personnifiaient bien l'esprit qui animait leurs pays et qui devait y causer une révolution. Tous deux formaient des vœux également sincères pour leur patrie. Mais le voisinage du vaste Océan, l'immense étendue du continent, et surtout l'absence des classes privilégiées et des prolétaires, protégèrent en Amérique les semences de la liberté. En France, dans ce pays devenu libéral avec une forme monarchique et des mœurs féodales, sur ce sol couvert d'une population très-nombreuse mais très-hétérogène quant aux droits et aux devoirs ; au milieu de ces voisins avides de venger leurs défaites ou de s'enrichir de dépouilles ennemies, la liberté ne put planter de faibles racines que dans un terrain inondé de sang et tourmenté par tous les éléments de la haine et de la discorde.

Bien des esprits clairvoyants annonçaient les événements qui se préparaient en France[1]. Pourtant la majorité ne pensait pas qu'une transformation accomplie sous l'influence de la liberté et de la justice pût être autrement que paisible et exempte de violence. Mieux en avait jugé le docteur Cooper, qui comprenait bien l'état de la vieille société française[2].

Les souverains d'Europe surtout ne voyaient dans le concours qu'ils prêtaient aux Américains qu'une manière de rétablir l'*équilibre européen* troublé par la suprématie maritime de l'Angleterre. Aucun d'eux ne songeait que ce vent de liberté qui remuait les masses populaires de l'autre côté de l'Océan soufflerait bientôt sur leur continent, y

---

[1]. Il n'est pas besoin de recourir aux œuvres des profonds penseurs de cette époque, à celles de Jean-Jacques Rousseau entre autres, pour trouver des prophéties sur le mouvement qui était sur le point d'éclater en France. Les publications les plus ordinaires et les plus ignorées de nos jours sont remplies de prévisions dans ce sens. Je citerai entre autres : *le Procès des trois Rois,* pamphlet anonyme publié à Londres en 1783. *Discours sur la grandeur et l'importance de la révolution d'Amérique ;* couronné aux jeux floraux ; Toulouse, 1784. Très-remarquable pour le temps et le lieu où ce discours fut écrit.

[2]. Voir la note, page 65 du présent ouvrage.

renverserait des trônes et ébranlerait l'ordre social jusque dans ses fondements.

Ce que les hommes politiques depuis Choiseul et Vergennes prévirent encore moins, c'est le développement rapide et sans précédent que devaient prendre les États-Unis, placés dans des conditions physiques, morales et intellectuelles exceptionnellement favorables [1], sous la protection de la liberté politique et religieuse, non-seulement inscrite dans les codes, mais profondément enracinée dans les mœurs. Les colonies anglaises, pensait-on, devaient faire contre-poids aux possessions que l'Angleterre avait enlevées à la France. Leur influence ne se borne plus depuis longtemps déjà au continent américain. Ce n'est plus seulement la mère patrie dont elles contre-balancent la puissance. L'Europe entière doit compter désormais avec elles dans les destinées du monde.

1. L'abbé Raynal a étudié la question de l'avenir probable des États Unis dans son livre : *des Révolutions d'Amérique*. Il prévoit même l'époque où cette puissance se sera emparée de l'Amérique méridionale.

FIN DE LA PREMIÈRE PARTIE.

Paris. — Imprimerie JOUAUST, rue Saint-Honoré, 338

APPENDICE

On a vu que, pour soutenir la lutte contre l'Angleterre, les colonies révoltées se virent dans l'obligation d'émettre du papier-monnaie ; cette création eut le sort de tous les papiers d'État émis en trop grand nombre, ces assignats ne tardèrent pas à se discréditer.

Ce fut en 1775 que les colonies confédérées firent leur première émission, qu'elles devaient garantir en raison de leur importance et de leur population. Cinq millions de dollars furent lancés cette même année. Afin d'assurer la régularité de ces émissions, vingt-huit citoyens, y compris Franklin, signèrent les billets ; malgré cela, une certaine hésitation se manifestant, le Congrès pressa les divers États de prendre les mesures nécessaires pour leur circulation et les engagea au besoin de décréter le cours forcé.

Voici le libellé et la figure de ces divers assignats. Émises soit comme billets nationaux, soit comme billets des États particuliers, chacune de ces valeurs, dont l'importance variait de 1 fr. 75 (un tiers de dollar) à 400 fr. (80 dollars), portait un timbre et une devise.

A cause de sa concision, la langue latine, se prêtant à rendre avec plus de force les sentiments que l'on voulait exprimer, fut employée pour ces devises.

BILLETS ÉMIS PAR LES ÉTATS-UNIS

N° 1.

1775.

Billet
de
4 dollars.

Un sanglier s'élance sur un épieu. — Devise : *Aut mors, aut vita decora.* (Vivre honorablement ou mourir.)

N° 2.

1775.

Billet
de
5 dollars.

Un buisson d'épines duquel s'approche une main d'où découle du sang — Devise : *Sustine vel abstine.* (Soutiens-moi ou abstiens-toi.)

N° 3.
—
1775.

Billet
de
20 dollars.

Figure du vent entourée de nuages, et soufflant sur une mer houleuse. — Devise : *Vi concitatœ*. (Soulevé par la violence.)

N° 3 *bis*.
—
1775.

Billet
de
20 dollars.

Ce numéro n'est que le revers du n° 3. — Un soleil brillant éclaire une mer tranquille, sur laquelle navigue un vaisseau. —Devise : *Cessante vento conquiescemus*. (Le vent cessant, nous nous apaiserons.) Le contraste de ces deux devises (3 et 3 *bis*) exprime bien les sentiments qui agitaient les Américains.

N° 4.

1776.

Billet
de
3 dollars.

Combat d'un aigle et d'un héron; pendant que l'aigle le tient dans ses serres, le héron le perce de son bec. — Devise : *Exitus in dubio est.* (La victoire est douteuse.)

N° 5.

1776.

Billet
de
8 dollars.

Une harpe. — Devise : *Majora minoribus consonant.* (Les grandes cordes s'accordent avec les petites.)

N° 6.

1776.

Coupures
de
dollar.

Treize anneaux entrelacés, portant chacun le nom d'un des États, entourant un cercle lumineux portant : *American Congress*, et au centre : *We are one*. (Nous ne faisons qu'un.)

N° 6 *bis*.

1776.

Coupures
de
dollar.

Bien que ce modèle soit plus petit, il est le revers du n° 6. — Un cadran solaire frappé par les rayons d'un soleil placé à gauche, et près duquel se trouve la devise : *Fugio* (je fuis), et au-dessous du cadran une phrase anglaise : *Mind your business*. (Veillez à vos affaires.)

N° 7.
—
1778.

Billet
de
50 dollars.

Une pyramide de treize gradins, nombre des États fondateurs. — Devise : *Perennis*. (Éternel.)

BILLETS ÉMIS PAR QUELQUES ÉTATS.

N° 8.
—
1776

Géorgie.
—
Billet
de
2 dollars.

Deux pots placés l'un à côté de l'autre. — Devise : *Si collidimus frangimur*. (Un choc nous briserait.)

N° 9. — 1777.

Géorgie. — Billet de 5 dollars.

Un serpent à sonnettes ; les anneaux qui forment la crécelle du crotale sont au nombre de treize. Devise : *Nemo me impune lacessit.* (Nul ne m'outrage impunément.)

On a proposé ce serpent pour le symbole des États-Unis, parce qu'il n'attaque jamais sans être préalablement approché, et aussi parce qu'il ne frappe jamais sans donner d'avance le signal.

N° 10. — 1775.

Caroline du Sud. — Billet de 10 livres.

Un bras tenant levée une épée. — Devise : *Et Deus omnipotens.* (Mon épée, et le Dieu tout-puissant.)

N° 11.

1775.

Caroline du Sud.

Billet de 2 livres.

Un bras tenant un poignard ; au-dessous une main ouverte. — Devise : *Utrum horum mavis accipe*. (Prends celle que tu voudras.)

N° 12.

1776.

Caroline du Sud.

Billet de 50 livres.

Douze cœurs réunis par une guirlande entourent un treizième cœur placé dans un centre lumineux. — Devise : *Quis separabit ?* (Qui pourra nous séparer ?)

En se rappelant que toutes ces devises se rapportaient à la lutte que les colonies soutenaient contre l'Angleterre, l'interprétation en devient plus facile. La dernière est très-curieuse quand on se rappelle que c'est précisément la Caroline du Sud qui a été la première à soulever l'étendard de la révolte en 1860, et qui a commencé la guerre civile (avril 1861) aux États-Unis.

Nous ne terminerons pas cet énoncé sans remercier M. le directeur du *Magasin pittoresque* de l'obligeance qu'il a eue de mettre ces dessins à notre disposition pour cette édition française.

TABLE DES MATIÈRES

	Pages.
INTRODUCTION.	v
AVIS DE L'ÉDITEUR.	VII

I

Préliminaires. — Caractère de la guerre. — Droits du peuple et du citoyen. — De l'influence de la Révolution américaine sur l'Europe. — Part que la France prend à la guerre de l'indépendance. — But que se propose l'auteur en publiant ce livre.... 1

II

Sources et documents. — Archives de la Guerre. — Archives de la Marine. — Journal de Claude Blanchard. — Journal du comte de Menonville. — Mémoires de Dupetit-Thouars. — Journal de Cromot du Bourg. — Relation du prince de Broglie. — Journal d'un soldat. — Mémoire adressé par Choiseul à Louis XV. — *Mémoires du comte de M**** (Pontgibaud).— *Mes campagnes en Amérique*, par Guillaume de Deux-Ponts. — Mémoires de Lauzun. — Loyalist letters. — *Papers relating to the Maryland line.* — Carte des opérations.... 6

III

Pages.

Fondation des colonies dans l'Amérique du Nord. — Tentatives de colonisation faites par des Français : Coligny, Gourgues, etc., en 1567. — Progression rapide de la population. — L'énormité des taxes imposées par l'Angleterre à ses colonies les poussent à la résistance . . . 17

IV

Causes réelles de la guerre. — Les causes réelles sont toutes d'ordre moral. Déclaration des droits du citoyen. — Principes de gouvernement établis par l'empire romain et adoptés par l'Église romaine. — Saint Augustin enseigne la doctrine de la conscience nationale. — Influence de la religion sur les formes de gouvernement. — Calvinisme. — Presbytérianisme. — Tendances démocratiques et agressives. — États Généraux des Provinces Unies. — Buchanan. — Zwingle. — Chrétiens et citoyens, analogie de ces deux situations. — De la Réforme en Angleterre. — Cromwell, Déclaration des droits en Angleterre. — Presbytérianisme en Amérique. — Réun'on à Octorara, en Pensylvanie. — Colons français. — La Persécution religieuse en France, cause de l'émigration en Amérique. — En résumé, les colonies de l'Amérique se peuplèrent primitivement de tous ceux qui voulurent échapper aux persécutions politiques et religieuses de l'Europe 22

V

Du rôle de la France dans cette guerre. — Rivalités de la France, de l'Espagne et de l'Angleterre lors de la découverte de l'Amérique. — Le Canada. — Exploration de Marquet, de Juliel, de La Salle et du P. Hennequin. — Fondation de la Louisiane. — Céleron. — Les Anglais envahissent le Canada, 1754. — Washington paraît pour la première fois et contre les Français. — Louis XV déclare la guerre à l'Angleterre. — Diversion faite sur le

	Pages.
continent par la guerre de Sept Ans.—Montcalm. — Perte du Canada.—Politique de Choiseul. — De Kalb. — Lettres de Montcalm à de Berryer, attribuées à de Choiseul.— Intrigues contre Choiseul.	41

VI

Débuts de la guerre. — Débuts heureux des Américains.— Washington. — Caractère de Washington. — Relation du prince de Broglie. — Ouvrages dramatiques sur Washington. — Congrès à Philadelphie, 1776. — Sympathie française pour cette guerre.— Franklin à Paris. 52

VII

Lafayette et Washington. — Départ de Lafayette pour l'Amérique. — Présentation à Washington. — Vive affection de celui-ci pour Lafayette. — Différence de la Révolution américaine et de la Révolution française. — Liste des guillotinés. — Influence des idées que la noblesse rapporte d'Amérique. — Influence de la guerre américaine sur le caractère et la carrière de Lafayette. . . 58

VIII

Des Français qui devancèrent le traité conclu plus tard entre la France et l'Amérique. — Incompatibilité des premiers arrivants français avec le caractère américain. — Officiers qui avaient précédé Lafayette. — Offres pour les fournitures de guerre. — Barbue-Dubourg. — Silas Deane. — Beaumarchais. — Noms des officiers français ou étrangers qui précédèrent ou suivirent Lafayette — Lettre de Beaumarchais. — Howe débarque à Maryland, 1777. — Les Américains perdent la bataille de Brandywine. — Le Congrès évacue Philadelphie. — Les Anglais sont battus le 19 septembre et le 7 octobre à Saratoga. — Burgoyne est obligé de capituler. — Washington reprend l'offensive. — Défense du fort Redbank par Duplessis-Mauduit. — Traité d'alliance conclu par Louis XVI avec les Américains le

Pages.

6 février 1778. — Ce traité est dû à l'influence de Lafayette. — Les Anglais déclarent la guerre à la France.   68

IX

Continuation et résumé des opérations. — Opérations navales entre la France et l'Angleterre. — En Amérique, Clinton abandonne Philadelphie devant les forces de Washington et du comte d'Estaing. — Diversion dans le Sud. — Exactions des Anglais dans la Caroline et la Géorgie. — Les Américains reprennent ces deux États, 1778. — Opérations de Clinton, de Washington et de Bouillé. — Lafayette quitte l'Amérique en 1779. — Il y retourne en 1780, précédant des secours de toute nature. — Succès de d'Estaing. — Échec des troupes alliées devant Savannah. — Anecdote sur Rodney, amiral anglais. — La diversion de Clinton dans la Géorgie réussit par suite de l'échec de Savannah. — Au milieu de ces événements, Lafayette revient d'Europe. — Trahison d'Arnold. — Rochambeau. — Coalition contre l'Angleterre. – Déclaration de guerre à la Hollande. — Opérations simultanées de Washington et de Rochambeau. — Lafayette dans la Virginie   75

X

Influence de Lafayette, composition des forces françaises. — La position des Américains devient très-précaire. — L'arrivée de Lafayette en France active les secours. — Hésitations pour le choix du commandement. — On s'arrête à Rochambeau. — Composition de la flotte.   85

XI

Reprise du récit des opérations. — Départ de la flotte sous le commandement de Ternay. — Heureux débuts. — Conduite prudente de Ternay. — Reproches que cette conduite lui attire. — Insubordination et indiscipline des officiers de la marine française. — Arrivée sur les côtes de Virginie. — Débarquement des troupes françaises. — Plan de Washington contre New-York. — Rochambeau et de Ternay hésitent à exécuter ce plan. — Lettre de Rochambeau à Lafayette, et son appréciation du caractère des soldats français. — Lettre de Lafayette à Washington au sujet de l'armée française. — Préparatifs de Rochambeau à Rhode-Island. — Diversion tentée par Washington. — Recommandations pressantes à Rochambeau d'entrer en campagne. — Lettre de Washington et de Lafayette à ce sujet. — Départ de Rochambeau. — Incident. — Entrevue à Hartford. — Trahison d'Arnold, exécution du major André. Inaction des Anglais devant Rhode-Island. — Visite des Indiens à Rochambeau. . . .   93

XII

Continuation du récit. — Départ du vicomte de Rochambeau sur l'*Amazone* pour la France. — Lauzun demande à servir sous Lafayette. — Lauzun prend son quartier d'hiver à Lebanon. — Insubordination des troupes américaines. — Rochambeau et Washington manquent d'argent et de vivres — Rochambeau envoie Lauzun auprès de Washington. — Vive amitié de Washington pour Lafayette. — L'état des armées alliées oblige le Congrès à envoyer un des aides de camp de Washington en France. — Le capitaine Destouches est envoyé en Virginie pour combattre Arnold. — Lafayette et Rochambeau sont détachés pour le même objet. — Composition de cette expédition. — Critique. — Mécontentement chez les officiers. — Destouches échoue dans sa tentative de débarquement. — Lafayette est obligé de rétrograder. — Washington lui confie la défense de la Virginie. — Washington était-il maréchal de France ?.   112

XIII

Envoi de renforts, opérations militaires. — Arrivée de l'*Amazone* avec le vicomte de Rochambeau à Brest. — Changement qu'il trouve dans la situation. — Le Roi fait repartir M de la Pérouse avec 1,500,000 livres. — Le vicomte de Rochambeau reste à Versailles. — Par suite des circonstances on restreint l'envoi des renforts. — Force

Pages.

des secours envoyés. — Le vicomte de Rochambeau repart sur la *Concorde*. — Le gouvernement français met 6,000,000 de livres à la disposition de Washington. — Reprise du Récit du *Journal inédit* (de Cromot du Bourg). — Description de Boston et des pays environnants. — Le comte de Rochambeau apprend que l'escadre anglaise est sortie de New-York. — Il apprend de son fils que de Grasse viendra dégager Barras. — Entrevue à ce sujet entre Washington et Rochambeau. — Plan de campagne. — Lettres interceptées. - Cela sert les intérêts des alliés. — Retour de Rochambeau à New-Port. — Dispositions qu'il prend avec Barras. — Réunion d'un conseil de guerre. — L'opinion de Barras de rester devant Rhode-Island prévaut. — Lettre de Rochambeau à de Grasse pour lui préciser les positions respectives de La Fayette et de Washington. — Il lui demande des secours en hommes et en argent. — Détails (de Cromot du Bourg) sur le parcours de l'armée. — Vioménil arrive à Providence. — Mouvement des troupes alliées. — Projet de Rochambeau de rester à New-Town. — Washington le prie d'aller plus loin. — Arrivée et prise de position à Bedford 122

XIV

Opérations contre Clinton et Cornwallis. — Washington ouvre la campagne le 26 juin. — Jonction avec Rochambeau. — Situation des troupes anglaises devant New-York. — Washington résout de les attaquer. — Relation de Lauzun sur cette attaque. — Mouvements et attaques diverses du 5 au 21 juillet. — Reconnaissance faite par toute l'armée. — Relations de Rochambeau et de Cromot du Bourg à ce sujet. — Les alliés obtiennent comme résultat de retenir Clinton devant New-York, et de faire rétrograder Cornwallis. 136

XV

Campagne de Virginie. — Rochambeau reçoit, le 14 août, des nouvelles de la *Concorde*. — De Grasse lui fait savoir qu'il se rend dans la baie de Chesapeak avec 26 vaisseaux, 3,500 hommes et 1,200,000 livres. — Le général Clinton, par les renforts qu'il reçoit d'Angleterre, se trouve à la tête de 15,000 hommes. — Les alliés n'en ont que 9,000 à lui opposer. — Marche de Cornwallis. — Habileté de La Fayette. — Ce dernier croit un moment que les Anglais quittent la Virginie pour renforcer New-York. — Lettres de La Fayette et de Washington ; celle de ce dernier est interceptée. — Heureux effet qu'il en résulte. — Washington renonce à attaquer New-York. — Les alliés dirigent leurs efforts sur la Virginie. — La Fayette s'attache à empêcher Cornwallis de gagner la Caroline. — Leur plan de campagne définitivement arrêté, les généraux alliés se mettent en marche 145

XVI

Arrivée de de Grasse dans la baie de Chesapeak. — Les alliés passent l'Hudson — Force de l'armée. — Noms des divers commandants. — L'Hudson étant traversé, Washington organise la marche de ses troupes. — Il se tient à une journée de marche en avant. — Lauzun vient ensuite. — La brigade du Soissonnais ferme la marche. — Washington laisse au général Heath le soin de défendre l'État de New-York et la rivière du Nord. — Récit des mouvements du 25 août au 3 septembre. — L'armée défile le 4 septembre à Philadelphie, devant le Congrès. — Description, par Cromot du Bourg, de la ville de Philadelphie, de Benazet et autres personnes remarquables. — Les généraux alliés apprennent que les amiraux anglais Hood et Graves ont fait leur jonction. — Inquiétude que leur donne cette nouvelle. — Néanmoins les alliés continuent leur marche. — En arrivant à Chester, Rochambeau apprend de Washington que de Grasse est arrivé dans la baie de Chesapeak avec 28 vaisseaux et 3,000 hommes. — Joie que cette nouvelle répand partout 149

XVII

Sage réserve de La Fayette. — La Fayette marche sur Williamsburg, où il se fait joindre par Saint-Simon. — Cornwallis se trouve serré de toutes parts. — Il fait une

Pages.

reconnaissance devant Williamsburg, mais se trouve dans l'impossibilité de l'attaquer. — Mesures que La Fayette prend pour lui couper la retraite. — De Grasse presse La Fayette d'attaquer. — Malgré de pressantes sollicitations La Fayette préfère attendre.— Washington et Rochambeau hâtent leur marche.— Mouvements du 6 au 13 septembre. — De Grasse attaque et rejette l'escadre anglaise. 157

XVIII

Les alliés devant Williamsburg. — Les succès de de Grasse permettent à Lauzun de rembarquer ses troupes. — Mouvement du corps de M. de Vioménil. — Ce corps s'embarque à Annapolis sur l'escadre de M. de la Villebrune, et arrive le 26 septembre à Williamsburg. — Lauzun se rend auprès de Washington. — Celui-ci l'informe que Cornwallis a envoyé sa cavalerie à Gloucester. — Le général américain Weedon est posté pour le surveiller. — Manque d'initiative de ce général. — Lauzun lui est dépêché. — Lauzun informe Rochambeau du peu de cas qu'il fait de la milice. — Rochambeau lui fait passer de l'artillerie et 800 hommes. — De Grasse et Barras bloquent la baie de Chesapeak. — Choisy prend des mesures énergiques du côté de Gloucester. — L'armée alliée devant Williamsburg 162

XIX

Investissement de Yorktown. — Le 28 septembre l'armée se met en mouvement pour investir Yorktown. — Saint-Simon.— Les Anglais évacuent leurs avancées. — Brillant engagement de de Choisy 165

XX

Suite des opérations devant Yorktown. — Du 4 au 12 octobre, M. de Vioménil commande les travaux du siége d'Yorktown. — Composition quotidienne des forces d'investissement. — Les redoutes anglaises gênent l'attaque . 170

XXI

Siège et prise des redoutes de Yorktown. — M. de Vioménil veut donner l'assaut. — Rochambeau l'en dissuade. — Sang-froid de ce dernier dans une reconnaissance qu'il fit. — L'attaque est décidée. — Régiment de Gatinais. — Détails sur les forces prenant part à l'assaut. — Les troupes françaises et les milices américaines rivalisent d'ardeur. — Lafayette et de Vioménil. — Le colonel Barber. — Les redoutes sont enlevées 174

XXII

Prise de Yorktown. Capitulation de Cornwallis. — La position de Cornwallis devient insoutenable. — Il envoie le 17 un parlementaire à Washington. — Capitulation signée le 19. — Chagrin des officiers anglais. — Ordres barbares du ministère anglais. — Cruautés révoltantes des officiers anglais. — Pertes des deux côtés. — Conduite noble du gouverneur Nelson 181

XXIII

Suite de la capitulation de Yorktown. — Lauzun est chargé de porter en France la nouvelle de la capitulation. — Enthousiasme que la prise d'Yorktown répand à Philadelphie. — Le Congrès se rassemble. — Décisions prises comme marques de reconnaissance envers Washington, Rochambeau et de Grasse. — G. de Deux-Ponts part en France porter des détails sur la capitulation. — Satisfaction et promesses du Roi. — La mort de Maurepas en empêche la réalisation. — Chute à Londres du ministère North. — La capitulation d'Yorktown décide de l'indépendance américaine. — Clinton se contente de mettre une faible garnison à Charleston. — Il rentre à New-York. — Dumas est chargé de détruire les retranchements de Portsmouth. — Départ de de Grasse pour les Antilles 188

XXIV

Suspension des hostilités. — Les troupes alliées se disposent à prendre leurs quartiers d'hiver. — Le baron de Vioménil rentre en France. — Rochambeau est placé de manière à pouvoir secourir les provinces les plus menacées par l'ennemi. — La Fayette part pour la France. . 192

XXV

Défaite de l'amiral de Grasse Proposition de paix. — Armistice tacite sur le continent. — Premiers succès de l'amiral de Grasse sur les Anglais aux Antilles. — L'amiral anglais Rodney le rejoint le 12 août 1782. — De Grasse est battu et fait prisonnier. — L'Angleterre propose à l'Amérique de reconnaître son indépendance. — Le Congrès refuse la paix. — Il veut qu'elle s'applique également à la France. — Par suite des événements des Antilles, Rochambeau remonte vers le Nord. — Entrevue de Rochambeau et de Washington. — Ils tentent d'empêcher qu'aucun renfort ne sorte de New-York 194

XXVI

L'armée française devant New-York. — Mouvement rétrograde de l'armée française. — Le général Carleton offre de nouveau une paix séparée à l'Amérique. — Position de l'armée française devant New-York 197

XXVII

Renforts envoyés en 1782. — Le gouvernement français se dispose à envoyer de nouveaux renforts en 1782. — Les croisières anglaises empêchent ce convoi de partir. — La *Gloire* seule part avec 2 millions de livres et des officiers. — Ce vaisseau échoue sur les côtes de France. — Il cherche un refuge dans la Loire. — Il revient à Rochefort.

— Départ de ce port avec l'*Aigle*. — Arrêt aux Açores. — Combat avec un vaisseau anglais. — Les deux navires français arrivent à l'entrée de la Delaware. 198

XXVIII

Récit du prince de Broglie. — Récit du détail sur son voyage jusqu'à son arrivée à Philadelphie. — Aperçus sur le Congrès et la société américaine. 203

XXIX

Fin de la guerre. Traité de paix. — Les officiers français rejoignent l'armée à Crampond. — Ordres de la cour. — Les Anglais évacuent Charleston. — L'armée française s'embarque le 12 décembre 1782 à Boston. — Rochambeau revient en France. — Réception que lui fait le roi. — Honneurs qui lui sont accordés. — Récompenses accordées à l'armée. — Lauzun et ses troupes sont entièrement oubliés. — Préliminaires de paix à Paris le 30 novembre 1782. — Traité définitif le 3 février 1783. . . . 209

XXX

Conclusion. — Influence de la participation de la France sur la Révolution de 1789. — Changements que la reconnaissance de l'indépendance américaine amène sur le continent européen. 213

APPENDICE 217

ASSIGNATS AMÉRICAINS. — Dessins des assignats. — Explication des devises. — Valeur des diverses émissions . . 218

FIN DE LA TABLE DES MATIERES.

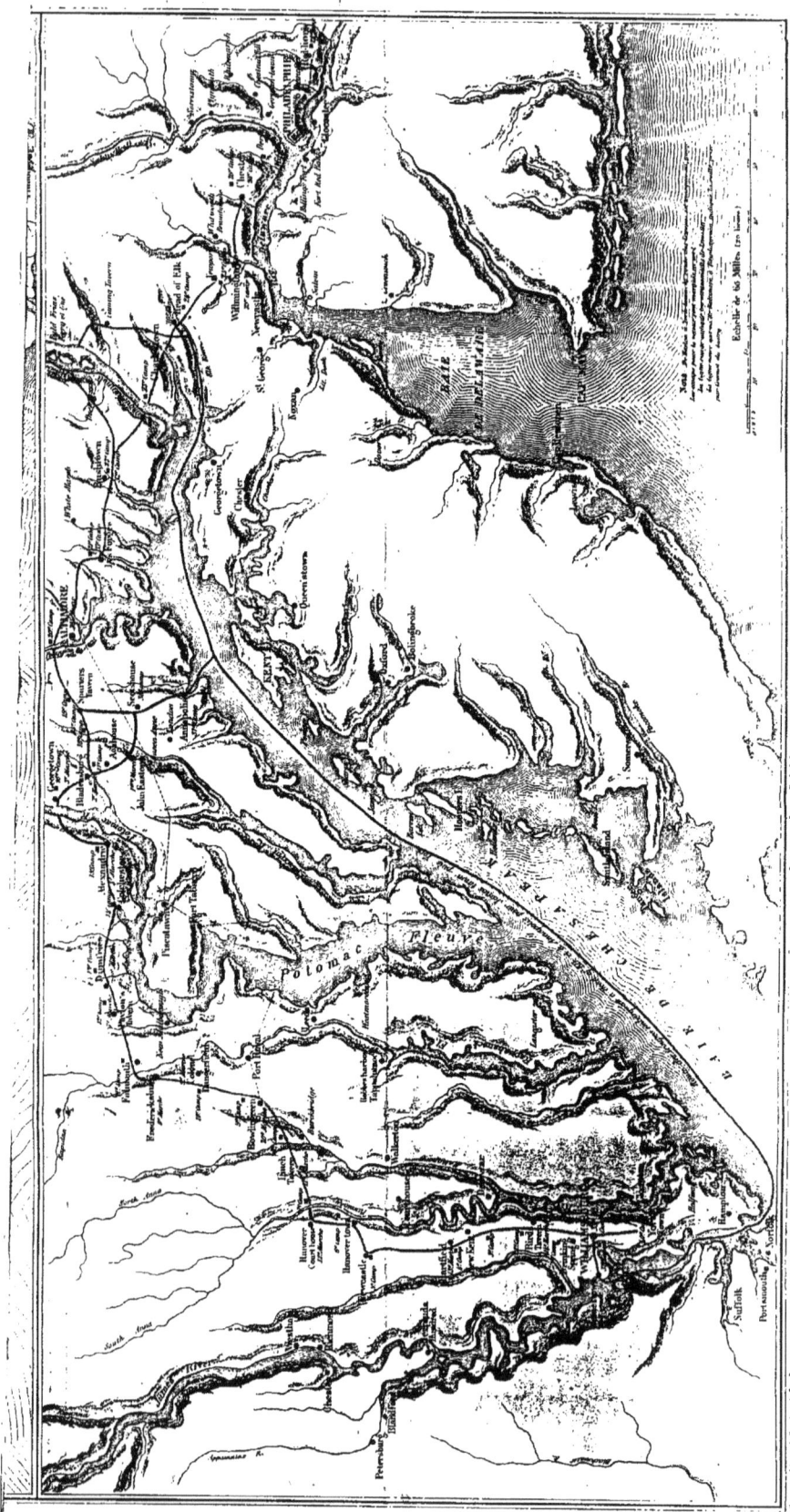

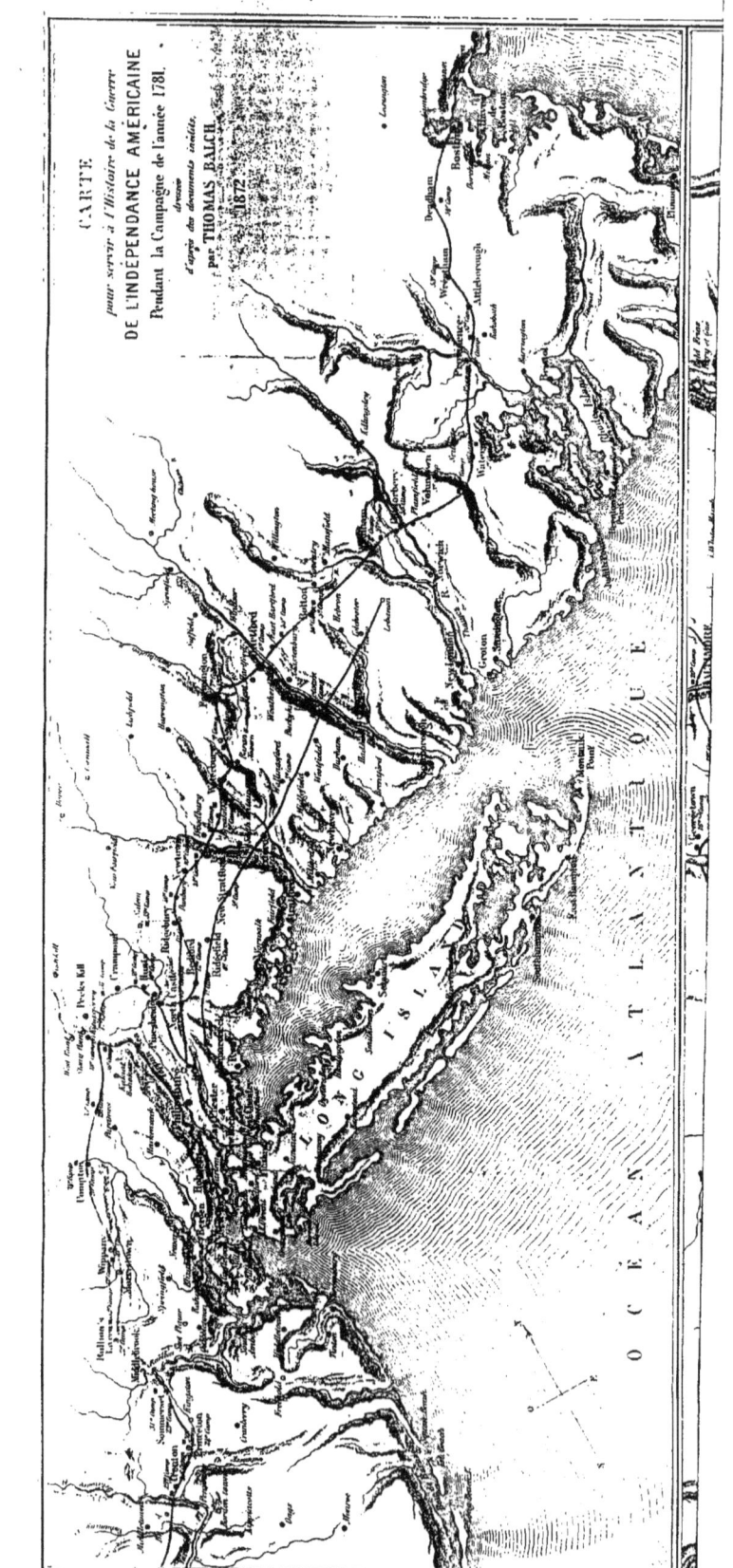

EN VENTE CHEZ LES MÊMES LIBRAIRES

Scènes de la Nature dans les États-Unis de l'Amérique du Nord, par Audubon, traduit par E. Bazin. 2 v. in-8°. 15 fr.

Principes de la Science politique, par E. de Parieu. 1 vol. in-8°. . . . . 8 fr.

Mémoires sur l'Armée de Chanzy, par R. de Mauni. 1 vol. in-12. . . . . 3 fr. 50

Une Page de l'Histoire d'Angleterre. — Les Élections de 1868. — Le Cabinet Gladstone. — La Réforme de l'Église d'Irlande. Par E. Hervé. In-12 . . . 3 fr. 50

Dictionnaire Généalogique des familles canadiennes depuis la fondation de la colonie jusqu'à nos jours. Tome Ier, de 1608 à 1700, par l'abbé C. Tanguay. 1 vol. grand in-8°. . . . . 30 fr.

LORD BROUGHAM

De la Démocratie et des Gouvernements mixtes, traduit et précédé d'une notice historique sur lord Brougham, par le vicomte Othenin d'Haussonville. 1 fort vol. in 8°. . . . . 8 fr.

Paris, Imp. Jouaust, rue S.-Honoré, 338

www.ingramcontent.com/pod-product-compliance
Lightning Source LLC
Chambersburg PA
CBHW070629170426
43200CB00010B/1950